Theorie und Praxis der Trainingstherapie

Beweglichkeit – Kraft – Ausdauer – Koordination

Hans Spring, Jiri Dvořák, Vaclav Dvořák,
Werner Schneider, Thomas Tritschler, Beat Villiger

Unter Mitarbeit von
K. Egger, A. Pirlet, H. Probst

206 Abbildungen
29 Tabellen

1997
Georg Thieme Verlag Stuttgart · New York

Zeichnungen: Barbara Gay, Stuttgart
                 Viorel Constantinescu, Bukarest
Umschlagentwurf: Martina Berge, Erbach-Ernsbach

Die Deutsche Bibliothek – CIP-Kurztitelaufnahme

Theorie und Praxis der Trainingstherapie : Beweglichkeit – Kraft – Ausdauer – Koordination ; 29 Tabellen / Hans Spring … – Stuttgart ; New York: Thieme, 1997

Wichtiger Hinweis: Wie jede Wissenschaft ist die Medizin ständigen Entwicklungen unterworfen. Forschung und klinische Erfahrung erweitern unsere Erkenntnisse, insbesondere was Behandlung und medikamentöse Therapie anbelangt. Soweit in diesem Werk eine Dosierung oder eine Applikation erwähnt wird, darf der Leser zwar darauf vertrauen, daß Autoren, Herausgeber und Verlag große Sorgfalt darauf verwandt haben, daß diese Angabe **dem Wissensstand bei Fertigstellung des Werkes** entspricht.
Für Angaben über Dosierungsanweisungen und Applikationsformen kann vom Verlag jedoch keine Gewähr übernommen werden. **Jeder Benutzer ist angehalten**, durch sorgfältige Prüfung der Beipackzettel der verwendeten Präparate und gegebenenfalls nach Konsultation eines Spezialisten festzustellen, ob die dort gegebene Empfehlung für Dosierungen oder die Beachtung von Kontraindikationen gegenüber der Angabe in diesem Buch abweicht. Eine solche Prüfung ist besonders wichtig bei selten verwendeten Präparaten oder solchen, die neu auf den Markt gebracht worden sind. **Jede Dosierung oder Applikation erfolgt auf eigene Gefahr des Benutzers**. Autoren und Verlag appellieren an jeden Benutzer, ihm etwa auffallende Ungenauigkeiten dem Verlag mitzuteilen.

Geschützte Warennamen (Warenzeichen) werden **nicht** besonders kenntlich gemacht. Aus dem Fehlen eines solchen Hinweises kann also nicht geschlossen werden, daß es sich um einen freien Warennamen handele.
Das Werk, einschließlich aller seiner Teile, ist urheberrechtlich geschützt. Jede Verwertung außerhalb der engen Grenzen des Urheberrechtsgesetzes ist ohne Zustimmung des Verlages unzulässig und strafbar. Das gilt insbesondere für Vervielfältigungen, Übersetzungen, Mikroverfilmungen und die Einspeicherung und Verarbeitung in elektronischen Systemen.

© 1997 Georg Thieme Verlag,
Rüdigerstraße 14, D-70469 Stuttgart
Printed in Germany
Satz: primustype R. Hurler GmbH, D-73274 Notzingen, gesetzt auf Textline mit HerculesPro
Druck: Druckhaus Götz GmbH, D-71636 Ludwigsburg

ISBN 3-13-107791-3   1 2 3 4 5 6

Vorwort

Mit der Trainingstherapie können sowohl die allgemeine körperliche Leistungsfähigkeit gesteigert, als auch lokale Funktionsstörungen behandelt werden.

Bei praktisch jeder Erkrankung und Verletzung, aber auch jedem operativen Eingriff am Bewegungsapparat, ist eine muskuläre Rehabilitation notwendig. Dabei ist ein strukturiertes und individuell abgestimmtes Therapieprogramm erforderlich, das seine Grundlagen in den trainingswissenschaftlichen Erkenntnissen hat.

Die Trainingstherapie ist in einem modernen Konzept der muskulären Rehabilitation nicht mehr wegzudenken. Das vorliegende Buch liefert praxisbezogen die nötigen Grundlagen, die Funktionsdiagnostik und den systematischen Übungskatalog.

Wesentlich zum Gelingen dieses Werkes haben unsere Mitarbeiter K. Egger, Zürich, A. Pirlet, Leukerbad, und Dr. H. P. Probst, Lugano, beigetragen.

Wir danken Herrn Karl Eberius für die gelungene sprachliche Überarbeitung des Manuskriptes. Herr A. Menge und Frau R. Haarer-Becker vom Georg Thieme Verlag haben uns in der Produktion und in den verlagstechnischen Belangen kompetent und großzügig unterstützt.

Leukerbad, im Frühjahr 1997

H. Spring
J. Dvořák
V. Dvořák
W. Schneider
T. Tritschler
B. Villiger

Anschriften

PD Dr. med. Jiri Dvořák
Chefarzt Neurologie
Klinik Wilhelm Schulthess
CH-8008 Zürich

Dr. med. Vaclav Dvořák
CH-7402 Bonaduz

Dr. med. Werner Schneider
Ärztlicher Direktor und Chefarzt
Thurgauer Klinik
St. Katharinental
CH-8253 Diessenhofen

Dr. med. Hans Spring
Medizinischer Direktor und
Chefarzt
Rheuma- und Rehabilitations-
Klinik
CH-3954 Leukerbad

Thomas Tritschler
Leiter der Physiotherapieschule
Kantonsspital
CH-8208 Schaffhausen

Dr. med. Beat Villiger
Ärztlicher Direktor und Chefarzt
Thurgauer Schaffhauser
Höhenklinik
CH-7270 Davos-Platz

Mitarbeiter:

Kaspar Egger
André Pirlet
Hanspeter Probst

Inhaltsverzeichnis

1	**Einleitung**	1
2	**Theoretische Grundlagen**	5
2.1	**Beweglichkeit**	5
	Aktive und passive Beweglichkeit	6
	Normale Beweglichkeit	6
	Pathologische Beweglichkeit	6
2.1.1	Gelenkigkeit	9
2.1.2	Dehnfähigkeit	11
	Muskuläre Dysbalance	11
	Mechanismen der Muskelsteuerung	14
2.2	**Energiebereitstellung**	15
2.2.1	Energiesysteme	15
	Energiereiche Phosphate	15
	Kohlenhydrate	18
	Fette (Triglyceride)	18
	Eiweiße	20
2.2.2	Energiebereitstellung in der Muskelzelle	20
	Anaerobe alaktazide Energiebereitstellung	22
	Anaerobe laktazide Energiebereitstellung	22
	Aerobe Energiebereitstellung	24
	Bedeutung der Kohlenhydrate für den Fettabbau	28
2.2.3	Leistungsfähigkeit und Kapazität der Energiesysteme	28
2.2.4	Energiebereitstellung bei verschiedenen Belastungsintensitäten	29
	Maximale Belastung	30
	Progressive Belastung	30
	Energiebereitstellung in Abhängigkeit von Belastung und Wiederholungszahl	33
2.3	**Kraft**	34
2.3.1	Maximalkraft	34

2.3.2	Schnellkraft	36
2.3.3	Kraftausdauer	37
2.3.4	Muskelfasertypen	38
	Fasertyp I (langsame, »slow twitch«, ST- oder rote Fasern)	38
	Fasertyp II (schnelle, »fast twitch«, FT- oder weiße Fasern)	38
2.3.5	Muskelmechanik	40
2.3.6	Bewegungsgeschwindigkeit	41
2.3.7	Kontraktionsformen	42
2.3.8	Trainierbarkeit der Muskulatur	42
2.3.9	Muskelatrophie	43
	Immobilisation	44
	Chronisch rheumatologische und internistische Erkrankungen	45
	Alter	46
2.3.10	Der Muskel bei Schmerz und Gelenkproblemen	47
	Schmerzeinflüsse auf die Muskelinnervation	47
	Gelenkpathologische Einflüsse auf die Muskelinnervation	47
2.3.11	Die Muskulatur bei Jugendlichen	49
2.3.12	Die Muskulatur der Frau	50
2.4	**Die Ausdauer**	51
2.4.1	Ausdauerarten	52
	Einteilung nach dem Umfang der eingesetzten Muskulatur	52
	Einteilung nach Energiesystemen	53
	Einteilung nach der Belastungsart	53
2.4.2	Leistungsphysiologie	57
	Maximale Sauerstoffaufnahme	57
	Schwellenkonzepte	59
2.4.3	Organsysteme	63
	Skelettmuskulatur	64
	Herz-Kreislauf	65
2.4.4	Ausdauerfähigkeit beim Kind	77
	Aerobe Ausdauer	77
	Anaerobe Ausdauer	78
2.4.5	Ausdauerfähigkeit der Frau	79
2.4.6	Ausdauerfähigkeit im Alter	79
2.5	**Koordination**	81

3 Funktionsdiagnostik 85

3.1 Beweglichkeit 85
3.1.1 Funktionelle Untersuchung der Gelenke 85
Anguläre Bewegungen 85
3.1.2 Längentestung der Muskulatur 86
Prinzip der Längentestung 87

3.2 Kraft 101
3.2.1 Testung der Kraftausdauer 101
Prinzip zur Testung der Kraftausdauer 101
3.2.2 Klinische Beurteilung der Maximalkraft 122
Prinzip der klinischen Beurteilung der Maximalkraft .. 122
3.2.3 Messung des Umfangs 122
3.2.4 Isokinetische Kraftmessung 124
3.2.5 Isometrische Kraftmessung 126

3.3 Ausdauer 128
Belastungstests 129
3.3.1 3-Minuten-Stufentest (Kasch 1968) 129
3.3.2 Walking-Test (Lankkanen 1990) 130
3.3.3 Coopertest (Cooper 1968) 137
3.3.4 Conconi-Test »Laufen« (Conconi 1982) 139
3.3.5 Balke-Test (Cooper 1968, Nagle 1965) 141
3.3.6 Conconi-Probst-Test (Probst 1989) 143

3.4 Koordination 145
3.4.1 Bewegungskoordinationstest (BKT) 145
3.4.2 Gleichgewichtstest (GGT) 146

4 Trainingsmethoden 147

4.1 Training 147

4.2 Beweglichkeit 149
4.2.1 Gelenkmobilisationstechniken 149
4.2.2 Muskeldehntechniken 150
Dynamische Dehntechnik 151
Statische Dehntechniken 152

4.3 Kraft 154
4.3.1 Krafttraining in der Rehabilitation 154
4.3.2 Trainingsmittel 157
4.3.3 Allgemeine Methodik des Krafttrainings 158

4.4 Ausdauer 161
4.4.1 Training der aeroben Ausdauer 162

	Subjektives Anstrengungsempfinden	163
	Intensität	164
	Dauer	164
	Häufigkeit	164
4.5	**Koordination**	164
5	**Übungsprogramm**	166
5.1	**Beweglichkeit**	166
5.2	**Kraft**	205
5.3	**Ausdauer**	259
5.4	**Koordination**	299

Literatur 306

Sachverzeichnis 312

1 Einleitung

Rekonditioning – die konsequent durchgeführte Trainingstherapie zur körperlichen Leistungssteigerung – hat die moderne konservative Therapie des Bewegungsapparates entscheidend erweitert.

Die Grundlagen und Anwendungsformen der Trainingstherapie stammen zum wesentlichen Teil aus der Sportmedizin.

Die Trainingstherapie stellt so einen wichtigen Teilbereich der modernen Therapie des Bewegungsapparates dar, die sich aus insgesamt fünf Blöcken zusammensetzt:

- *Schmerzbehandlung:* Im Vordergrund steht die passiv-physikalische Therapie. Unterstützend können Medikamente eingesetzt werden.
- *Beseitigung der lokalen Funktionsstörung:* Die lokale Funktionsstörung wird mit physiotherapeutischen und manuellen Techniken gezielt behandelt. Letztendlich soll die ursprüngliche Funktion möglichst wieder hergestellt werden. Dabei kann die geschädigte Struktur durchaus fortbestehen.
- *Trainingstherapie:* Mit der Trainingstherapie kann sowohl die allgemeine körperliche Leistungsfähigkeit gesteigert als auch lokale Funktionsstörungen behandelt werden. Dies ist von besonderer Bedeutung, weil in der Regel einer lokalen Funktionsstörung eine Einschränkung der Leistungsfähigkeit des gesamten Körpers folgt. Eine ausreichende körperliche Gesamtleistungsfähigkeit ist aber Voraussetzung für die gewohnten täglichen Aktivitäten sowie für den Berufsalltag und muß deshalb erreicht werden. Darüber hinaus beeinflußt diese Leistungsfähigkeit die Lebensqualität erheblich.
- *Patientenschulung:* Die Patienten werden angeleitet, wie sie über die Behandlung hinaus mit ihren Funktionsstörungen umgehen müssen. Dazu gehören sowohl die selbständig weitergeführten Übungen als auch das ergonomische (körpergerechte) Verhalten im Alltag.
- *Bewältigungsstrategien:* Auch psycho-soziale Faktoren beeinflussen die chronischen Probleme des Bewegungsapparates. Dies

1 Einleitung

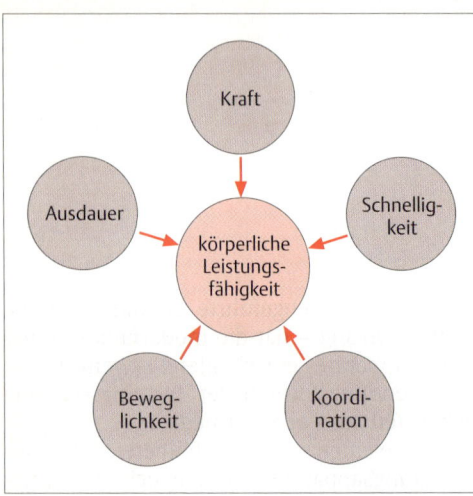

Abb. 1.1 Faktoren der körperlichen Leistungsfähigkeit (nach Spring)

muß der Therapeut berücksichtigen und entsprechende Hilfen anbieten.

Die körperliche Leistungsfähigkeit setzt sich aus fünf konditionellen Grundfaktoren zusammen (Abb. 1.1):
- Beweglichkeit,
- Kraft,
- Ausdauer,
- Schnelligkeit und
- Koordination.

Die Gewichtung dieser einzelnen Konditionsfaktoren in der Trainingstherapie ist abhängig von der vorhandenen Leistungsverminderung und der jeweiligen Zielsetzung.

Der Verlust der normalen körperlichen Leistungsfähigkeit wird als *Konditionsmangelsyndrom* bzw. *Dekonditioning-Syndrom* bezeichnet. Dabei treten am Bewegungsapparat bei zu hohen körperlichen Belastungen Symptome wie Schmerzen und andere Reizzustände auf (Abb. 1.2). Es sind entweder einzelne, mehrere oder alle Konditionsfaktoren betroffen (Ayoub 1980, Davies 1992, Keeley 1986, Kishino 1985, Mayer 1985, Pearcy 1982, Smith 1988, Thompson 1985, Gatchel 1991, Keel 1995). Das Dekonditioning-Syndrom tritt posttraumatisch, postoperativ und bei chronischen Erkrankungen auf. Bekannt

1 Einleitung

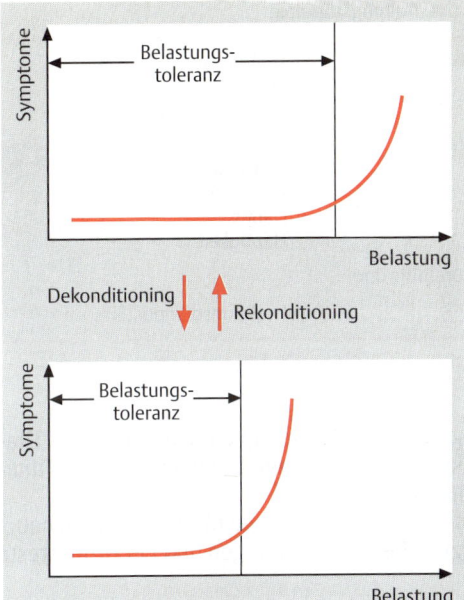

Abb. 1.2 Dekonditioning, Rekonditioning

wurde der Ausdruck *Dekonditioning* im Zusammenhang mit dem chronischen Rückenschmerz (Gatchel 1991, Mayer 1985, Keel 1995).

Eine herabgesetzte körperliche Leistungsfähigkeit vermindert die Belastbarkeit. Dann führen bereits geringe Anstrengungen zur *Überlastungssymptomatik*. Führen diese Überlastungssymptome zu Schonung und weiterer Ruhigstellung, dann verschlimmert sich das Dekonditioning-Syndrom, und die Toleranzgrenze nimmt weiter ab. Letztendlich führt dies zu einem Teufelskreis. Um den Teufelskreis zu durchbrechen, muß die körperliche Leistungsfähigkeit verbessert werden. Die geeignete Therapie ist das *Rekonditioning* – die Trainingstherapie zum Wiederaufbau der körperlichen Leistungsfähigkeit. Die dabei eingesetzten Trainingsmittel reichen vom eigenen Körpergewicht bis hin zu hochtechnischen, computergesteuerten Krafttrainingsgeräten. Der Patient soll lernen, Übungsprogramme selbständig durchzuführen. Wichtig ist, daß der Trainingsplan dem aktuellen Leistungsstand des Patienten entspricht und daß der Patient den Trainingsplan über einen längeren Zeitraum durchführen kann. Rekonditioning ist nicht eine Sache von Tagen, sondern von Wochen und Monaten.

1 Einleitung

Tab. 2.1 Die vier Schritte der Trainingstherapie

1	Funktionsdiagnostik	Anamnese Status Belastungstest
2	Trainingstherapieplanung	Belastungsart Methode Intensität Dauer Häufigkeit
3	Trainingstherapiedurchführung	
4	Kontrolle des Ziels	Funktionsdiagnostik

Für eine gute Planung der Trainingstherapie reicht eine reine Diagnose der Organerkrankung nicht aus. Eine problembezogene *Funktionsdiagnose* ist unerläßlich.

Anamnese und Status bilden die Grundlage für die Leistungsbeurteilung. Häufig sind spezifische Untersuchungen und Belastungsteste notwendig (Tab. 2.**1**).

Die Trainingstherapie erfordert neben einer geeigneten Infrastruktur vor allem entsprechend ausgebildete Therapeuten, da sie die Belastbarkeit des Patienten richtig beurteilen müssen. Daneben sind die sportwissenschaftlichen Grundlagen der Trainingslehre in Theorie und Praxis von entscheidender Bedeutung. Je besser sich der Therapeut in der rehabilitativen Medizin auskennt, desto gezielter kann er die Trainingstherapie einsetzen.

Nach jedem Therapieblock muß das gesteckte Ziel kontrolliert werden. Die Kontrollen dienen entweder der weiteren Therapieplanung oder als Erfolgskontrolle nach der Behandlung.

Um die verbesserte Leistungsfähigkeit nach der Therapie zu erhalten, müssen die körperlichen Aktivitäten ständig weitergeführt werden. Der Übergang von der reinen Trainingstherapie zur sportlichen Tätigkeit ist fließend.

2 Theoretische Grundlagen

2.1 Beweglichkeit

Beweglichkeit setzt sich aus zwei Komponenten zusammen: *Gelenkigkeit* und *Dehnfähigkeit* (Abb. 2.**1**) (Jonath 1988, Spring 1991). Die Gelenkigkeit wird durch die Eigenschaften der Gelenke und Bandscheiben bestimmt, die Dehnfähigkeit durch Muskeln und Sehnen.

Eine gute Beweglichkeit zeichnet sich durch einen großen Bewegungsumfang aus. Dieser hängt ab von:

- den Freiheitsgraden der Gelenke und der Gelenkflächenform,
- der Dehnfähigkeit der Muskeln, Sehnen, Bänder und Gelenkkapseln sowie
- der Kraft der bewegenden Muskulatur.

Äußere Faktoren, die die Beweglichkeit beeinflussen

- Mit *zunehmendem Alter* nimmt die Dehnfähigkeit und somit die Beweglichkeit ab. Verantwortlich sind chemische und strukturelle Veränderungen in Muskulatur und Sehnen. Die Zahl der elastischen Fasern verringert sich; es kommt zum Wasserverlust sowie zu einer Verminderung der Zellzahl und -aktivität. Bei degenerativen Veränderungen eines Gelenkes (Arthrose) wird der Bewegungsumfang durch Umbauvorgänge im Gelenk eingeschränkt.
- Die *hormonellen Verhältnisse* sind für die bessere Dehnfähigkeit der Muskulatur, Bänder und Sehnen beim weiblichen Geschlecht verantwortlich.
- Die *Temperatur der Muskulatur* beeinflußt ebenfalls die Beweglichkeit. Eine Temperaturerhöhung verbessert die Dehnfähigkeit, was entweder aktiv (Einlaufen) oder passiv (erhöhte Außentemperatur, heißes Bad) geschehen kann.
- Die Beweglichkeit unterliegt *tageszeitlichen Schwankungen*. Morgens nach dem Aufstehen ist sie deutlich schlechter als zu anderen Tageszeiten.

2 Theoretische Grundlagen

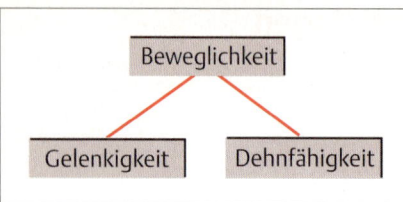

Abb. 2.1 Beweglichkeit

Im frühen Schulkindalter ist die Beweglichkeit normalerweise auch ohne entsprechendes Training gut. Aber bereits nach dem zehnten Lebensjahr nimmt die Beweglichkeit ohne Training ab. Ziel des Beweglichkeitstrainings muß deshalb vor allem der Erhalt der Beweglichkeit sein und nicht unbedingt die Verbesserung (Weineck 1994).

Aktive und passive Beweglichkeit

Die aktive Beweglichkeit ist dadurch gekennzeichnet, daß der maximale Bewegungsausschlag nur durch eigene Muskelkraft erreicht wird (physiologische Bewegungsgrenze, Abb. 2.2).

Dagegen wird bei der passiven Beweglichkeit durch äußere Krafteinwirkung (Schwerkraft, Geräte, Partner) ein größerer Ausschlag erreicht (anatomische Bewegungsgrenze).

Normale und pathologische Beweglichkeit

Die Grenzen der normalen Beweglichkeit (Abb. 2.2) können sowohl unterschritten (*Hypomobilität,* Abb. 2.3) als auch überschritten (*Hypermobilität,* Abb. 2.4) werden.

Ein Gelenk oder ein Wirbelsäulensegment wird als instabil bezeichnet, wenn die ligamentäre oder muskuläre Stabilisierung den Anforderungen nicht genügt. Die Instabilität kann sowohl innerhalb der physiologischen oder anatomischen Bewegungsgrenzen auftreten als auch außerhalb. Lang andauernde Instabilitäten führen meistens zu vorzeitigen degenerativen Veränderungen der Gelenke und Bandscheiben.

Von *Hyperlaxizität* spricht man, wenn Haut, Sehnen, Bänder und Gelenkkapseln übermäßig gedehnt werden können. Dies führt zur Überbeweglichkeit (Abb. 2.5).

2.1 Beweglichkeit

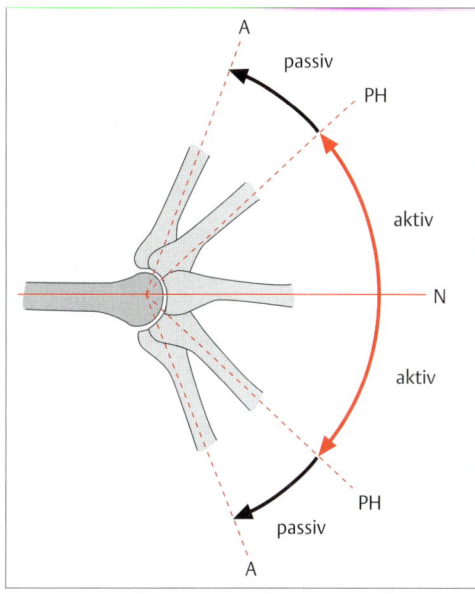

Abb. 2.2 Normale Beweglichkeit.
A = Anatomische Bewegungsgrenze: erreichbar durch passive Bewegung (→).
PH = Physiologische Bewegungsgrenze: erreichbar durch aktive Bewegung (→).
N = Neutral-Null-Stellung

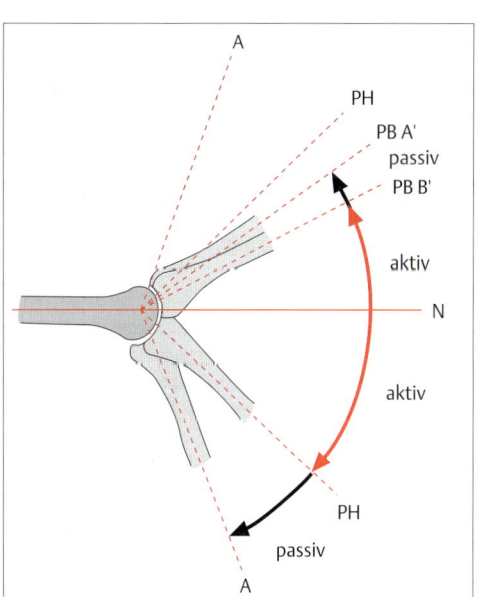

Abb. 2.3 Hypomobilität.
PBB' = Pathologische Bewegungsgrenze: erreichbar durch aktive Bewegung (→).
PBA' = Pathologische Bewegungsgrenze: erreichbar durch passive Bewegung (→)

2 Theoretische Grundlagen

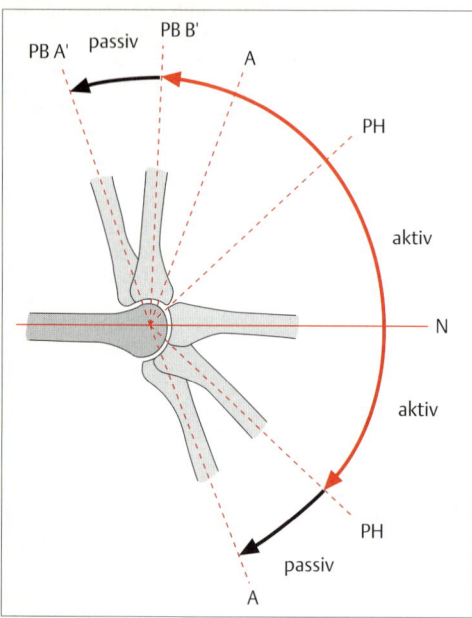

Abb. 2.4 Hypermobilität.
PBB' = Pathologische Bewegungsgrenze: erreichbar durch aktive Bewegung (→).
PBA' = Pathologische Bewegungsgrenze: erreichbar durch passive Bewegung (→)

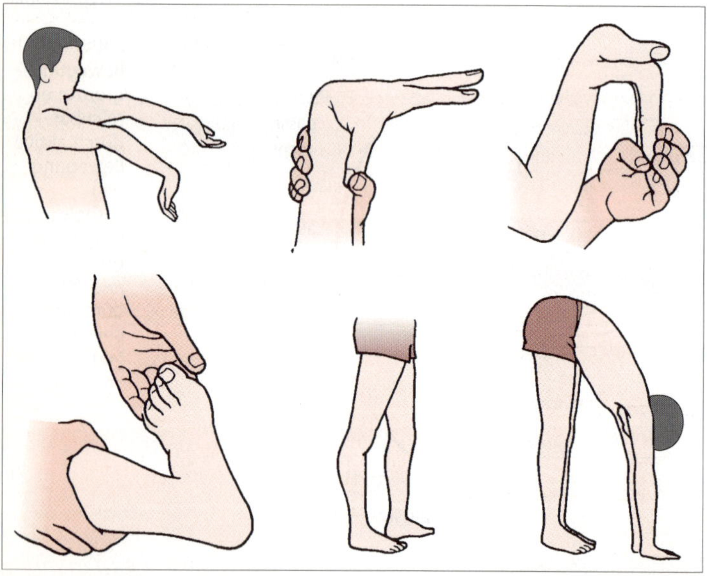

Abb. 2.5 Hyperlaxizitätssyndrom

2.1.1 Gelenkigkeit

Der anguläre Bewegungsausschlag ist immer mit einem *Rollgleitmechanismus* im jeweiligen Gelenk gekoppelt (Dvořák 1996) (Abb. 2.**6**).

Die angulären Bewegungen werden eingeteilt in:
- Flexion – Extension,
- Inklination – Reklination,
- Lateralflexion,
- Abduktion – Adduktion,
- Rotation,
- Elevation,
- Anteversion – Retroversion.

Der Rollgleitmechanismus hängt vom Aufbau des Gelenkes sowie von der Anordnung der Bänder und der Muskulatur ab.

Voraussetzung für eine harmonische Gelenkbewegung ist neben einer optimalen muskulären Steuerung der innere Bewegungsablauf im Gelenk oder Wirbelsäulensegment. Ein erhöhter Gleitwiderstand aufgrund degenerativer oder entzündlicher Knorpelveränderungen sowie muskuläre Dysbalancen können den Rollgleitmechanismus erheblich stören. Adhäsionen der Gelenkkapseln oder Sehnen bzw. eine geschrumpfte Gelenkkapsel verhindern ein normales Rollgleiten. Degenerative Veränderungen des Knorpels führen unter anderem zu einem erhöhten Reibungskoeffizienten zwischen den Knorpelflächen. Der Reibungskoeffizient wird darüber hinaus durch die viskose Eigenschaft der Synovialflüssigkeit bestimmt. Je dünnflüssiger (Entzündung) die Synovialflüssigkeit ist, desto größer ist der Reibungskoeffizient. Beim physiologischen Rollgleiten läuft der Übergang vom Rollen zum Gleiten ungestört ab.

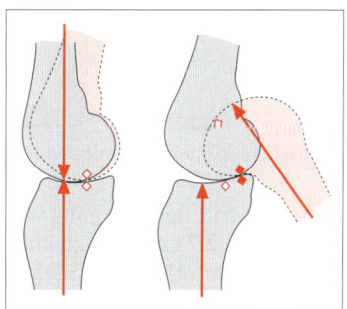

Abb. 2.**6** Rollgleiten: Die Roll- und Gleitbewegung der Gelenkkörper findet gleichzeitig und harmonisch statt

2 Theoretische Grundlagen

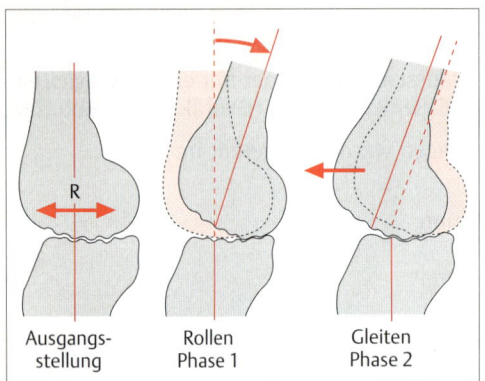

Abb. 2.7 Rollgleiten bei Veränderungen im Gelenk:
Ausgangsstellung: Reibungskoeffizient R bei Knorpelveränderungen erhöht
Phase 1: Es findet eine reine Rollenbewegung aufgrund eines hohen Haftreibungskoeffizienten statt
Phase 2: Bei Weiterführen der angulären Bewegung kommt es zu einer ruckartigen, schnellen Gleitbewegung

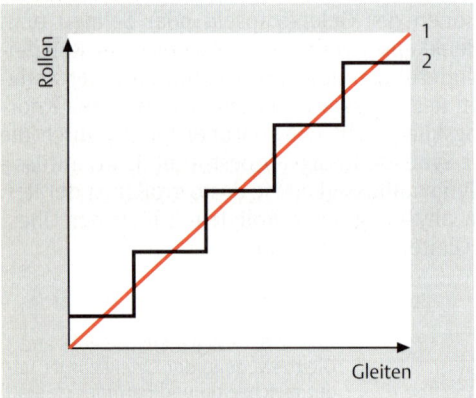

Abb. 2.8 Gelenkgeräusche
1 Rollgleiten bei normalen Gelenkverhältnissen
2 Rollgleiten bei degenerativen und entzündlichen Gelenkveränderungen

Bei einem erhöhten Reibungskoeffizienten tritt der Übergang verzögert und ruckartig (staccatoartig) auf (Abb. 2.**7**). Dies kann man palpieren oder als Gelenkgeräusch auskultieren (Abb. 2.**8**) (Schneider 1989).

2.1 Beweglichkeit

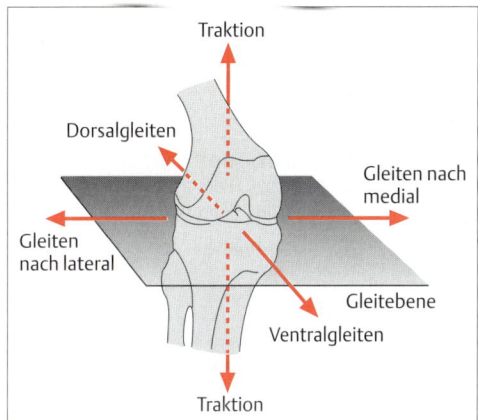

Abb. 2.9 Gelenkspiel

Zur Beurteilung des Rollgleitmechanismus untersucht man die translatorischen Bewegungen (verschiedene Richtungen des Gleitens) des Gelenkes. Die Summe aller Translationsbewegungen eines Gelenkes wird auch als *Gelenkspiel* (Joint Play) bezeichnet (Abb. 2.9).

Der Rollgleitmechanismus der Gelenke an den Extremitäten unterliegt bestimmten Gesetzmäßigkeiten: Ist die distale Gelenkfläche konvex, so findet das Rollgleiten in entgegengesetzter Richtung zur angulären Bewegung statt; bei konkaver Form der distalen Gelenkfläche in gleicher Richtung (Dvořák 1997).

2.1.2 Dehnfähigkeit

Der anguläre Bewegungsausschlag hängt neben der Gelenkigkeit von der Länge der Muskulatur und deren Dehnfähigkeit ab.

Muskuläre Dysbalance

Einige Muskeln reagieren auf Fehl- oder Überbelastung mit Verkürzung. Es handelt sich dabei um die Gruppe der *tonischen Muskulatur*. Andere Muskeln, die Gruppe der *phasischen Muskulatur*, (Tab. 2.2) reagieren mit Abschwächung.

Tab. 2.2 Zuordnung der Muskulatur

Überwiegend tonische Muskeln	Überwiegend phasische Muskeln
Schultergürtel – Arm	
M. pectoralis major M. levator scapulae M. trapezius (Pars descendens) M. biceps brachii Mm. scaleni	Mm. rhomboidei M. trapezius (Pars ascendens) M. trapezius (Pars horizontalis) M. triceps brachii
Rumpf	
M. erector spinae im Lumbal- und Zervikalbereich M. quadratus lumborum	M. erector spinae im mittleren Thorakalbereich M. abdominis
Becken – Oberschenkel	
M. biceps femoris M. semitendinosus M. semimembranosus M. iliopsoas M. rectus femoris M. adductor longus M. adductor brevis M. adductor magnus M. gracilis M. piriformis M. tensor fasciae latae	M. vastus medialis M. vastus lateralis M. glutaeus medius M. glutaeus maximus M. glutaeus minimus
Unterschenkel – Fuß	
M. gastrocnemius M. soleus	M. tibialis anterior Mm. peronaei

Eine *muskuläre Dysbalance* (Abb. 2.**10**) liegt vor, wenn ein Ungleichgewicht zwischen tonischer und phasischer Muskulatur besteht. Dabei sind bei Fehlbelastungen die tonischen Muskeln bei erhaltener Kraft verkürzt; die phasischen Antagonisten und Synergisten sind abgeschwächt (Schneider 1984, 1991, Schneider 1989, Spring 1991).

2.1 Beweglichkeit

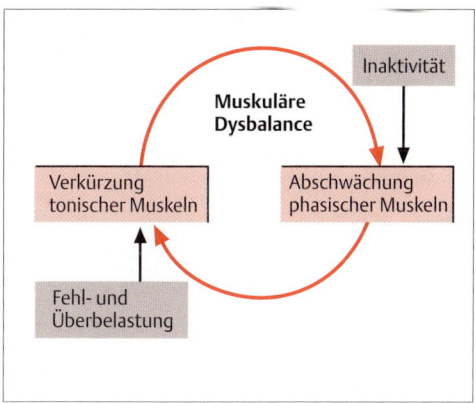

Abb. 2.**10** Muskuläre Dysbalance

Verschiedene Ursachen können zu einer muskulären Dysbalance führen:

- Fehl- und Überbelastung des Bewegungsapparates,
- Arthrosen,
- vertebrale Syndrome,
- spondylogene Syndrome,
- radikuläre Syndrome,
- Arthritiden und Spondylitiden,
- Muskelverletzungen,
- Tendopathien,
- myofasziale Schmerzsyndrome,
- Inaktivität und lange Ruhigstellung.

Eine muskuläre Dysbalance vermindert die Belastbarkeit des Bewegungsapparates. Besonders die verkürzte tonische Muskulatur ist bei mechanischer Überlastung sowie Schutz- und Abwehrbewegungen anfällig für Muskelzerrungen oder Muskelrisse.

Verkürzte Muskeln sind in der Entspannungsphase hart und unelastisch. Dies erhöht den Widerstand und ist häufig die Ursache von schmerzhaften Überlastungen der entsprechenden Muskeln und Sehnen (z. B. Insertionstendinosen). Muskuläre Dysbalancen verhindern optimale Bewegungsabläufe im Gelenk oder Wirbelsäulensegment (gestörtes Rollgleiten), was eine erhöhte Belastung bedeutet und Reizzustände nach sich ziehen kann (Weber 1985).

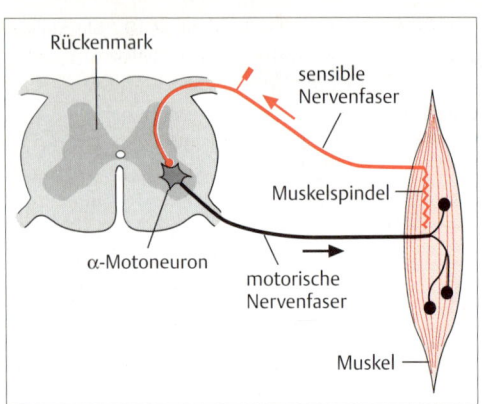

Abb. 2.11 Dehnungsreflex

Mechanismen der Muskelsteuerung

Die Dehnfähigkeit der Muskulatur ist eng mit der nervalen Steuerung verbunden (Wolff 1983, Ullrich 1994). Länge und Spannung der Muskulatur werden mit speziellen Fühlern (Rezeptoren) in den Muskeln und den dazugehörigen Sehnen gemessen: in Muskeln mit den *Muskelspindeln*, in Sehnen mit den *Golgi-Sehnenkörpern*.

Die *Muskelspindeln* liegen parallel zu den Muskelfasern und registrieren Längenänderungen. Diese Längenänderungen reizen über schnelleitende Nervenfasern die dazugehörigen α-Motoneurone im Vorderhorn des Rückenmarks. Die erregten α-Motoneurone lösen eine Kontraktion aus, wodurch die Dehnung und Reizung der Muskelspindel aufgehoben wird. Folglich lösen die α-Motoneurone keine weitere Kontraktion aus und die Kontraktion läßt nach. Dieser Vorgang, der durch rasche Muskeldehnung ausgelöst wird, heißt *Dehnungsreflex* (Abb. 2.**11**).

Dies bedeutet für die Praxis, daß jede rasche Muskeldehnung zu einer reflektorischen Kontraktion des gedehnten Muskels führt, z. B. beim Wippen und Federn in der Schwunggymnastik. Die reflektorische Muskelkontraktion läßt eine optimale Muskeldehnung nicht zu. Beim *passiven statischen Dehnen* verhindert die gleichmäßige Steigerung der Muskeldehnung den Dehnungsreflex. Das ist die Voraussetzung für eine optimale Dehnung.

Die Informationen der Muskelspindeln werden nicht nur an die α-Motoneurone des dazugehörigen Muskels weitergeleitet, sondern auch über dazwischengeschaltete Nervenzellen an die α-Motoneurone der Gegenspieler (Antagonisten), wo eine Hemmung stattfindet. Während sich also auf der einen Seite die Agonisten kontrahieren, werden die Antagonisten auf der anderen Seite gehemmt *(reziproke Hemmung der Antagonisten)*. Die Anspannung eines Beugers führt somit zur Entspannung des Streckers und umgekehrt. Dieser Mechanismus der Muskelentspannung wird beim *aktiven statischen Dehnen* ausgenutzt.

Am Übergang zwischen Muskel und Sehne liegen die *Golgi-Sehnenkörper*. Sie werden erregt, wenn die Spannung in Muskel und Sehne einen bestimmten Schwellenwert überschreitet. Diese Informationen werden ebenfalls über Nervenfasern und dazwischengeschaltete Nervenzellen zu den eigenen α-Motoneuronen im Rückenmark geleitet. Im Gegensatz zum Dehnungsreflex werden die Motoneurone der Agonisten gehemmt, und es kommt zur Abschwächung der Kontraktion. Eine starke Muskelspannung führt also zum Nachlassen der Kontraktion und dadurch zu einer sinkenden Muskelspannung. Dieser Vorgang wird *Eigenhemmung* genannt. Mit Hilfe der Eigenhemmung und anderer neurophysiologischer Vorgängen erklärt man die *postisometrische Hemmung,* die die kurze Muskelentspannung nach einer isometrischen Muskelanspannung bezeichnet. Diese Entspannungsphase kann zur optimalen Dehnung des Muskels genutzt werden: *Anspannungs- und Entspannungs-Dehnen*.

2.2 Energiebereitstellung

Jede Muskelkontraktion verbraucht Energie, die auf unterschiedliche Weise bereitgestellt wird. Dies erklärt die vielfältigen Kraft- und Ausdauerarten sowie deren Trainingsmethoden.

2.2.1 Energiesysteme

Energiereiche Phosphate

Die direkt verfügbare Energie in der Zelle ist in Adenosintriphosphat (ATP) gespeichert. Adenosin ist dabei mit drei Phosphaten verbunden (Abb. 2.**12**), wobei lediglich die Bindungen zu den beiden äußeren Phosphatresten außerordentlich energiereich sind. Bei der Abspaltung (Hydrolyse) werden je nach Umgebungsbedingung 7–9 kcal (30–35 kJ) frei, das ist etwa dreimal mehr als beim Abspalten des inneren Phosphatrestes.

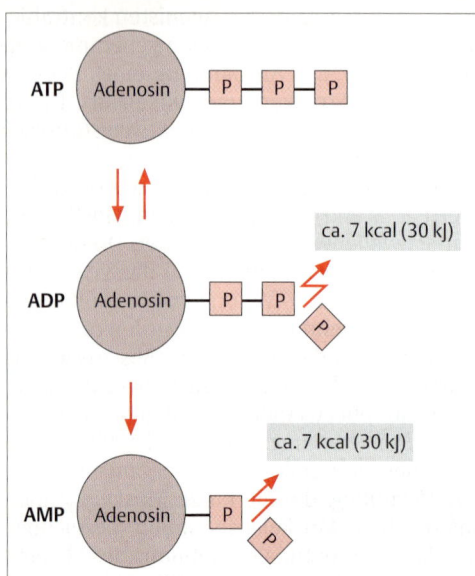

Abb. 2.12 Energiebereitstellung beim Abbau von Adenosintriphosphat (ATP) zu Adenosindiphosphat (ADP) und Adenosinmonophosphat (AMP). AMP wird nur bei zellulärem ATP-Mangel gebildet (s. Text)

Die freiwerdende Energie ermöglicht der Muskelzelle (= Muskelfaser) die Kontraktion. Die hydrolytische Spaltung des ATPs zu ADP erfolgt durch die Myosin-ATPase. Der weitere Abbau zu Adenosinmonophasphat (AMP) findet nur dann statt, wenn trotz anaerober Glykolyse zu wenig ATP nachgeliefert wird. Dabei reagieren zwei Moleküle ADP zu je einem Molekül ATP und AMP (Enzym: Myokinase).
ADP + ADP ⇒ ATP + AMP

Das AMP wird aber nicht mehr zu ADP oder ATP regeneriert, sondern unter Ammoniakbildung (NH_3) zu Inosinmonophosphat abgebaut. Es hat also den Nachteil, daß es der Zelle verlorengeht (Berg 1990, Mutch 1983).

In den Muskelzellen ist nur wenig ATP gespeichert – ca. 6 mmol pro Kilogramm Muskel. Dies macht einen hoch sensiblen Mechanismus notwendig, der bei ATP-Mangel sofort neues ATP bereitstellt. In der Zelle liegen ATP und ADP im Verhältnis 10:1 vor, wobei der größte Teil des ADPs in gebundener Form vorliegt, was das Verhältnis weiter zum ATP verschiebt. So führen bereits geringe Konzentrationsabnahmen des ATPs (Spaltung in ADP und P) zu einer überproportionalen Zunahme der freien ADP-Konzentration. Diese erhöhte ADP-Konzentration ist der auslösende Reiz für andere Energieträger der Zelle, Energie freizusetzen (Hansford 1980, Newsholm 1983).

2.2 Energiebereitstellung

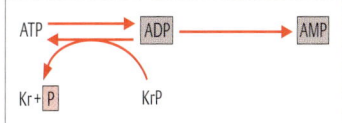

Abb. 2.**13** Resynthese von ATP aus Kreatinphosphat

Für kurze Zeit kann die Muskelzelle ATP aus Kreatinphosphat (KrP) regenerieren (Abb. 2.**13**), was sehr schnell und ohne Sauerstoff geschieht. Gesteuert wird dieser Vorgang von der ADP-Konzentration, daneben von AMP, P_i und Ca^{2+} (Chance 1986).

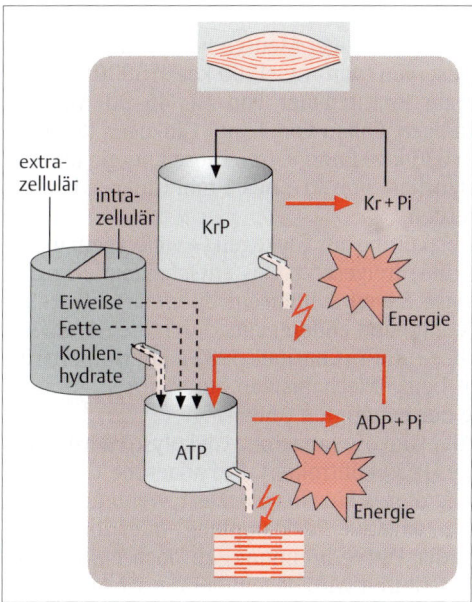

Abb. 2.**14** Die Muskelzelle kann ihre Energie nur aus der hydrolytischen Spaltung des ATP beziehen. Die durch die Spaltung von KrP freiwerdende Energie wird zur Resynthese von ATP aus ADP und P benutzt

ATP kann bei dieser Reaktion direkt aus Kreatinphosphat resynthetisiert werden, weil bei der Spaltung (Hydrolyse von Kreatinphosphat mehr Energie freigesetzt wird als bei der Spaltung von ATP. Der Phosphatrest stammt vom Kreatinphosphat selbst. Für den Reaktionsablauf ist die Kreatinkinase verantwortlich. Kreatinphosphat wird wiederum resynthetisiert durch glykolytische und oxidative Prozesse. Alle anderen Energieträger (Kohlenhydrate, Fette, Eiweiße) dienen der Resynthese von ATP (Abb. 2.**14**).

Kohlenhydrate

Die Glukose bzw. ihre Speicherform, das Muskel- und Leberglykogen, nimmt im Energiestoffwechsel der Muskelzelle eine zentrale Rolle ein:

- Kohlenhydrate sind die einzigen Stoffe, die zur anaeroben Produktion von ATP geeignet sind.
- Bei leichter bis mittlerer aerober Belastung liefern Kohlenhydrate nur einen geringen Teil der Energie, dagegen werden sie bei starker Belastung zum Hauptenergielieferanten (S. 23, Abb. 2.**17**).
- Um Fette zu verbrennen, müssen ständig Kohlenhydrate abgebaut werden (s. S. 27) (McArdle 1985).

Ein 75 kg schwerer normalgewichtiger Mensch verfügt über mobilisierbare Kohlenhydratreserven von ca. 1200 kcal (5000 kJ). Das reicht für eine maximale Einsatzdauer von ca. 45–90 Minuten (Tab. 2.**3**). Beim vollständigen Abbau von 1 mol Glukose (180 g) zu CO_2 und Wasser werden 636 kcal Energie frei. Diese Energie dient in der Muskelzelle zur Resynthese von ATP. Aus 1 mol Glukose können 36 mol ATP gebildet werden.

Glukose wird durch Abspaltung aus Glykogen (= viele aneinandergehängte Glukosemoleküle) freigesetzt. Das entscheidende Enzym ist dabei die Phosphorylase. Sie wird einerseits durch das intrazelluläre Milieu aktiviert (Ca^{2+}, P_i) und andererseits durch die Adrenalinkonzentration im Blut beeinflußt (Chasiotis 1982). Kontrahiert sich die Muskelzelle, führen beide Mechanismen automatisch zu einer verstärkten Freisetzung der benötigten Glukose.

Der anaerobe Abbau der Glukose (anaerobe Glykolyse) wird durch die Phosphofruktokinase (PFK) kontrolliert. Die anaerobe Glykolyse wird über eine Hemmung dieses Enzyms blockiert, wenn genügend ATP zur Verfügung steht (negative Rückkopplung) oder die Citrat-Konzentration (Produkt der Fettverbrennung) zu hoch ist. Das bedeutet, der Abbau der Fettsäuren wird gegenüber der Glykolyse bevorzugt. Umgekehrt wird die PFK durch einen Anstieg der ATP-Abbauprodukte ADP, AMP, P_i sowie hohe Konzentrationen von phosphorylierter Glukose stimuliert (Sahlin 1991).

Fette (Triglyceride)

Fett ist der größte Energiespeicher des Körpers, seine Reserven sind fast unerschöpflich (ca. 50 000–100 000 kcal). Jede Zelle besitzt kleine Fettspeicher; der größte Teil ist jedoch im Unterhautfettgewebe gelagert.

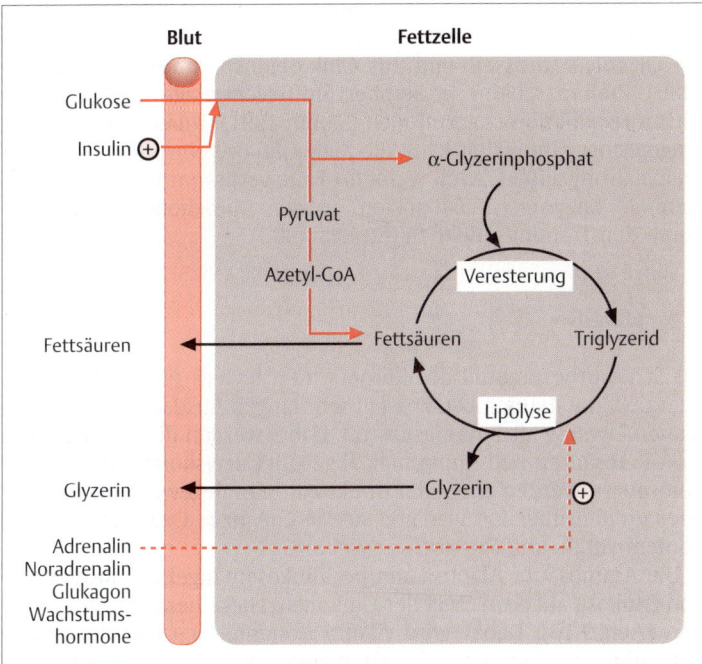

Abb. 2.**15** Regulation der Fettsäurefreisetzung bzw. der Fettsynthese in der Fettzelle. Erklärung s. Text (nach Villiger)

Bei hohem Glukoseangebot werden die aktivierten freien Fettsäuren mit Glycerin zu Triglyceriden (= Speicherform) verestert (Abb. 2.**15**). Umgekehrt werden bei Bedarf Fette mobilisiert, indem Triglyceride in Glycerin und freie Fettsäuren gespalten werden. Gesteuert wird dieser Vorgang durch Adrenalin, Noradrenalin, Glukagon und das Wachstumshormon (STH). Der Anteil der Fette an der Energiebereitstellung hängt ganz allgemein ab von:

- dem Blutfluß im Gewebe
- den Transportmöglichkeiten für die Fettsäuren,
- der Geschwindigkeit, mit der Energie bereitgestellt werden muß,
- der Faserzusammensetzung der Muskeln und
- dem Zustand der Glykogenspeicher (McArdle 1985).

Der Energiebedarf der Skelettmuskelzelle wird in Ruhe und bei geringer Belastung überwiegend durch Fettsäuren gedeckt.

Bei ausreichender Sauerstoffkonzentration hemmen hohe Citrat und niedrige ADP-Konzentrationen die Phosphofruktokinase, was die Glykolyse drosselt und zur Glukoseeinsparung führt (Chance 1986). Zudem scheint in aerober Stoffwechsellage bevorzugt die Fettsäureoxidation stattzufinden (Sahlin 1991). Durch aerobes Training geringer Intensität kann die Zelle Glukose einsparen (= Glukoseeinsparungseffekt), weil vermehrt Fette verbrannt werden. Fettabbauende Enzyme (β-Oxidanzien) in den Mitochondrien nehmen durch den Trainingseffekt zu (Strauss 1983).

Eiweiße

Als Strukturbestandteil des Körpers trägt Eiweiß relativ wenig zur Energiebereitstellung bei. Erst bei sehr langen Ausdauerbelastungen dienen Eiweiße als Energiesubstrat. Dabei werden die Aminosäuren zu α-Ketosäuren und Ammoniak abgebaut (Newsholm 1983). Die α-Ketosäuren werden entweder direkt zur Energiegewinnung genutzt oder greifen über Pyruvat und Acetyl-CoA bzw. Oxalacetat in den Kohlenhydrat- und Fettstoffwechsel ein.

Die Aminosäure Alanin kann bei Glukosemangel zur Resynthese von Glukose auf dem Weg der Glukoneogenese herangezogen werden (Abb. 2.**16**). Dabei wird Alanin desaminiert (Abspaltung von NH_2) und über Pyruvat in die Glukoneogenese eingeschleust, wozu die Leberzelle und teilweise auch die Muskelzelle in der Lage sind. Der Eiweißabbau, wie er bei extremen Ausdauerleistungen stattfindet, ist durch einen erhöhten Harnstoffspiegel im Blut und Urin gekennzeichnet. Andererseits ist der Organismus bei anaboler (aufbauender) Stoffwechselsituation fähig, aus Glukose nichtessentielle Aminosäuren wie Alanin aufzubauen, wobei Pyruvat Zwischenprodukt ist (McArdle 1985).

2.2.2 Energiebereitstellung in der Muskelzelle

Der Muskelzelle stehen grundsätzlich drei Möglichkeiten der Energiebereitstellung zur Verfügung (Tab. 2.**3**). Welches der drei Systeme eingesetzt wird, hängt von der Belastungsintensität (Energieverbrauch pro Zeit) sowie von den vorhandenen Substratreserven ab. Dabei besitzen die verschiedenen Bereitstellungsarten recht unterschiedliche maximale Flußraten (Geschwindigkeiten). So beträgt die maximale Flußrate bei der ATP-Spaltung 3 μmol/g · s, während sie beim aeroben Abbau der freien Fettsäuren 0,24 μmol/g · s (= $1/12$ der

2.2 Energiebereitstellung

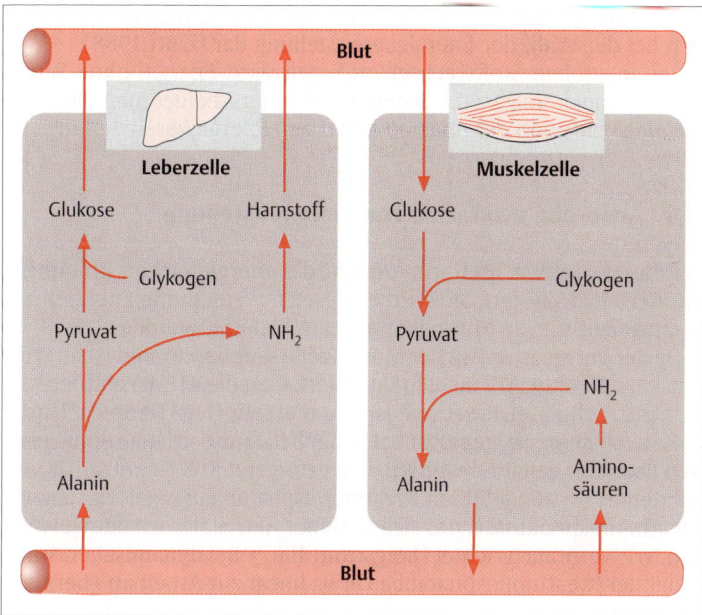

Abb. 2.16 Der Alanin-Glukose-Zyklus (nach Villiger)

Tab. 2.3 Substrate und maximale Flußraten bei verschiedenen Formen der Energiebereitstellung in der Muskelzelle (nach Zintl)

Energie-bereit-stellung	Substrat	Phosphat-reste (–P) pro kg Muskel	maximale Einsatzdauer	maximale Flußrate $\mu mol/g \cdot s$
1. Anaerob alaktazid	ATP	ca. 6 mmol	(theoretisch) 2–3 Sek.	
	KrP	ca. 20–25 mmol	5–7 Sek.	
	Phosphat insgesamt	ca. 30 mmol	7–10 Sek.	1,6–3,0
2. Anaerob laktazid	Glykogen (Glukose)	ca. 270 mmol	45–90 Sek.	1,0
3. Aerob	Glykogen (Glukose)	ca. 3000 mmol	45–90 Min.	0,50
	Triglyzeride (Fette)	ca. 50 000 mmol	mehrere Std.	0,24

ATP-Spaltung) beträgt. Die Flußraten stellen also wesentliche Kriterien bei der Wahl der Energiebereitstellung dar (Zintl 1988).

Bei anaeroben Stoffwechselvorgängen wird Energie ohne Sauerstoffverbrauch freigesetzt. Schematisch unterscheidet man die *anaerob alaktazide* von der *anaerob laktaziden* Energiebereitstellung.

Anaerobe alaktazide Energiebereitstellung

Bei dieser Stoffwechselform werden die energiereichen Bindungen des ATPs hydrolysiert. Sie wird eingesetzt, wenn große Energiemengen pro Zeit für die Muskelkontraktion benötigt werden.

Da der Vorrat an ATP in der Muskelzelle sehr beschränkt ist, und die Muskelzelle ohne ATP nicht funktioniert, setzt die ATP-Resynthese aus dem intrazellulären Kreatinphosphat sofort ein. Der ATP-Spiegel in der Zelle kann demzufolge selbst bei hoher Belastung so lange einigermaßen konstant gehalten werden, wie genügend Kreatinphosphat vorhanden ist ($\approx$ 10 Sek.) Den Kreatinphosphatabbau regelt das Enzym Kreatinphosphokinase, das sich in seiner Aktivität nach dem jeweiligen ATP-Verbrauch richtet (Bergström 1967). Bei dynamischer Arbeit steigt der Kreatinphosphatabbau etwa linear zur Arbeit an – bei statischer Belastung linear zur entwickelten Spannung. In der Erholungsphase verläuft der Kreatinphosphatanstieg exponentiell, so daß nach 2–5 Min. der Kreatinphosphatspeicher wieder aufgefüllt ist. Die Zeit hängt von der aeroben Leistungsfähigkeit der jeweiligen Person ab.

Anaerobe laktazide Energiebereitstellung

Bei dieser Stoffwechselform wird Muskelglykogen bzw. Glukose ohne Sauerstoff (anaerobe Glykolyse) unter Bildung von Laktat abgebaut. Diese Art der Energiebereitstellung startet bereits 5 Sek. nach Belastungsbeginn, also schon während der anaerob alaktaziden Energiebereitstellung, und erreicht ihr Maximum nach 15–20 Sek. Die Energieausbeute ist zwar unökonomisch (aus 1 Mol Glukose werden in dieser Situation lediglich 2 mol ATP gewonnen, bei der aeroben Bereitstellung dagegen 36 mol ATP), dafür ist der Energiefluß pro Zeit aber relativ hoch.

Die Glukose wird aus der Speicherform Glykogen freigesetzt und in der Glykolyse phosphoryliert. Beim stufenweisen Abbau zu Pyruvat entstehen 4 Mol ATP. Da aber bei der anfänglichen Phosphorylierung des Glukosemoleküls 2 Mol ATP benötigt wurden, beträgt der Nettogewinn 2 Mol ATP pro mol Glukose (Abb. 2.**17**).

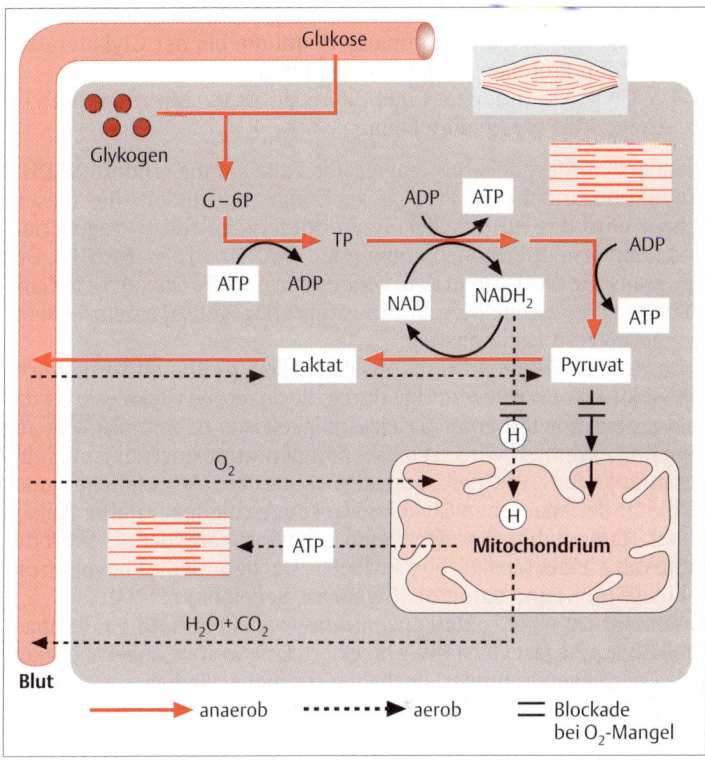

Abb. 2.17 Anaerobe und aerobe Glykolyse in der Muskelzelle. Erklärung s. Text.
G – 6P = phosphorylierte Glukose, TP = phosphorylierte Triosen

Steht für die Atmungskette genügend Sauerstoff zur Verfügung, werden die bei der Glykolyse freigesetzten Protonen in die Mitochondrien transportiert und oxidiert. Die Protonen reagieren dort zusammen mit Sauerstoff zu Wasser.

Bei der aeroben Glycolyse besteht ein Gleichgewicht zwischen Produktion und Oxidation der Protonen, wobei Pyruvat das Hauptprodukt ist. Da Pyruvat mit Laktat im Gleichgewicht steht, wird auch Laktat gebildet. Eine Laktatansammlung findet aber nicht statt, weil Produktion und Rückbildung des Laktats im Gleichgewicht stehen (Newsholm 1983).

Dagegen sammelt sich Laktat in den beiden folgenden Situationen an:

- NADH$_2$ wird zu langsam in der Atmungskette im Mitochondrium reoxidiert (z. B. Sauerstoffmangel), um die bei der Glykolyse anfallenden Protonen wieder aufzunehmen.
- Die Glykolyse produziert mehr Pyruvat, als die Mitochondrien im Citratzyklus verarbeiten können.

Beim ersten Mechanismus reagiert die Zelle auf die erhöhte NADH$_2$-Produktion, indem sie Pyruvat zu Laktat umwandelt. Bei diesem Schritt wird das für die Glykolyse erforderliche NADH$^+$ regeneriert und kann erneut Protonen aufnehmen (NADH$^+$ + H$^-$ ⇒ NADH$_2$). Der Laktatanstieg wird also in Kauf genommen, um die Glykolyse in Gang zu halten. Der zweite Mechanismus führt dagegen zu einem wesentlich geringeren Laktatanstieg.

Das Laktat diffundiert rasch aus den Zellen ins Blut und ermöglicht die weitere Energiegewinnung durch die anaerobe Glykolyse. Da das Laktat aber nur mit einer Geschwindigkeit von 0,5 mmol/l/Min aus dem Blut eliminiert wird, ist dieser Kompensationsmechanismus eingeschränkt. Aufgrund der „sauren" Wirkung des Laktats fällt bei voller Aktivität der anaeroben Glykolyse trotz verschiedener Puffer (Bikarbonat, Hämoglobin, Plasmaeiweiße und Phosphate) der pH-Wert des Blutes ab – in der Muskelzelle auf ca. 6,5. Das hemmt die Phosphofruktokinase (PFK) und damit die Glykolyse. Bei einem pH-Wert von 6,3, das entspricht einer Laktatkonzentration von 40 mmol/l, ist die anaerobe Glykolyse fast vollständig blockiert. Eine weitere anaerobe laktazide Energiegewinnung ist deshalb nicht mehr möglich.

Laktat ist aber kein Abfallprodukt (Abb. 2.**18**), sondern stellt eine wichtige Energiereserve für den Körper dar. Sobald in den Skelettmuskelzellen wieder genügend Sauerstoff vorhanden ist – entweder durch verbesserte Zufuhr oder geringeren Verbrauch – wird Laktat wieder in Pyruvat umgewandelt. Über Zwischenschritte wird es dann in den Citratzyklus eingeschleust. Außerdem stellt die Leber aus Laktat und Pyruvat im Cori-Zyklus (Glukoneogenese) Glukose her. Dieser Mechanismus trägt zur Entfernung des Laktats aus dem Blut bei und schafft zudem neue Substrate.

Aerobe Energiebereitstellung

Bei der aeroben Energiebereitstellung werden Kohlenhydrate, Fette und teilweise Proteine (Endprodukt Harnstoff) unter Sauerstoffverbrauch zu CO_2 und H_2O abgebaut. Zwar laufen dabei die Stoffwechselprozesse relativ langsam ab und bilden pro Zeiteinheit relativ wenig ATP, dafür stehen aber die Substrate in fast unbeschränkter Menge zur Verfügung.

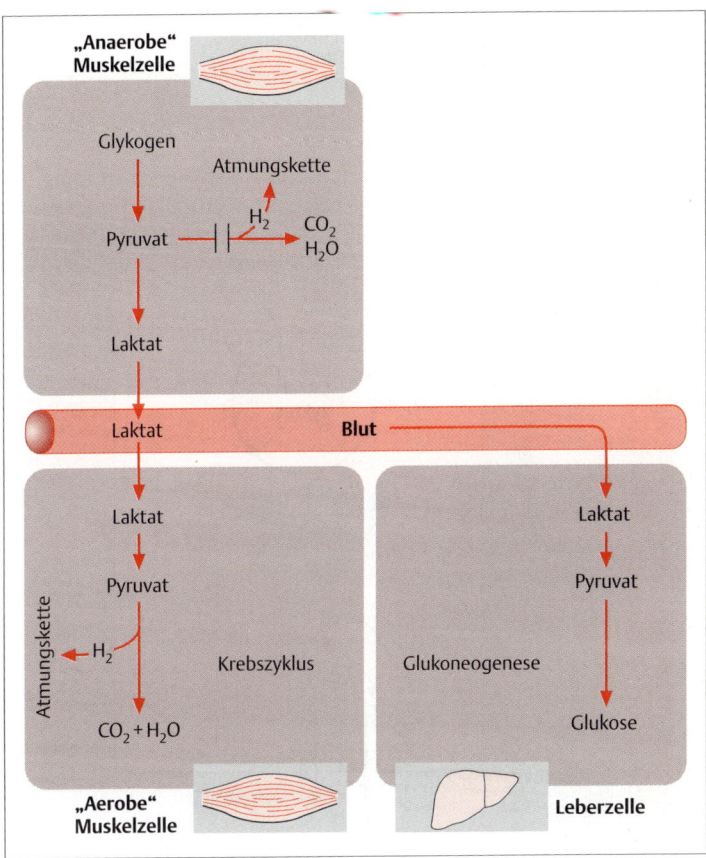

Abb. 2.**18** Laktatabbau aus dem Blut (nach Strauss).

Beim aeroben Abbau werden die wesentlichen Energielieferanten der Muskelkontraktion (Kohlenhydrate und Fette) über mehrere Abbaustufen in die aktivierte Form der Essigsäure (Acetyl-CoA) überführt.

Bei den Kohlenhydraten erfolgt dies über den Weg der Glykolyse bis zum Pyruvat und danach durch Oxidation und Dekarboxylierung zu Acetyl-CoA.

Die freien Fettsäuren werden durch β-Oxidation in Bruchstücke zu je 2 C-Atomen gespalten und ebenfalls zu Acetyl-CoA aktiviert.

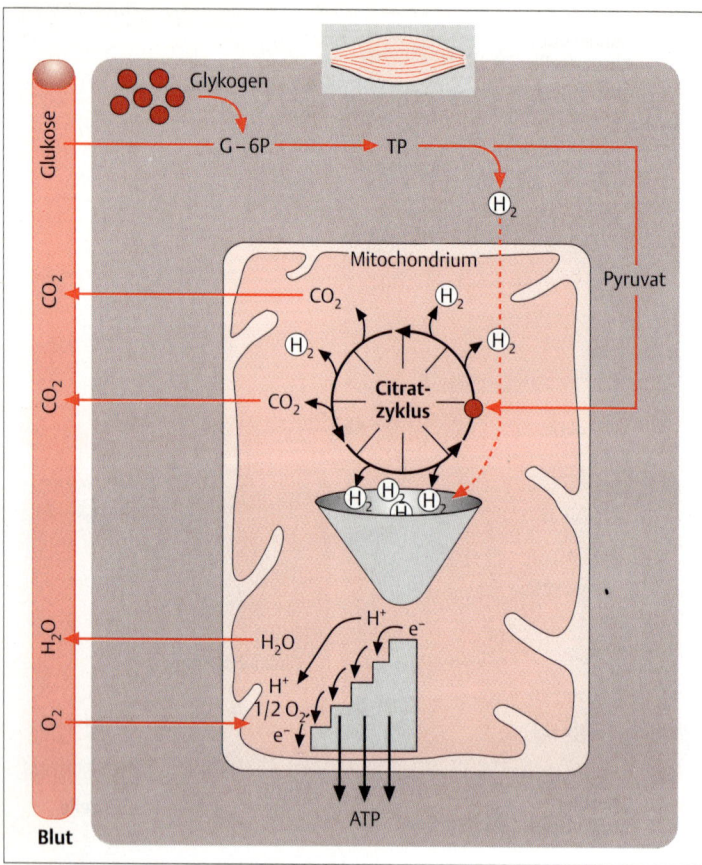

Abb. 2.**19 a** Citratzyklus und Atmungskette in der Muskelzelle (nach Villiger)

Die Hauptfunktion des Citrat-Zyklus ist der Abbau des Acetyl-CoA zu CO_2 und Wasserstoff (Abb. 2.**19 a**). Der Wasserstoff wird oxidiert. Die dabei freiwerdenden Elektronen werden in der Atmungskette auf molekularen Sauerstoff übertragen. Der nun negativ geladene Sauerstoff reagiert mit den positiv geladenen Wasserstoffionen zu H_2O. Bei diesem Prozeß wird Energie frei, die durch Phosphorylierung des ADPs zu ATP chemisch konserviert wird.

Der Citrat-Zyklus ist eine „metabolische Mühle", in die verschiedene Substrate zum weiteren oxidativen Abbau eingeschleust wer-

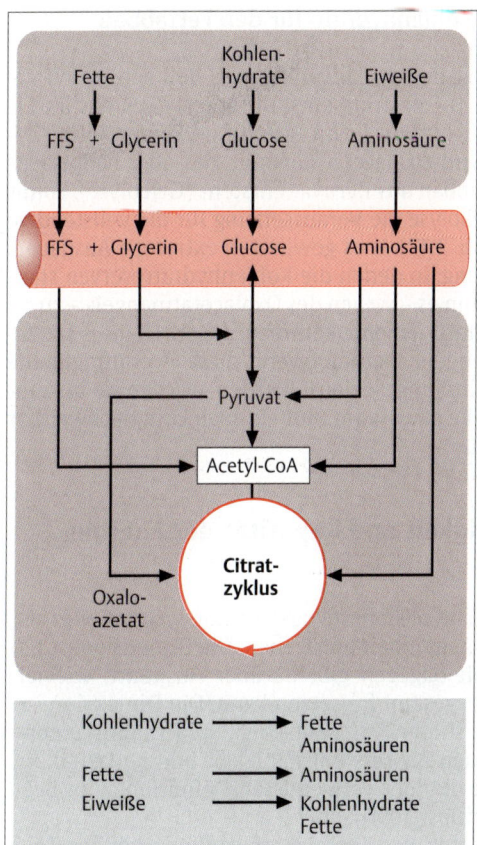

Abb. 2.19 b Interaktionen zwischen Kohlenhydraten, Fetten und Proteinen (nach Villinger)

den. Er läuft ebenso wie die Atmungskette ausschließlich in den Mitochondrien ab. Dabei wird auch die Synthese neuer Substrate ermöglicht: Bei einem Überschuß an Kohlenhydraten entstehen Glycerin- und Acetylfragmente, die für die Synthese von Fetten zur Verfügung stehen. Acetyl-CoA ist das Basismolekül des Cholesterins und somit vieler Hormone. Da aber der Abbau von Pyruvat zu Acetyl-CoA nicht reversibel ist, können die freien Fettsäuren nicht wieder zu Glukose zurückgebildet werden. Dagegen können einige Aminosäuren durch Desaminierung (Stickstoffabspaltung) direkt als Energielieferant in den Citrat-Zyklus eingeschleust oder zur Neubildung von Glukose herangezogen werden (Abb. 2.19 b).

Bedeutung der Kohlenhydrate für den Fettabbau

Ein interessanter Aspekt des oxidativen Abbaus von Fetten soll erwähnt werden. Bei der β-Oxidation entsteht Acetyl-CoA, das im Citrat-Zyklus weiter abgebaut wird. Um Acetyl-CoA in den Citrat-Zyklus einzuschleusen, wird Oxalacetat benötigt, das aber hauptsächlich nur beim Glukoseabbau aus Pyruvat entsteht (Glykolyse). Somit ist eine ablaufende Glykolyse die Voraussetzung für die vollständige Fettverbrennung (s. Abb. 2.**17**). Dies gewinnt in extremen Ausdauersituationen an Bedeutung, in denen die Kohlenhydratreserven stark reduziert sind. Dann kann es – wegen des Oxalacetatmangels – zu einer Anhäufung der Acetatfragmente kommen, die durch die β-Oxidation der Fettsäuren gebildet werden. Wenn diese Acetatfragmente nicht in den Citrat-Zyklus eingeschleust werden, werden sie in Ketokörper umgewandelt, die sowohl im Blut als auch Urin nachweisbar sind (Newsholm 1983).

2.2.3 Leistungsfähigkeit und Kapazität der Energiesysteme

Definition: Die maximale *Leistungsfähigkeit* eines Systems wird als maximale Arbeit pro Zeiteinheit angegeben. Die Dimension ist J/s = Watt. Die *Kapazität* dagegen gibt darüber Auskunft, wieviel Energie ein System insgesamt freisetzen kann. Die Dimension ist das Joule. Leider existieren im deutschen Sprachraum unterschiedliche Definitionen für Leistungsfähigkeit und Kapazität. In Tab. 2.**4** sind deshalb die hier verwendeten Definitionen an Beispielen dargestellt (Probst 1990):

Bezogen auf die Systeme der Energiebereitstellung können Leistungsfähigkeit und Kapazität wie folgt charakterisiert werden:

- Anaerob alaktazides System: Die maximale Leistungsfähigkeit ist die Leistung, die die Muskelzelle pro Zeiteinheit erbringen kann. Limitiert ist sie durch die maximale Energieflußrate der hydrolytischen Spaltung des ATPs. Die Kapazität dieses Systems entspricht jener Energiemenge, die in den energiereichen Phosphaten (ATP und KrP) der Zelle gespeichert ist.
- Anaerob laktazides System: Die maximale Leistungsfähigkeit wird bestimmt durch die Energieflußrate der anaeroben Glykolyse. Die Kapazität entspricht jener Energiemenge, die bei „rein" anaerober Glykolyse vom System freigesetzt werden kann.

Tab. 2.4 Leistungsfähigkeit und Kapazität der verschiedenen Energieaufbereitungsstellen (nach Probst)

Energieum-wandlung	Mit Sauerstoff – aerob		Ohne Sauerstoff – anaerob	
	Kapazität	Leistungsfähigkeit	Kapazität	Leistungsfähigkeit
Antwort auf die Frage?	Wie weit kann ich mit dem aeroben Stoffwechsel laufen?	Wie schnell kann ich mit dem aeroben Stoffwechsel laufen?	Wie weit kann ich mit dem anaeroben Stoffwechsel laufen?	Wie schnell kann ich mit dem anaeroben Stoffwechsel laufen?
Limitierende Faktoren	global gespeicherte Betriebsstoffe	Energieflußrate der Betriebsstoffe	lokal gespeicherte Betriebsstoffe	Energieflußrate der Betriebsstoffe
Betriebsstoff	Kohlenhydrate Fette	Kohlenhydrate	Kohlenhydrate energiereiche Phosphate	energiereiche Phosphate
Maßeinheit	Joule	J/s = Watt	Joule	J/s = Watt
Vergleich mit Auto	Fahrstrecke pro Tankinhalt	maximale Fahrgeschwindigkeit	Energieinhalt der Batterie	Leistung der Batterie

- Aerobes System: Die aerobe Leistungsfähigkeit entspricht der maximalen Leistung, die das System bei aerobem Abbau von Glukose erbringen kann. Die Kapazität entspricht jener Energiemenge, die bei rein aerober Energiebereitstellung aus Kohlenhydraten, Fetten und Eiweißen vom System gewonnen werden kann.

Energiebereitstellung bei verschiedenen Belastungsintensitäten

In Ruhe wird der Energiebedarf der Muskelzelle fast nur durch die langsam ablaufende Glykolyse gedeckt. Der aufgenommene Zucker wird teils zur direkten Energiebereitstellung und teils zur Glykogenbiosynthese verwendet.

Die freien Fettsäuren, die durch Diffusion in die Zellen gelangen, werden ebenfalls nur teilweise abgebaut (oxidativ). Der überwiegende Teil wird in Form von Triglyceriden gespeichert, um später als Substrat der Energiegewinnung zur Verfügung zu stehen.

Welcher Weg für die Energiebereitstellung unter Belastung gewählt wird, hängt vor allem von der Belastungsintensität ab.

Maximale Belastung

Der Muskel verwendet zur Kontraktion ausschließlich ATP. Das verbrauchte ATP wird mit hoher Flußrate sofort aus KrP resynthetisiert. Auslöser ist der intrazelluläre ADP- und Phosphat-Anstieg. Die Leistungsfähigkeit dieses Systems ist außerordentlich hoch (Abb. 2.**20a** u. **b**); es erschöpft sich aber bereits nach 10 Sek., weil die intrazellulären Phosphatspeicher klein sind. Danach übernimmt die anaerobe Glykolyse die Energiebereitstellung. Nach ca. 1 Min. nimmt die aerobe Energiegewinnung stark zu. Nach ca. 3 Min. ist sie der Hauptenergielieferant. Bei langen Belastungen nimmt der oxidative Abbau zu, wobei dies anfänglich durch die aerobe Glycolyse und später (ab ca. 60 Min.) vor allem durch den Fettabbau erfolgt.

Die Leistungsfähigkeit dieser unterschiedlichen Systeme ist charakterisiert durch die maximale Energieflußrate:

- Anaerob alaktazides System: 370 kJ/min
- Anaerob laktazides System: 160 kJ/min
- Aerober Glukoseabbau: 120 kJ/min
- Fettverbrennung: 80 kJ/min

Bei einer Belastungserhöhung wird die Energie anfangs immer anaerob bereitgestellt, weil weder die Zelle noch das Herz-Kreislauf-System in so kurzer Zeit den Erfordernissen (Sauerstoffbedarf) gerecht werden kann. Es entsteht ein Sauerstoffdefizit (Sahlin 1991), das proportional zur Intensität der Belastung ist und bei maximaler Laufgeschwindigkeit bis zu 8 l, bei maximalem Radfahren bis zu 6 l beträgt (Stegemann 1984). Die dabei eingegangene Sauerstoffschuld muß nach der Belastung ausgeglichen werden. Dies wird deutlich durch die anhaltend verstärkte Atmung nach der Belastung. Obwohl der Ausgangszustand exponentiell wiederhergestellt wird, kann dies bis zu 60 Min. dauern.

Progressive Belastung

Anhand des Sauerstoffminutenvolumens ($\dot{V}O_2$), unterscheidet man drei Intensitätsbereiche. Als Maß dient das aktuelle $\dot{V}O_2$ im Vergleich zum maximalen Sauerstoffminutenvolumen ($\dot{V}O_2max$).

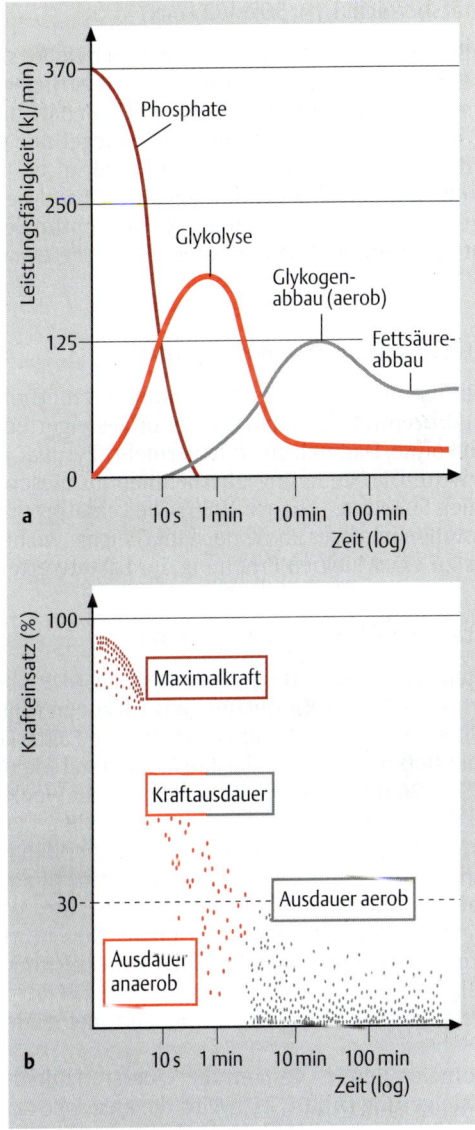

Abb. 2.**20** a u. **b**   Die verschiedenen Arten der Energiebereitstellung (**a**) und ihre Beziehung zu Kraft- und Ausdauerarten (**b**)

2 Theoretische Grundlagen

Intensitätsbereich 1 (< 50% $\dot{V}O_2$max)

Bei niedriger Belastung (unterhalb der aeroben Schwelle) sind die intrazellulären Energiereserven in der Lage, mit nur geringem O_2-Defizit das Sauerstoffgleichgewicht herzustellen. O_2-Bedarf und O_2-Angebot stehen im Gleichgewicht. Da der ADP-Spiegel nur wenig ansteigt, und das $NADH_2/NADH^+$-Verhältnis niedrig ist, wird die Phosphofruktokinase (PFK) gehemmt und die Glykolyse bzw. die Glykogenolyse gebremst. Dies ermöglicht eine optimale Verwendung der intramuskulären und zirkulierenden Fettsäuren (Berg 1990).

Intensitätsbereich 2 (50–80% $\dot{V}O_2$max)

Belastungen in diesem Intensitätsbereich führen zu erhöhten ADP- und Phosphatkonzentrationen und damit zur gesteigerten Glykogenolyse und Glykolyse. Dadurch entsteht vermehrt Pyruvat, das oxidativ abgebaut wird. Die Steuerung übernehmen an dieser Stelle die mitochondrialen Substrate (Chance 1986). Die Laktatproduktion und -verwertung stehen in dieser Phase noch im Gleichgewicht, und führen höchstens zu einer kleinen Erhöhung der Laktatwerte im Blut.

Intensitätsbereich 3 (> 80% $\dot{V}O_2$max)

In diesem Intensitätsbereich steigen intrazellulär ADP und P_i stark an, was zu erhöhter Glukosefreisetzung aus Glykogen führt und die anaerobe Glykolyse aktiviert. Dadurch steigen die Laktatkonzentrationen sowohl im Blut als auch in der Muskulatur auf Maximalwerte an (Sahlin 1991). Weil trotz anaerober Glykolyse zu wenig ATP entsteht, wird ADP über die Myokinasereaktion zu AMP und unter Ammoniakbildung weiter zu IMP abgebaut. Da IMP über den Purinstoffwechsel verlorengeht, kommt es neben der intrazellulären Übersäuerung (Laktat) mit Hemmung der Enzyme zum Verlust der Grundbausteine der energiereichen Phosphate. Dies führt zu einer stetigen Leistungsabnahme und schließlich zum Leistungsversagen der Muskelzelle (Berg 1990).

Alle drei Leistungsbereiche können fließend ineinander übergehen.

Im submaximalen Bereich verläuft die Sauerstoffaufnahme linear zur Leistungssteigerung (Abb. 2.**21**). Wird die anaerobe Schwelle erreicht, flacht die Kurve ab, und $\dot{V}O_2$ verläuft nicht mehr linear zur Leistungssteigerung, weil die Leistungssteigerung danach mehrheitlich durch anaerobe Energiebereitstellung erfolgt (Villiger 1991).

2.2 Energiebereitstellung

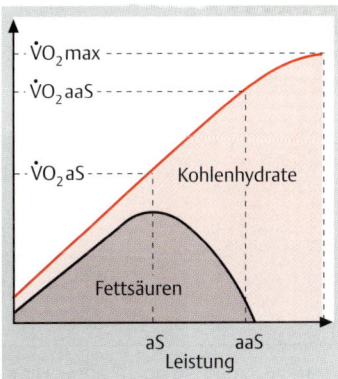

Abb. 2.**21** Sauerstoffaufnahme und Substratverwertung in Abhängigkeit von der Leistung. Unterhalb der aeroben (aS) Schwelle wird die Energie mehrheitlich durch Verbrennen der Fettsäuren bereitgestellt. Nach Überschreiten der anaeroben Schwelle (aas) wird die Energie durch die anaerobe Glykolyse bereitgestellt (nach Villiger)

Bei geringer Belastung reicht die Energieflußrate der Fettsäuren noch aus, um den Energiebedarf weitgehend zu decken. Bei zunehmender Leistung hingegen müssen Kohlenhydrate mit ihrer höheren Energieflußrate herangezogen werden. Der Übergang ist fließend und steht unter der Kontrolle der mitochondrialen Substrate. Im deutschen Sprachraum wird dieser Übergang als aerobe Schwelle bezeichnet.

Energiebereitstellung in Abhängigkeit von Belastung und Wiederholungszahl

Die maximal mögliche Wiederholungszahl bei vorgegebener Belastung richtet sich nach den verschiedenen Energiesystemen (Abb. 2.**22**). Bei maximaler Belastung (95–100%) sind höchstens 3 Wiederholungen möglich. Die Energie wird dabei anaerob alaktazid gewonnen. Bei mittlerer Belastung (um 70%) erhöht sich die Anzahl bis auf 12 Wiederholungen. Dabei setzt neben der anaerob alaktaziden Energiebereitstellung bereits die anaerob laktazide ein. Bei einer Belastung von 30–50% bewegt sich die Anzahl der Wiederholungen um 30–40. Die Energie wird hierbei anaerob laktazid bereitgestellt. Bei Belastungen unter 30% nimmt die Zahl der maximal möglichen Wiederholungen stetig zu und die Energiebereitstellung erfolgt aerob.

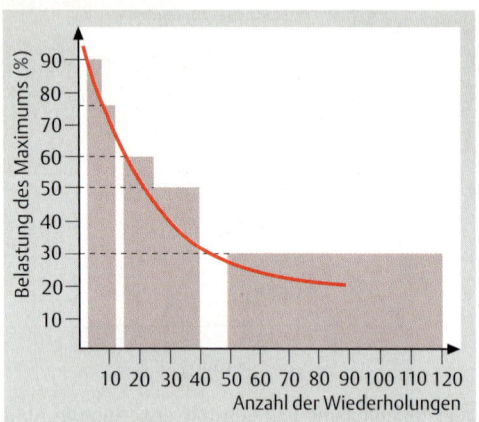

Abb. 2.**22** Die Abhäniggkeit der Wiederholungszahlen von der vorgegebenen Belastung (nach Einsingbach)

2.3 Kraft

Definition: Die motorische Kraft ist die neuromuskuläre Fähigkeit, physikalische Kräfte zu entwickeln. Diese Kräfte können Widerstände überwinden oder ihnen entgegenwirken (Jonath 1988, Spring 1990, Kunz 1990) (Abb. 2.**23a**).

2.3.1 Maximalkraft

Die *Maximalkraft* ist die größtmögliche Kraft, die dynamisch oder statisch willkürlich gegen einen Widerstand ausgeübt werden kann. Sie ist abhängig vom Muskelquerschnitt, von der intra- und intermuskulären Koordination sowie der Muskelfaserzusammensetzung (Abb. 2.**23b**).

Der *Muskelquerschnitt* wird bestimmt durch die Anzahl und Dicke der Muskelfasern. Der anatomische Muskelquerschnitt entspricht dem einfachen Querschnitt des Gesamtmuskels, während der physiologische Querschnitt die Summe der einzelnen Muskelfaserquerschnitte darstellt. Beim spindelförmigen Muskel sind anatomischer und physiologischer Querschnitt gleich groß, während beim gefiederten Muskel der physiologische Querschnitt deutlich größer ist.

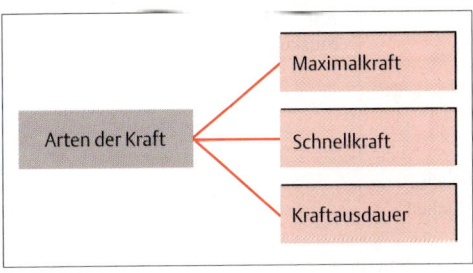

Abb. 2.23 a Kraftarten.

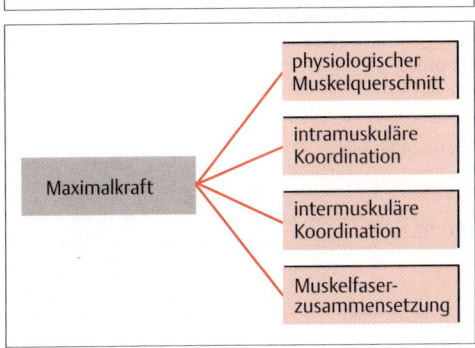

Abb. 2.23 b Faktoren, die sich auf die Maximalkraft auswirken

Dies liegt daran, daß beim gefiederten Muskel die Muskelfasern schräg zur Längsachse des Muskels verlaufen und deshalb bei einem Querschnitt schräg angeschnitten werden. Die entwickelte Kraft ist dem physiologischen Muskelquerschnitt proportional.

Die *intramuskuläre Koordination* erfolgt durch die nervöse Steuerung der Muskelfasern bzw. der „motorischen Einheiten". Da sich die Reizschwellen der einzelnen motorischen Einheiten unterscheiden, ist eine abgestufte Kontraktion des Gesamtmuskels möglich. Die Kraftentwicklung ist dann maximal, wenn sich alle Fasern eines Muskels synchron kontrahieren (Abb. 2.24).

Die *intermuskuläre Koordination* ist das Zusammenspiel der agonistischen mit den antagonistischen Muskeln während eines Bewegungsablaufes. Eine maximale Kraftentwicklung wird möglich, wenn die einzelnen Muskeln während eines Bewegungsablaufes optimal aufeinander abgestimmt sind (Abb. 2.25).

Die *Muskelfaserzusammensetzung* beeinflußt ebenfalls das maximale Kraftniveau. Muskeln mit vielen schnellen Fasern können eine Maximalkraft von 10 kp pro cm^2 Muskelquerschnitt erreichen, wohingegen Muskeln mit vielen langsamen Fasern nur ungefähr die Hälfte (4–6 kg pro cm^2) leisten.

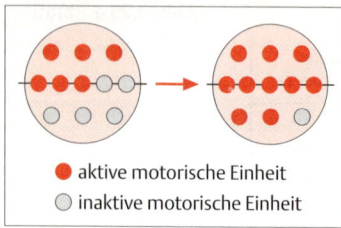

Abb. 2.**24** Verbesserung der intramuskulären Koordination

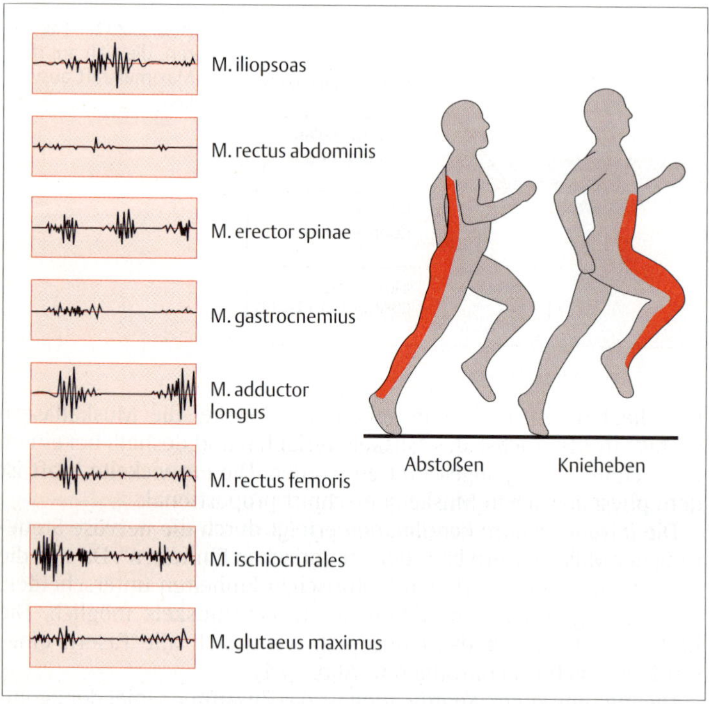

● aktive motorische Einheit
○ inaktive motorische Einheit

M. iliopsoas

M. rectus abdominis

M. erector spinae

M. gastrocnemius

M. adductor longus

M. rectus femoris

M. ischiocrurales

M. glutaeus maximus

Abstoßen   Kniheben

Abb. 2.**25** Intermuskuläre Koordination. Muskelaktivität und Muskelschlingen beim Laufen (nach Kunz)

2.3.2 Schnellkraft

Schnellkraft ist die Fähigkeit, Kraft möglichst explosiv zu entwickeln. Dabei werden der eigene Körper, Körperteile oder Geräte auf möglichst hohe Geschwindigkeit beschleunigt. Die Schnellkraft hängt ne-

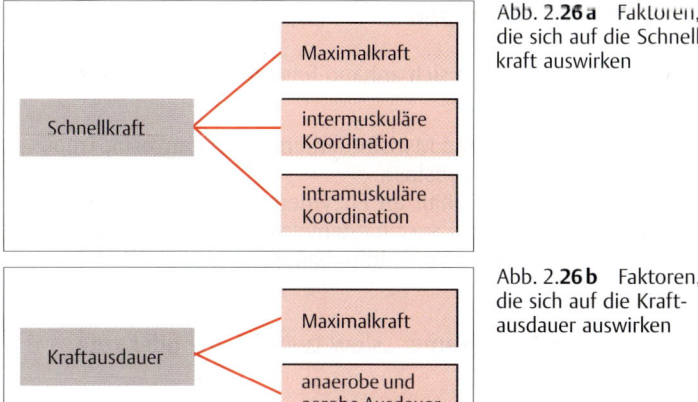

Abb. 2.26 a Faktoren, die sich auf die Schnellkraft auswirken

Abb. 2.26 b Faktoren, die sich auf die Kraftausdauer auswirken

ben dem Muskelquerschnitt und der Faserzusammensetzung vor allem von der intra- und intermuskulären Koordination ab (Abb. 2.26 a).

2.3.3 Kraftausdauer

Die *Kraftausdauer* ist die Widerstandsfähigkeit der Muskulatur gegenüber Ermüdung bei langen oder sich wiederholenden Kraftleistungen. Bei der Kraftausdauer beträgt der Krafteinsatz mindestens 30% der Maximalkraft. Die Kraftausdauer hängt also von der Maximalkraft und zusätzlich von den lokalen anaeroben sowie zum Teil aeroben Ausdauerqualitäten ab (Abb. 2.26 b).

Die Kraftausdauer spielt im Alltag eine wesentlich größere Rolle als die Maximalkraft. Denn die schweren Gewichte werden an vielen Arbeitsplätzen von Arbeitshilfen abgenommen. Außerdem erfordert die Körperhaltung während der Arbeit (z. B. Rumpfstabilisation) vor allem Kraftausdauer bzw. lokale Ausdauer. Wird ein Mindestmaß aber unterschritten, kommt es zu Mehrbelastungen und später zu Überlastungen der Gelenke, Bandscheiben und Muskulatur. Infolgedessen entwickeln sich oft muskuläre Dysbalancen (Verkürzung der tonischen und Abschwächung der phasischen Muskulatur).

In der Rehabilitation muß folglich das Kraftausdauertraining besonders gewichtet werden.

2.3.4 Muskelfasertypen

Die Muskelfasern lassen sich anhand folgender Kriterien in zwei Typen einteilen:

1. Aufbau der Aktin- und Myosinfilamente (Tropomyosin, Troponin, leichte Ketten des Myosins).
2. Unterschiedlicher Gehalt an Enzymen für die Energiebereitstellung (Myosin-ATPase, Succinatdehydrogenase) (Tab. 2.**5**).
3. Innervation (Motoneurone, Impulsmuster) (Abb. 2.**27**).

▰ Fasertyp I (langsame, „slow twitch", ST- oder rote Fasern)

Diese Fasern zeichnen sich gegenüber Typ II durch eine langsamere Kontraktionsgeschwindigkeit aus, durch einen mehrheitlich aeroben Stoffwechsel mit entsprechender Enzymausstattung und einer hohen Ermüdungsresistenz. Sie werden von den kleinen α-Motoneuronen innerviert, die eine geringe Leitgeschwindigkeit, kleine Amplituden und eine ständig niedrige Impulsfrequenz (um 10 Hz) haben. Die Kraftentwicklung ist geringer als beim Typ II, und die motorischen Einheiten sind kleiner. Generell haben guttrainierte Ausdauersportler wie Radfahrer, Langstreckenläufer und Skilangläufer mehr Fasern vom Typ I.

▰ Fasertyp II (schnelle, „fast twitch", FT- oder weiße Fasern)

Diese Fasern zeichnen sich durch eine schnelle Kontraktionsgeschwindigkeit und einen mehrheitlich anaeroben Stoffwechsel aus, wodurch sie schnell ermüden. Sie werden durch große α-Motoneurone innerviert, die eine hohe Leitgeschwindigkeit, große Amplituden und hohe Impulsfrequenzen (um 60 Hz) aufweisen. Die maximale Kraft ist groß und die Kraftentwicklung schnell. Der Fasertyp II wird in drei weitere Untergruppen aufgeteilt, die unterschiedliche Stoffwechselprofile besitzen: Typ II a, II b, II c. Typ II a hat sowohl ein hohes oxidatives wie glykolytisches Potential. Dadurch ermüdet er nur relativ langsam. Typ II b ist „die" schnelle Faser schlechthin. Sie besitzt hohe glykolytische aber nur geringe aerobe Eigenschaften. Typ II c wird als relativ wenig differenzierte Faser am Übergang von Typ I zu Typ II angesiedelt und macht nur 1% aller Muskelfasern aus.

Tab. 2.5 Merkmale der Muskelfasertypen

	Fasertyp I	Fasertyp II
Energiebereitstellung	mehrheitlich aerob, aus Glykogen und Fett, kleine Laktatproduktion	mehrheitlich anaerob, aus Glykogen, große Laktatproduktion
Blutversorgung	durchschnittlich 4,8 Kapillaren pro Faser	durchschnittlich 2,9 Kapillaren pro Faser
Ermüdung	spät	früh
Kontraktionsgeschwindigkeit	langsam, maximale isometrische Kontraktion nach 80–100 ms	schnell, maximale isometrische Kontraktion nach 40 ms
Myosin-ATPase	wenig	viel

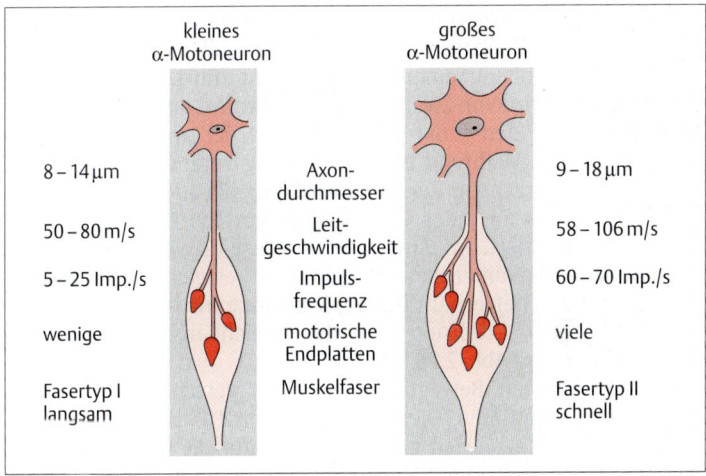

Abb. 2.27 Innervation einer langsamen und einer schnellen Muskelfaser (nach Schmidtbleicher)

Sowohl die Maximalkraft als auch die Schnellkraft stehen in direkter Beziehung zum Anteil des Fasertyps II in der Muskulatur. Einen hohen Anteil an Typ-II-Fasern haben zum Beispiel Sprinter, Gewichtheber, Weit- und Hochspringer. Die individuelle Verteilung der beiden Fasertypen ist genetisch bedingt und nur durch jahrelanges Hochleistungstraining veränderbar – und selbst dann nur geringfügig. (Billeter 1992, Billeter 1994, Hoppeler 1988, Howald 1982).

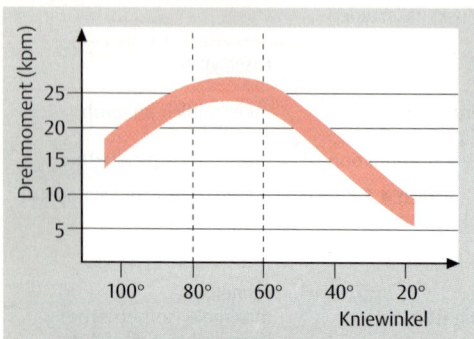

Abb. 2.**28** Drehmomente im Kniegelenk in Abhängigkeit von der Gelenkstellung (nach Kunz)

2.3.5 Muskelmechanik

Jede Bewegung erfordert Kraft, die von Muskeln entwickelt wird. Da sie aber nicht im Zentrum angreift, entsteht ein Hebel, was bei einer Muskelkontraktion zu einem Drehmoment führt. Die Größe des Drehmoments wird von zwei Faktoren bestimmt: durch die Kraft der Muskulatur und den senkrechten Abstand der ansetzenden Kraft zum Drehpunkt. Während einer Bewegung verändert sich sowohl der Hebel entsprechend der Gelenkstellung als auch die Länge des Muskels, woraus für jedes Gelenk eine typische Drehmomentverlaufskurve resultiert. Im Knie werden beispielsweise die größten Drehmomente bei einer Flexion von 60–80° erreicht. In diesem Bereich sind die Hebelverhältnisse im Knie am günstigsten. Bei größerer Flexion oder Extension sind die erreichbaren Drehmomente deutlich geringer (Abb. 2.**28**).

Bei den meisten Bewegungen arbeiten verschiedene Muskeln gleichsinnig zusammen. Diese Muskeln werden als *Synergisten* bezeichnet. Als *Antagonisten* gelten jene, die für die Gegenbewegung verantwortlich sind. Jede Bewegung verlangt ein harmonisches Zusammenspiel der entspechenden Synergisten und Antagonisten, da das Gelenk im Zusammenspiel beider Muskelgruppen aktiv stabilisiert wird. Dadurch ist eine optimale Gelenkmechanik gewährleistet.

Bei Bewegungen des gesamten Körpers wirken die Muskeln in Form von Muskelschlingen zusammen. Beispielsweise müssen für den Abstoß beim Laufen der M. triceps surae, M. quadriceps femoris und der M. glutaeus maximus aktiviert werden. Beim anschließenden Vorschwingen des unbelasteten Beines sind es deren Antagonisten. Dieses Zusammenspiel ergibt eine koordiniert zyklische Bewegung (Abb. 2.**25**).

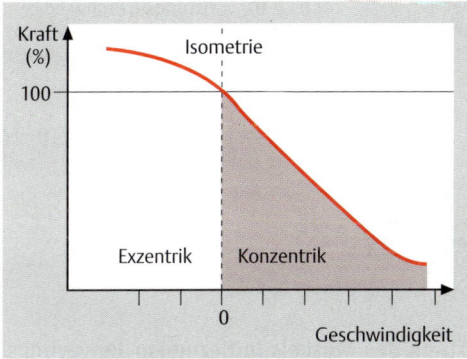

Abb. 2.29 Kraft-Geschwindigkeits-Kurve

2.3.6 Bewegungsgeschwindigkeit

Die maximale Kraftproduktion während einer Bewegung hängt von deren Geschwindigkeit ab (Abb. 2.29).

Das isometrische Maximalkraftniveau (Bewegungsgeschwindigkeit ist 0) wird in der Regel als 100%-Marke festgelegt. Mit zunehmender Bewegungsgeschwindigkeit nimmt die maximal produzierbare Kraft ab. Bei exzentrischer Kraftproduktion (negative Bewegungsgeschwindigkeit, Bremsarbeit) wird die isometrische Maximalkraft um bis zu 30% übertroffen.

Für die Kraftabnahme bei steigender Geschwindigkeit werden zwei Phänomene verantwortlich gemacht:

- Steigt die Geschwindigkeit, nimmt die Kontaktzeit der kontraktilen Elemente ab (Aktin-Myosin-Komplex).
- Bei langsamer Bewegungsgeschwindigkeit und maximaler Muskelanspannung werden die Muskelfasertypen I und II gleichzeitig rekrutiert; bei schnellen Geschwindigkeiten hauptsächlich der Fasertyp II.

Für die Kraftzunahme bei exzentrischer Belastung tragen ebenfalls zwei Phänomene bei:

- Je länger der Muskel wird, desto mehr Energie wird von den elastischen Komponenten des Muskels freigesetzt (wie ein Gummiband).
- die Längenzunahme des Muskels löst den Dehnungsreflex aus und verstärkt dadurch die Kontraktion.

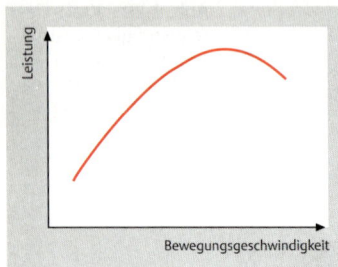

Abb. 2.30 Leistungs-Geschwindigkeits-Kurve

In Abb. 2.30 ist die Leistung des Muskels in Bezug zur Bewegungsgeschwindigkeit gesetzt. Man beobachtet, daß bei Geschwindigkeitszunahme die Leistung bis zu einem Maximum steigt und dann wieder abfällt. Die Bewegungsgeschwindigkeit, bei der der Muskel am meisten leistet, kann mit isokinetischen Kraftgeräten bestimmt werden (s. S. 125). Die Bestimmung ist vor allem im Sport zur Beurteilung der Schnellkraft und Trainingssteuerung wichtig (Spring 1994).

2.3.7 Kontraktionsformen

Es gibt verschiedene Arten der Muskelkontraktion: isotonische, isometrische, auxotonische und isokinetische. Die Ausdrücke leiten sich von der jeweiligen Spannungs- und Längenänderung sowie der Bewegungsgeschwindigkeit ab. Bei der *isotonischen* Muskelkontraktion bleibt die Spannung während der ganzen Bewegung gleich. Lediglich die Muskellänge ändert sich. Die Kontraktion ist *isometrisch*, wenn die Muskellänge konstant bleibt, aber die Muskelspannung sich ändert. *Auxotonisch* ist die Kombination aus isotonisch und isometrisch. Es verändern sich Länge und Spannung des Muskels. Bei einer *isokinetischen* Muskelkontraktion wird mit einem Apparat die Bewegungsgeschwindigkeit während der Bewegung konstant gehalten (Davies 1992).

2.3.8 Trainierbarkeit der Muskulatur

Welche Muskelfasertypen aktiviert werden, hängt von der Belastungsintensität ab. Bei geringer Belastung werden hauptsächlich Fasern vom Typ I rekrutiert. Typ-II-Fasern werden aktiv, wenn die Belastung steigt,

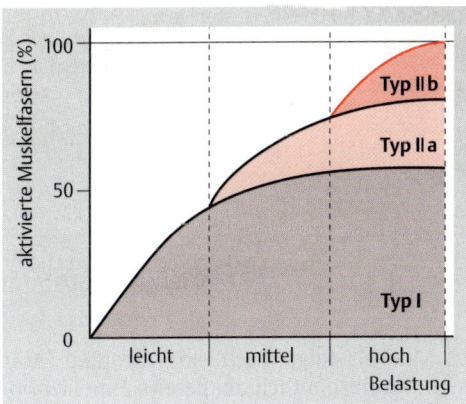

Abb. 2.31 Muskelfaserrekrutierung in Abhängigkeit von der Belastungsintensität (Davies 1992)

wobei im mittleren Belastungsbereich vor allem Typ II a und erst bei maximaler Intensität zusätzlich Typ II b aktiviert wird. Abb. 2.**31** zeigt schematisch, wie die Muskelfaserrekrutierung von der Belastungsintensität abhängt. Um ein „faserspezifisches" Krafttraining durchzuführen, muß man also die entsprechende Belastung wählen.

Krafttraining führt zu typischen strukturellen Veränderungen der Muskulatur. Auffällig ist die Zunahme der Muskelmasse. Es ist aber nicht eindeutig geklärt, ob die Volumenzunahme der Muskulatur nur auf einer Hypertrophie (Volumenzunahme der einzelnen Zellen) beruht oder auch zu einem kleinen Teil auf einer Hyperplasie (Zunahme der Zellzahl). Je nach Untersucher wird Hypertrophie, aber auch zusätzlich Hyperplasie, in Abhängigkeit von der Art des Krafttrainings beschrieben (MacDougall 1992). Die Hypertrophie beruht auf einer Zunahme der Myofibrillen und des Sarkoplasmas, wohingegen der Volumenanteil der Mitochondrien kleiner wird.

2.3.9 Muskelatrophie

Muskelatrophien können durch folgende Faktoren hervorgerufen werden: Immobilisation, chronische Erkrankungen des Bewegungsapparates, Einschränkung der körperlichen Aktivität, altersbedingte Abnahme der Muskelmasse (Tab. 2.**6**).

2 Theoretische Grundlagen

Tab. 2.6 Atrophie der Muskelfasern (↓ ↓ mehr, ↓ weniger)

	Muskelfasertyp I	Muskelfasertyp II
Immobilisation	↓ ↓	↓
chronisch rheumatologische und internistische Erkrankungen	↓	↓ ↓
Alter	↓	↓ ↓

Immobilisation

Der Ruhigstellung eines Muskels folgt rasch eine Atrophie (Abb. 2.**32**). Das Muskelvolumen nimmt deutlich ab. Bereits eine vierwöchige Ruhigstellung führt zu einem Kraftverlust von 30–50% (Scharf 1992).

Die folgenden Aussagen beziehen sich fast ausschließlich auf Untersuchungen, die an den unteren Extremitäten gemacht wurden. Eine Übertragung auf Rumpf- oder Armmuskulatur, zu denen es nur wenig Daten gibt, ist mit Einschränkungen möglich.

Die histochemische Analyse atrophierter Muskulatur bei Immobilisation zeigt, daß wohl alle Muskelfasertypen von Atrophie betroffen sind, wobei das Ausmaß für die verschiedenen Fasertypen unterschiedlich ist (Edström 1970, Gerber 1985, Gibson 1987, Goldspink 1992, MacDougall 1980, Riley 1973, Tomanek 1972, Young 1982).

Ob sich die proportionale Verteilung der Muskelfasertypen bei einer Atrophie ändert, wird nicht einheitlich beantwortet. Manche Arbeiten weisen darauf hin, daß Typ-I-Fasern im Verhältnis zu Typ-II-Fasern zahlenmäßig abnehmen. Sicher ist, daß der Querschnitt der langsamen Typ-I-Fasern deutlich mehr abnimmt als der der schnellen Typ-II-Fasern. Dies wird durch biochemische Untersuchungen gestützt, die eine Abnahme der Aktivität der oxidativen Enzyme ergeben. Elektromyographische Messungen zeigen eine Änderung des Erregungsmusters hin zu „schnelleren" Muskeln. Warum die Typ-I-Faser bevorzugt atrophiert, ist nicht vollständig geklärt. Drei Ursachen werden diskutiert:

- Durch Ruhigstellung fällt der durch die Schwerkraft ausgelöste spezifische und kontinuierliche Reiz auf die Typ-I-Fasern weg. Dadurch atrophiert beispielsweise der M. quadriceps femoris mehr als seine Antagonisten (ischiokrurale Muskulatur).
- Offensichtlich beeinflußt die Muskelspannung den Muskelabbau während der Immobilisation. Die Atrophie ist am größten, wenn

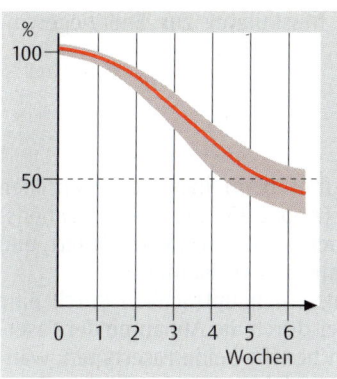

Abb. 2.32 Zeitlicher Verlauf der Muskelatrophie

die Muskulatur in völlig entspannter Lage ruhigestellt wird. Fehlt die Muskelspannung, so registrieren die Muskelspindeln keine Längenänderung, und somit entfallen die Impulse des monosynaptischen Reflexes.
- Schmerzen, z. B. nach Verletzungen oder Operationen, spielen bei einem Atrophieprozeß eine wichtige Rolle. Untersuchungen an α-Motoneuronen haben ergeben, daß starke Schmerzen die Signale der α-Motoneurone zu den entsprechenden Muskeln hemmen. Leichte Schmerzen, die nach Operationen und Verletzungen meist noch lange vorhanden sind, hemmen dagegen wahrscheinlich nur Motoneurone der Typ-I-Fasern.

Chronisch rheumatologische und internistische Erkrankungen

Es gibt sehr wenige Untersuchungen über strukturelle Veränderungen der Muskulatur bei chronisch rheumatologischen und internistischen Erkrankungen. Die Grundkrankheit selbst scheint die Atrophie weniger zu beeinflussen als die eingeschränkte Aktivität, die durch die Grundkrankheit bedingt ist. Die Atrophie der Typ-II-Faser steht bei dieser Art der Ruhigstellung im Vordergrund, weil spezifische Reize auf den Fasertyp II fehlen. Dies trifft allerdings nur zu, sofern die Muskulatur nicht selbst vom Krankheitsprozeß betroffen ist (Myopathien, Myositiden, Vaskulitiden und medikamentöse Nebenwirkungen wie bei Kortikosteroiden). Bei konsumierenden Krankheiten (z. B. Tumor) kommt bei kataboler Stoffwechsellage zusätzlich ein aktiver Abbau von Muskulatur zur Energiegewinnung hinzu.

Alter

Die Atrophie der Muskulatur beginnt beim inaktiven Menschen schon etwa ab dem 30. Lebensjahr (Abb. 2.**33**). Bis zum 50. Lebensjahr sind etwa 10% der ursprünglichen Muskelmasse atrophiert, und mit 80 Jahren sind nur noch ungefähr 50% vorhanden.

Die Muskelatrophie im Alter entsteht hauptsächlich durch eine Abnahme der Faserzahl und weniger durch die Abnahme der Fasergröße. Der Verlust an Muskelfasern betrifft beide Fasertypen, während die Größenabnahme aufgrund der fehlenden spezifischen Reize vor allem Typ-II-Fasern betrifft. Beim physiologischen Ablauf von Denervation und Reinnervation der Muskelfaser hält die Reinnervation im Alter nicht mehr Schritt. Die nicht mehr innervierten Muskelfasern gehen zugrunde und werden durch Fett- und Bindegewebe ersetzt. Dies erklärt den niedrigen Anteil an kontraktilem Muskelgewebe in der Muskulatur von älteren Menschen.

Trainierbar bleibt vor allem der Fasertyp I, weil ein dynamisch langsames Krafttraining bei mittleren Belastungen auch dann noch problemlos möglich ist. Dagegen sind Schellkraftübungen oder maximal belastende Übungen im Alter kaum noch durchführbar.

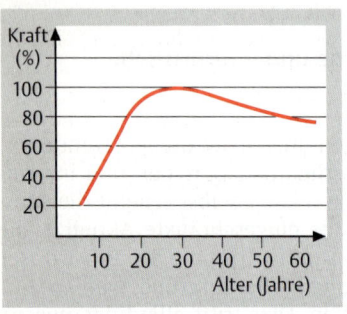

Abb. 2.**33** Muskelkraft in Abhängigkeit vom Alter (nach Hettinger)

2.3.10 Der Muskel bei Schmerz und Gelenkproblemen

Schmerzeinflüsse auf die Muskelinnervation

In der Muskulatur finden sich neben Muskelspindeln und Golgi-Organen auch Mechanorezeptoren (Typ-III-Rezeptoren), die im Sehnenbereich liegen und ähnliche Funktionen besitzen wie die Golgi-Organe. Außerdem kommen Nozizeptoren (Typ-IV-Rezeptoren) in Form freier Nervenendigungen vor. Sie sind wenig oder gar nicht myelinisiert und zweigen sich an den Enden plexusartig auf. Sie reagieren auf viele Noxen, auf abrupte oder chronische Druckeinwirkung, auf elektrische und chemische Reize sowie auf interstitielle Ödeme bei Entzündungen. Die Signale werden in dünnen und langsamleitenden Nervenfasern zum Rückenmark geleitet (Abb. 2.34). Diese Afferenzsignale besitzen bedeutende Verbindungen zu α- und γ-Motoneuronen. Über diese Verbindungen beeinflussen sie den Muskeltonus. Dieser Mechanismus könnte beim Menschen zu Myotendinosen (lokalisiertem Hartspann) führen (Dvořák 1996). Die Schmerzquelle könnte beispielsweise eine vertebrale segmentale Dysfunktion sein, aber auch ein lokaler Reizzustand, der durch muskuläre Überbeanspruchung ausgelöst sein kann.

Gelenkpathologische Einflüsse auf die Muskelinnervation

Mehr als über den Schmerzeinfluß auf die Muskelinnervation weiß man über den Komplex „Gelenk ⇔ Muskel-Innervation" (Abb. 2.34).

Die meisten Kenntnisse wurden am Knie gewonnen, weil es sich für entsprechende Untersuchungen besonders eignet. De Andrade und Grant beschrieben 1965 erstmals am Menschen die Zusammenhänge zwischen erhöhtem Flüssigkeitsvolumen im Kniegelenk und verminderter Willkürkraft der Kniestrecker. Sie formulierten den Begriff „reflektorische Muskelhemmung." Grant hatte bereits 1963 in Vorarbeiten die lineare Abhängigkeit zwischen Erguß und intraartikulärem Binnendruck gezeigt. De Andrade spritzte gesunden Menschen und Patienten mit Kniebeschwerden physiologische Kochsalzlösung in das Kniegelenk. Dabei notierte er, bei welchem Volumen die Versuchspersonen nicht mehr fähig waren, im Liegen das gestreckte Bein von der Unterlage abzuheben. Er fand Werte zwischen 10 und 200 ml, wobei ein Patient mit neuropathischer Charcot-Arthropathie 300 ml tolerierte, bis der M. quadriceps versagte. Ein Lokalanästhetikum, intraartikulär appliziert, hob die Inhibitionsschwelle deutlich an.

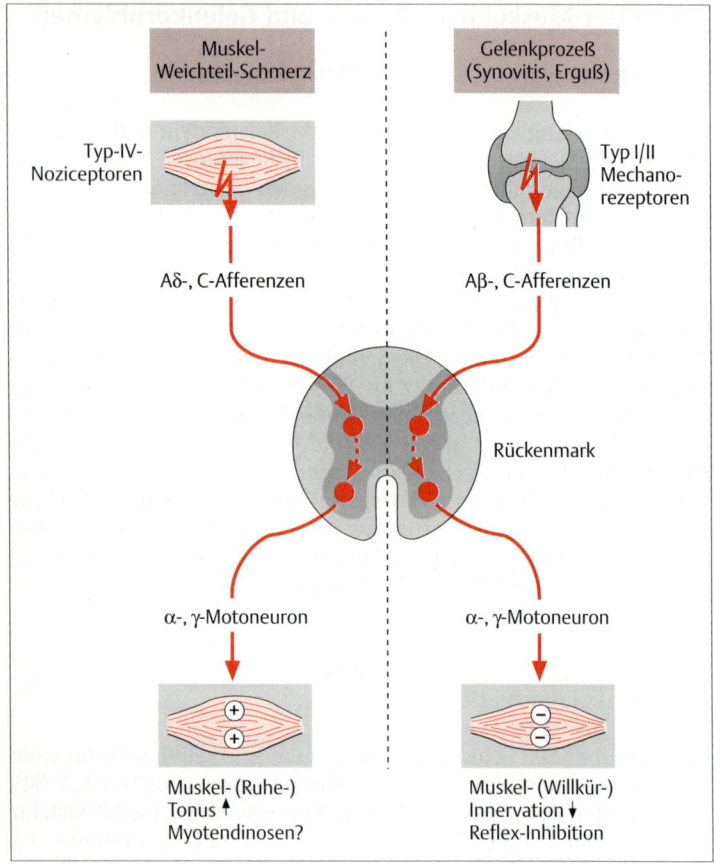

Abb. 2.**34** Schematische Darstellung der unterschiedlichen Reaktionsweise der Muskelinnervation auf Schmerzstimuli im Weichteil-Muskel-Bereich (links) und auf arthrogene Reize (rechts)

Ähnliche Ergebnisse fanden sich bei Hämophilie-Patienten (Bittscheidt 1978) und Meniskektomierten. Bei ihnen wurde eine Reflexhemmung von 70% noch 3–4 Tage nach der Operation nachgewiesen, obwohl sie bereits weitgehend schmerzfrei waren. Diese Hemmung ließ sich unmittelbar postoperativ mit intraartikulärem Lokalanästhetikum aufheben, wenn dieses in einer höheren Dosis gegeben wurde, als für die alleinige Schmerzbekämpfung nötig gewesen wäre (Young 1983).

Eine Untersuchung an Patienten mit chronischem Gelenkerguß im Knie zeigte, daß unmittelbar nach Ergußpunktion die isometrische Quadrizepskraft um 14% zunahm. Bei einzelnen Patienten wurde die Kraft durch intraartikuläres Lokalanästhetikum um weitere 8% gesteigert. Auch diese Patienten bewegte den M. quadriceps bereits vor Gabe des Lokalanästhetikums schmerzfrei. Damit kann der Effekt kaum ausschließlich auf die Analgesie zurückgeführt werden (Fahrer 1988).

Daraus darf geschlossen werden: Gelenkergüsse im Knie und Kapselreizungen jeglicher Genese hemmen reflektorisch die Kniestrekker. Dabei werden intrakapsuläre Mechanorezeptoren gereizt, die auf Druck und Dehnung reagieren. Beeinflußt wird die reflektorische Hemmung durch Ergußpunktion oder auch durch zusätzliche Lokalanästhesie. Das Phänomen dieser Reflexhemmung dürfte eine wichtige Erklärung der Muskelatrophie darstellen, die bei einem pathologisch veränderten Gelenk entsteht.

Schmerzen bei subakuten Lumbalgien hemmen reflektorisch die Rumpfmuskulatur. (Spring 1989). Eine Stunde nach intravenöser Gabe des nichtsteroidalen Antirheumatikums und Analgetikums Azapropazon nahm die Kraft der Rumpfextension um 27% zu, die Kraft der Rumpfflexion um 20%. Gemessen wurde dies auf einem isokinetischen Kraftmeßgerät für die Rumpfmuskulatur (TEF Cybex) bei einer Winkelgeschwindigkeit von 60°/s.

Konsequenzen für die muskuläre Rehabilitation:

- Schmerzhafte Prozesse in Weichteilen bzw. Muskeln können lokal den Muskeltonus steigern und zu Dysfunktionen führen.
- Gelenkergüsse und andere arthrogene Prozesse können die dazugehörige Muskulatur reflektorisch hemmen.

Die therapeutischen Konsequenzen daraus sind klar: In beiden Fällen (erhöhter Muskeltonus bzw. Hemmung der Muskulatur) müssen die zum Rückenmark laufenden Afferenzen (von Nozizeptoren bzw. Mechanorezeptoren) gehemmt werden. Dies kann mit physikalischen Maßnahmen und zahlreichen Medikamenten (analgetisch und antiphlogistisch) erreicht werden, auf die hier nicht eingegangen wird. Aber sicherlich ist die Punktion akuter oder chronischer Ergüsse ein wichtiger Teil der Therapie, da sonst alle Kräftigungsmaßnahmen unvermeidbar in ihrer Wirksamkeit eingeschränkt werden.

2.3.11 Die Muskulatur beim Jugendlichen

Bei der Entwicklung der körperlichen Leistungsfähigkeit im Kindes- und Jugendalter ist die Kraft wegen der sonst häufig resultierenden

Haltungsschwächen ein bedeutender Faktor (Weineck 1994). Verantwortlich ist eine ungenügend ausgebildete Muskulatur im Rumpf-, Schulter- und Hüftbereich. Das Krafttraining ist in allen Altersstufen möglich. Allerdings kann übertriebenes Krafttraining den passiven Bewegungsapparat schädigen, weil die Belastbarkeit der Knochen, Knorpel, Sehnen und Bänder während des Wachstums herabgesetzt ist. Der passive Bewegungsapparat ist also der limitierende Faktor des Krafttrainings beim Jugendlichen.

Bis zur Pubertät gibt es zwischen Jungen und Mädchen kaum Unterschiede in der Muskelmasse und Muskelkraft. Der Muskelanteil an der Gesamtkörpermasse beträgt etwa 27%. Durch hormonelle Umstellung erhöht sich der Muskelanteil bei Jungen bis zum Ende der Pubertät auf ungefähr 42% und bei Mädchen auf 36%.

- Im Vorschulalter ist gezieltes Krafttraining nicht sinnvoll. Denn wenn Kinder ihren Bewegungsdrang ausleben, entwickeln sich die Muskulatur und der passive Bewegungsapparat von selbst ausreichend.
- Im frühen Schulalter soll der Bewegungsdrang so ausgerichtet werden, daß die gesamte Muskulatur und speziell die Bewegungsmuskulatur dynamisch gekräftigt wird.
- Im späten Schulalter können systematische Übungen mit dem eigenen Körpergewicht und kleinen Zusatzgewichten durchgeführt werden.
- Während der Pubertät führt die Testosteronausschüttung zu verstärktem Längenwachstum und seine anabole Wirkung zu günstigen Bedingungen der Kraftentwicklung. Vorübergehend verringert das verstärkte Längenwachstum die Belastbarkeit des passiven Bewegungsapparates, vor allem der Wirbelsäule. Dies muß trotz der nun verbesserten Trainierbarkeit der Muskulatur gebührend berücksichtigt werden. Man sollte in dieser Phase Kraftübungen mit dem eigenen Körpergewicht bevorzugen und die Wirbelsäule möglichst entlasten.
- In der Adoleszenz gleicht sich das Krafttraining dem der Erwachsenen an. Die Belastung wird kontinuierlich über den Trainingsumfang gesteigert; erst später wird die Intensität erhöht.

2.3.12 Die Muskulatur der Frau

Der anabole Effekt des Testosterons ist in erster Linie verantwortlich für den Kraftunterschied zwischen Mann und Frau. Die Frau verfügt sowohl relativ als auch absolut über weniger Muskelmasse (Astrand

1986). Der Muskelanteil der untrainierten Frau beträgt etwa 36% und beim untrainierten Mann 42%. Die absolute Gesamtkraft der Frauen beträgt 60–65% der Männer, wobei der Unterschied im Oberkörperbereich (54%) größer ist als in den Beinen (68%). Der geschlechtsspezifische Unterschied der relativen Kraft, also auf das Körpergewicht bezogen, ist geringer (20–25%). Dieser Unterschied bleibt auch bei guttrainierten Athletinnen im Vergleich zu Athleten der gleichen Sportart bestehen (Albrecht 1990).

Die prozentuale Kraftsteigerung durch Krafttraining ist bei Männern und Frauen ähnlich. In einem Trainingsprogramm für Frauen werden die gleichen Übungen und Geräte gewählt wie bei Männern. Bei Umfang und Intensität der Übungen macht man ebenfalls keine Unterschiede.

2.4 Ausdauer

Definition: Ausdauer ist die Fähigkeit, eine vorgegebene Leistung über einen möglichst langen Zeitraum durchzuhalten, also der Ermüdung zu widerstehen (Hollmann 1990).

Die Ausdauer wird von verschiedenen Vorgängen limitiert, dazu zählen:

- lokale Veränderungen des Stoffwechsels,
- Veränderungen in der Muskelsteuerung und
- Vorgänge auf psychophysischer Ebene.

Bei den *lokalen Faktoren* stehen im Vordergrund: der Mangel an Energiereserven, die Anhäufung von Stoffwechselprodukten, Milieuveränderungen, die das Enzymsystem beeinflussen, sowie Verschiebungen im Wasser- und Elektrolythaushalt. Bei hohen Belastungen können auch Schäden an den Zellorganellen (Zellkern, Mitochondrien, Ribosomen etc.) und der Zellwand auftreten.

Die *Steuerungsvorgänge* werden zum limitierenden Faktor, wenn es an Überträgersubstanzen (Transmittern) mangelt. Im Muskel z. B. Adrenalin, Noradrenalin und Acetylcholin; im Gehirn z. B. dopaminerge Substanzen und Endorphine.

Auf *mentaler Ebene* wird die Ausdauerleistung vor allem beeinflußt durch psychische Erschöpfungszustände infolge chronischer Überforderung (Wettkampfstreß, Übertraining) oder Unterforderung (Hemmung im Zentralnervensystem durch monotone Belastungen).

Die *Erholungsfähigkeit* ist ein weiterer Faktor, der die Ausdauerfä-

2 Theoretische Grundlagen

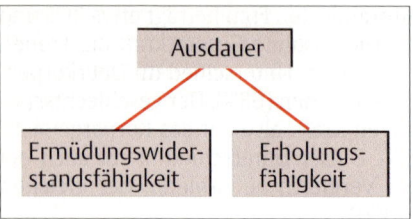

Abb. 2.35 Faktoren, die die Ausdauerfähigkeit beeinflussen

higkeit beeinflußt (Abb. 2.**35**). Diese Fähigkeit ist vor allem für Ausdauerleistungen bei azyklischen Bewegungsabläufen (Fußball), intervallartigen Belastungen und stark wechselnden Krafteinsätzen oder Bewegungsgeschwindigkeiten erforderlich.

2.4.1 Ausdauerarten

Eine Einteilung der unterschiedlichen Ausdauerarten kann nach dem Umfang der eingesetzten Muskelmasse oder nach der Art der Energiebereitstellung (aerob, anaerob) sowie der Belastungsart vorgenommen werden.

▰ Einteilung nach dem Umfang der eingesetzten Muskulatur

Von *lokaler Muskelausdauer* spricht man, wenn weniger als $1/6$ der Skelettmuskulatur bei einer Ausdauerleistung eingesetzt wird. $1/6$ entspricht etwa der Muskelmasse eines Beines. Wenn mehr als $1/6$ eingesetzt wird, spricht man von *allgemeiner* (globaler) *Ausdauer* (Hollmann 1990). Diese Einteilung ergibt sich durch das kardiovaskuläre System, das nämlich im gesunden Zustand bei einer lokalen Ausdauerleistung ($< 1/6$ der Körpermuskulatur) noch keine maßgebliche Rolle spielt. Nur der lokal erhöhte Sauerstoffverbrauch in der arbeitenden Muskulatur ist dabei für die erhöhte Sauerstoffaufnahme ($\dot{V}O_2$) des Körpers verantwortlich, das Herzzeitvolumen bleibt dabei aber etwa gleich:

$\dot{V}O_2 \uparrow$ = HMV · AV-O_2-Diff. $\uparrow$

$\dot{V}O_2$ = Sauerstoffminutenvolumen
HMV = Herzminutenvolumen
AV-O_2-Diff. = arteriovenöse Sauerstoffdifferenz

Bei der allgemeinen Ausdauer ist die Leistungsfähigkeit des kardiovaskulären Systems ein wesentlicher Faktor für die Sauerstoffaufnahme ($\dot{V}O_2$). Nimmt $\dot{V}O_2$ hier zu, muß dies wesentlich auf die erhöhte Leistung des kardiovaskulären Systems zurückgeführt werden (Hollmann 1990):

$\dot{V}O_2 \uparrow \uparrow \uparrow$ = HMV $\uparrow \uparrow$ · AV-O_2-Diff. $\uparrow$

Eine Verbesserung des kardiovaskulären Systems beim allgemeinen Ausdauertraining führt also gleichzeitig zu einer verbesserten lokalen Ausdauer der eingesetzten Muskulatur; dagegen beeinflußt das Training der lokalen Ausdauer das kardiovaskuläre System nur unwesentlich.

Einteilung nach Energiesystemen

Die beiden Energiebereitstellungssysteme (aerob, anaerob) ermöglichen es, die Ausdauer in aerobe und anaerobe Ausdauer zu unterteilen.

Bei der *aeroben Ausdauer* gewinnt der Muskel seine Energie durch den oxidativen Abbau von Kohlenhydraten, Fetten und Eiweißen. Hingegen erfolgt die Energiebereitstellung bei der *anaeroben Ausdauer* ohne Sauerstoff, sowohl durch den Abbau der energiereichen Phosphate als auch durch die anaerobe Glykolyse.

Die limitierenden Faktoren der aeroben Ausdauer sind der Transport und die Aufnahme des Sauerstoffes in die Muskelzelle sowie der Vorrat an mobilisierbaren und lokalen Substratreserven. Die zwei limitierenden Faktoren der anaeroben Ausdauer sind die lokale Konzentration der energiereichen Phosphate sowie die lokale Anhäufung des Laktats, das bei der aneroben Glykolyse anfällt und den pH-Wert senkt.

Einteilung nach der Belastungsart

Die Einteilung nach Hollmann und Hettinger (1990) kombiniert die Belastungsart (dynamisch ↔ statisch) mit dem Größenumfang der eingesetzten Muskulatur und der jeweiligen Energiebereitstellung (Abb. 2.**36**).

Lokale Muskelausdauer

Die lokale Muskelausdauer ist dadurch charakterisiert, daß weniger als 1/6 der Gesamtmuskelmasse aktiv ist.

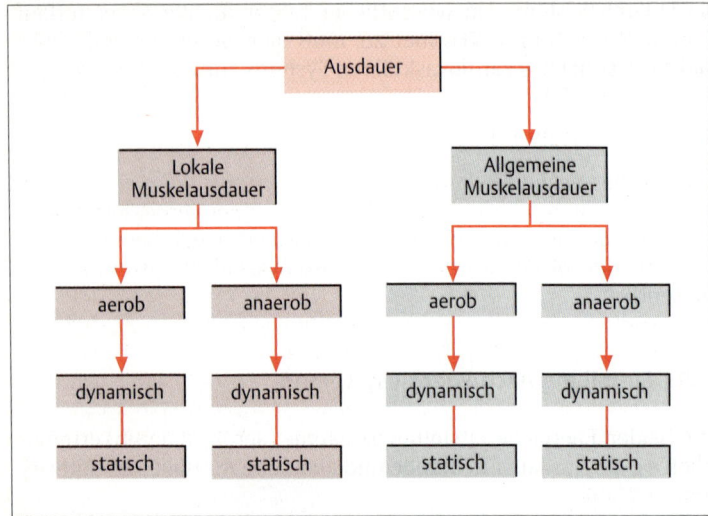

Abb. 2.**36** Einteilung der Ausdauerleistungsfähigkeit (nach Hollmann)

Bei einer statisch muskulären Beanspruchung wird die Energie nur dann aerob bereitgestellt, solange die Belastung unter 15% der maximal statischen Kraft liegt. Bei mehr als 15% vermindern die komprimierten Kapillaren die Perfusion, es kommt zu Sauerstoff- und Substratmangel. Ab 50% kommt die Perfusion sogar zum Stillstand. Die Energie wird zunehmend anaerob bereitgestellt, wobei der Übergang von aerober zu anaerober Energiebereitstellung fließend ist.

Dagegen kann bei dynamischer Beanspruchung die Energie noch solange aerob bereitgestellt werden, wie der Krafteinsatz weniger als 30% der Maximalkraft beträgt, weil bei dynamischer Belastung die Perfusion weniger behindert wird. Steigt die Belastungsfrequenz über einen kritischen Wert oder die Belastungsintensität auf über 50%, so muß auch hier ein großer Teil der Energie anaerob aufbereitet werden. Der Übergang ist ebenfalls fließend.

Man unterscheidet daher sowohl bei der lokal aeroben als auch bei der lokal anaeroben Muskelausdauer die *statische* Form von der *dynamischen*.

Leistungsbegrenzung

Der leistungslimitierende Faktor der lokal aeroben Ausdauer ist wahrscheinlich die neurale Ermüdung, weil bei erhaltener Durchblutung weder ein Substrat- noch ein Sauerstoffmangel eintritt. Hingegen ist dieser Substrat- und Sauerstoffmangel bei der lokal anaeroben Muskelausdauer der limitierende Faktor.

Bedeutung

Die lokal aerobe, dynamische Muskelausdauer ist für die meisten Ausdauersportarten und für den Rehabilitationsprozeß besonders wichtig. Zugleich ist es die motorische Fähigkeit, die beim Menschen am besten trainiert werden kann. Dabei ist entscheidend, daß die betreffende Muskulatur mit 10–30% der maximalen statischen Kraft belastet wird. Außerdem muß die Trainingsdauer über 50% der Belastungsdauer betragen, die zur Erschöpfung führt.

Die Verbesserung dieser Muskelausdauer ist gekennzeichnet durch ein vergrößertes intrazelluläres O_2-Angebot, durch verstärkte Enzymaktivität des aeroben Stoffwechsels, durch eine Vergrößerung der Kohlenhydrat- und Fettspeicher sowie durch die Verbesserung der Koordination.

Das lokale aerobe, statische Ausdauertraining wird bei der Frührehabilitation nach Operationen oder schweren internistischen Krankheiten eingesetzt, bei denen die Patienten schon im Bett mobilisiert werden. Diese Fähigkeit kann in erster Linie durch eine Vergrößerung der statischen Maximalkraft verbessert werden.

Allgemeine Ausdauer

Darunter versteht man die Ausdauerleistungsfähigkeit, bei der mehr als $1/6$ der Gesamtmuskelmasse eingesetzt wird.

Allgemeine aerobe Ausdauer

Bei der allgemeinen aeroben Ausdauer wird die Energie hauptsächlich unter Sauerstoffverbrauch bereitgestellt.

Die Leistungsfähigkeit dieser Ausdauerform wird wesentlich von der Kapazität des Herz-Kreislauf-Systems, der Atmung und dem Muskelstoffwechsel bestimmt. Auch die Koordination kann zum limitierenden Faktor werden. Betrachten wir die maximal mögliche Sauerstoffaufnahme pro Minute, so erkennen wir, daß je nach Belastungsdauer diese Fähigkeit durch verschiedene Faktoren begrenzt wird:

Allgemeine aerobe Kurzzeitausdauer (3–10 Min.): Diese Belastungsdauer weist die höchste maximale Sauerstoffaufnahme pro Minute auf. Ein trainierter Sportler schöpft während dieser Zeit die aerobe Energiebereitstellung maximal aus, wobei diese Art der Energiebereitstellung nie isoliert abläuft. Wegen der hohen Belastung laufen immer zusätzlich anaerobe Prozesse ab.

Limitierend sind die maximale Sauerstoffaufnahme und der Prozentsatz der maximalen Sauerstoffaufnahme, der während der gesamten Belastung durchgehalten wird. Weiter spielt die Laktattoleranz eine wichtige Rolle, weil es bei der parallel ablaufenden anaeroben Glykolyse immer zu einer hohen Laktatanreicherung kommt. Wegen des hohen Energiebedarfes wird nur das lokal gespeicherte Glykogen zur Energiebereitstellung verwendet (Astrand 1986).

Allgemeine aerobe Mittelzeitausdauer (10–30 Min.): Bei dieser Belastungsdauer muß die Intensität reduziert werden, weil sonst der Laktatspiegel zu stark ansteigt. Hochleistungssportler können bei dieser Ausdauerart die Belastungsintensität bei 90–95% ihrer maximalen Sauerstoffaufnahme aufrechterhalten. Leistungsbestimmend ist neben der maximalen Sauerstoffaufnahme die anaerobe Schwelle sowie die Laktattoleranz gegenüber mittleren Werten und die Energiebereitstellung durch Glykogen (Keul 1975).

Allgemeine aerobe Langzeitausdauer (> 30 Min.): Bei einer kontinuierlichen Beanspruchung von mehr als 30 Min. spielt die maximale Sauerstoffaufnahme eine geringe Rolle. Viel wichtiger ist die Lage der aneroben Schwelle bzw. die Lage der anaeroben Schwelle im Verhältnis zu $\dot{V}O_2$max, also die Fähigkeit, einen möglichst großen Teil der Energie aerob bereitzustellen. Diese Schwelle liegt bei ausdauertrainierten Sportlern bei bis zu 85% der maximalen Sauerstoffaufnahme ($\dot{V}O_2$max).

Von großer Bedeutung ist auch die Menge des gespeicherten Muskelglykogens. Zwar greift der Organismus bei zunehmender Belastungsdauer vermehrt auf das Leberglykogen zurück, wobei das Optimum der Glykogenaufnahme aus dem Kreislauf (Leberglykogen) bei 60% der maximalen Sauerstoffaufnahme liegt (Zintl 1988). Bei höheren Intensitäten ist der Muskel aber zunehmend auf das lokal gespeicherte Glykogen angewiesen.

Bei 80% $\dot{V}O_2$max beträgt der Anteil der Fettverbrennung am aeroben Geschehen bis zu 20%. Dadurch werden anfänglich Glykogenreserven geschont. Wenn die Belastungsdauer aber zunimmt, und die Glykogenreserven abnehmen, steigt der Anteil der Fettverbrennung an der Gesamtenergiebereitstellung. Dadurch sinkt die maximal mögliche Belastungsintensität, weil die Energieflußrate der Fettverbrennung sehr gering ist. Bei langen Belastungszeiten gewinnt die Gluconeogenese an Bedeutung, d. h., Glukose wird zunehmend endogen bereitgestellt. Ferner treten Probleme der Thermoregulation, des Elektrolyt-/Wasserhaushaltes und der exogenen Kohlenhydratzufuhr auf (Villiger 1991).

Bei der allgemeinen aeroben Langzeitausdauer leistet die anaerobe Glykolyse nur noch einen bescheidenen Beitrag zur gesamten Energiegewinnung und ist kein limitierender Faktor mehr.

Allgemeine anaerobe Ausdauer

Bei dieser Belastungsform werden große Muskelgruppen ($>1/6$) vorwiegend anaerob für maximal 2 Min. belastet. Ähnlich wie bei der allgemeinen aeroben Ausdauer unterscheidet man Kurzzeitausdauer (bis 20 Sek.), Mittelzeitausdauer (bis 60 Sek.) und Langzeitausdauer (bis 120 Sek.). Folgende Faktoren sind je nach Dauer der Belastung leistungsbestimmend: die Energieflußrate der energiereichen Phosphate und der anaeroben Glykolyse, die Pufferfähigkeit der Zellen und des Blutes (Säuretoleranz), die Kontraktionsgeschwindigkeit, das Kraftniveau der eingesetzten Muskulatur, die intramuskuläre Koordination, das psychische Aktivierungsniveau und zusätzlich die aerobe Leistungsfähigkeit (nur bei Belastungszeiten von 90–120 Sek.).

2.4.2 Leistungsphysiologie

Maximale Sauerstoffaufnahme

Die maximale Sauerstoffaufnahme pro Zeit ($\dot{V}O_2$max) ist die umfassende Meßgröße für die allgemeine aerobe Ausdauer, weil sie die drei Systeme Sauerstoffaufnahme, -transport und -verbrauch am besten widerspiegelt. (Berg 1990, Shepard 1984).

$\dot{V}O_2$max = HMV · AV-O_2-Diff.

Bei untrainierten Menschen wird $\dot{V}O_2$max vor allem bestimmt von der Leistungsfähigkeit des Herz-Kreislauf-Systems (HMV), der Hämoglobinkonzentration und der Sauerstoffaufnahme der Muskelzelle (AV-O_2-Diff.).

Bei sehr guten Ausdauerathleten zeigt sich, daß ein weiterer limitierender Faktor dazukommt. Die Diffusionskapazität der Lunge beginnt bei sehr hohen Belastungen eine Rolle zu spielen, so daß das Hämoglobin nicht vollständig gesättigt wird (Dempsey 1984, Diacon 1995). Neben diesen inneren Faktoren wird $\dot{V}O_2$ max auch durch äußere Faktoren beeinflußt, wie z. B. durch die Belastungsart (Schwim-

Tab. 2.7 Werte der relativen $\dot{V}O_2$max als gemessene Durchschnittswerte und als Normwerte für unterschiedliches Leistungsniveau (nach Zintl)

	Relative $\dot{V}O_2$max
Untrainierte	
– Frauen (20.–30. Lebensjahr)	32–38 ml/kg/min
– Männer (20.–30. Lebensjahr)	40–55 ml/kg/min
Hochtrainierte Ausdauersportler	
– Frauen	60–70 ml/kg/min
– Männer	80–90 ml/kg/min
Normwerte für Fitneßzustand	
– Frauen	35–38 ml/kg/min
– Männer	45–50 ml/kg/min
Ausdauertrainierte	55–65 ml/kg/min
Ausdauerleister – internationales Niveau	65–80 ml/kg/min
Ausdauerleister – internationales Spitzenniveau	85–90 ml/kg/min

men, Radfahren), den Umfang der eingesetzten Muskulatur, die Körperposition oder die Umgebungsbedingungen.

Zur Bestimmung der aeroben Leistungsfähigkeit wird das Laufband dem Fahrradergometer vorgezogen, weil die Testperson dabei größere Muskelmassen einsetzen muß, und die Hämodynamik durch die Körperposition wenig beeinflußt wird (Berg 1990). Bei Sportlern sollte die $\dot{V}O_2$max sportartspezifisch gemessen werden (Dempsey 1989).

Als Zeichen für das Erreichen der maximalen Ausdauerbelastung gilt die Plateaubildung der Sauerstoffaufnahme, der Anstieg des Laktatwertes im Blut über 10 mmol/l sowie ein respiratorischer Quotient von über 1,1. Die allgemeine Ausdauerleistungsfähigkeit wird meistens nicht anhand der absoluten Sauerstoffaufnahme pro Zeit beurteilt, sondern erst noch auf das Körpergewicht bezogen (relative Sauerstoffaufnahme in l/min/kg). Einen Überblick über Durchschnittswerte von Personen mit unterschiedlichem Leistungsniveau gibt Tab. 2.7.

$\dot{V}O_2$max ist abhängig von genetischen Faktoren, vom Alter, Geschlecht und Trainingszustand. $\dot{V}O_2$max kann nur geringfügig durch Training gesteigert werden – beim gesunden Erwachsenen maximal um 20%.

Die Bestimmung von $\dot{V}O_2$max hat in letzter Zeit aus drei Gründen für die Beurteilung der spezifischen aeroben Ausdauerleistungsfähigkeit an Bedeutung verloren:

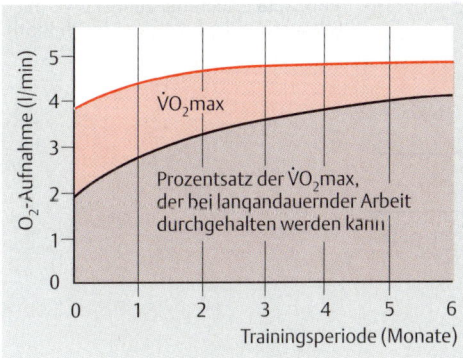

Abb. 2.37 Beziehung zwischen maximaler Sauerstoffaufnahme ($\dot{V}O_2$max) und länger einzuhaltender Belastungsintensität. Das Ausdauertraining bewirkt, daß der Prozentsatz der $\dot{V}O_2$max, der bei längerdauernder Arbeit durchgehalten werden kann, mehr ansteigt als die absolute $\dot{V}O_2$max (nach Weineck)

1. weil sie nur mäßig mit der effektiven aeroben Leistung korreliert,
2. weil die Leistung bei $\dot{V}O_2$max nur wenige Minuten erbracht werden kann (selbst von Hochleistungssportlern),
3. weil der apparative Aufwand beträchtlich ist.

Heutzutage ist man dazu übergegangen, die Ausdauerleistungsfähigkeit anhand von $\dot{V}O_2$ an verschiedenen Schwellen (aerobe und anaerobe) und anhand des Prozentsatzes von $\dot{V}O_2$max zu beurteilen, bei dem lange Belastungen noch durchgehalten werden (Abb. 2.37). Diese Art eignet sich auch sehr gut zur Trainingssteuerung, weil sich Ausdauertraining insbesondere an einer Verschiebung der anaeroben Schwelle bemerkbar macht (Villinger 1991). Zur speziellen Beurteilung der verschiedenen Schwellen können spiroergometrische ($\dot{V}CO_2/\dot{V}O_2/\dot{V}_E$), kardiale (Puls) und metabolische Parameter (Laktat, Pyruvat, Ammoniak) herangezogen werden (Conconi 1982, Wassermann 1987, Berg 1990).

Schwellenkonzepte

Aerobe Schwelle muß nicht unbedingt gleich aerobe Schwelle sein. Denn die aerobe Schwelle ist kein Fixpunkt, sondern der Übergangsbereich von aerober zu anaerober Energieaufbereitung. Je nach gemessenem Parameter (Laktat, Pyruvat, relative O_2-Aufnahme, Knick der Pulskurve etc.) ergeben sich gewisse Unterschiede. Abb. 2.38 zeigt eine typische Laktat-Leistungs-Kurve. Die eingetragenen Schwellen wurden über die Laktatkonzentration bestimmt.

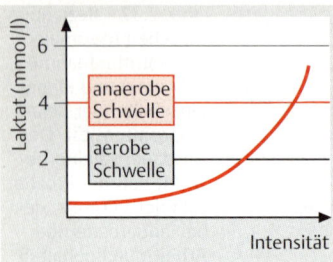

Abb. 2.**38** Laktatleistungskurve mit Laktatschwellenbereichen (nach Zintl)

In den folgenden Abschnitten werden die verschiedenen Schwellen näher definiert.

Aerobe Schwelle

Als aerobe Schwelle wird der Punkt bezeichnet, bei dem die Energie auf aerobem Weg am besten genutzt wird (Berg 1990). Dies ist der Fall, wenn die oxidativen Prozesse unter minimaler Laktatbildung ablaufen. Mathematisch ist dies das Minimum der Laktat-Äquivalenz-Kurve (Quotient aus Laktat und $\dot{V}O_2max/kg$). Es handelt sich also eher um ein Minimum (= Optimum) als um eine Schwelle.

Diese Schwellenbestimmung stimmt ungefähr mit der bronchospirometrisch gemessenen anaeroben Schwelle (= Endpoint of isocapnic buffering) von Wassermann und Whipp überein (Wassermann 1975). Der Schwellenbereich wird am Beginn definiert, wo die Laktatwerte über den Ausgangswert ansteigen. Dies geht einher mit einer Verringerung des Bikarbonats, vermehrter CO_2-Produktion, nichtlinearem Anstieg des Atemminutenvolumens und einem Anstieg des respiratorischen Quotienten (Abb. 2.**39**).

Aerob-anaerober Übergangsbereich

In diesem Übergangsbereich steigt durch erhöhte Glykolyse der Laktatspiegel in der Muskelzelle mit erhöhter Sekretion ins Blut. Der absolute Laktatanstieg im Blut bleibt aber gering, weil das Laktat oxidiert wird und sich in den Kompartimenten verteilt und somit in gleichem Maße aus dem Kreislauf verschwindet. Es besteht also ein Gleichgewicht.

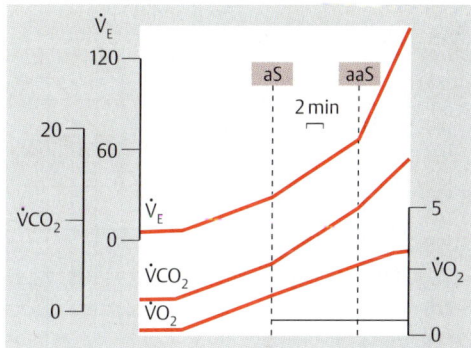

Abb. 2.**39** Ergospirometrische Bestimmung der aeroben Schwelle aS und der anaeroben Schwelle aaS. Beim Überschreiten der aS kommt es lediglich zu einem leichten kompensatorischen Anstieg der $\dot{V}_E$ und der $\dot{V}CO_2$, da der Anstieg des Laktats bzw. der pH-Abfall im Blut noch gering ist. Bei Überschreiten der aaS verursacht der exponentielle Anstieg des Blutlaktats einen entsprechenden kompensatorischen Anstieg der $\dot{V}_E$ bzw. $\dot{V}CO_2$ zur Elimination der sauren Valenzen (nach Wassermann)

Anaerobe Schwelle

An dieser Schwelle befindet sich das System an der oberen Grenze des Laktatgleichgewichtes. Das Gleichgewicht kann aber nicht lange gehalten werden, weil die glykolytische Energiegewinnung weiter zunimmt und das anfallende Laktat nur in geringem Umfang oxidiert wird. Der Laktatspiegel steigt in der Zelle und im Blut kontinuierlich an.

In der Spiroergometrie zeigt sich dies anhand eines unproportionalen Anstieges der Ventilation ($\dot{V}_E$) und – in geringem Maße – der CO_2-Elimination ($\dot{V}CO_2$) (Abb. 2.**39**).

Fixe und individuelle anaerobe Schwelle

Die anaerobe Schwelle liegt konventionsgemäß bei der Laktatkonzentration (im Blut) von 4 mmol/l (Astrand 1986). Die genaue Bestimmbarkeit der anaeroben Schwelle ist der Vorteil dieses starren Konzeptes. Der Nachteil ist, daß die anaerobe Schwelle nicht immer bei 4 mmol/l liegt. Bei ausdauertrainierten Menschen beträgt sie meist zwischen 2,5 und 3,5 mmol/l. Dagegen kann sie bei Untrainierten oder Menschen mit einem hohen Anteil an Typ-II-Fasern deutlich über 4 mmol/l betragen. Bei Ausdauersportlern ist die Kurve nach rechts verschoben.

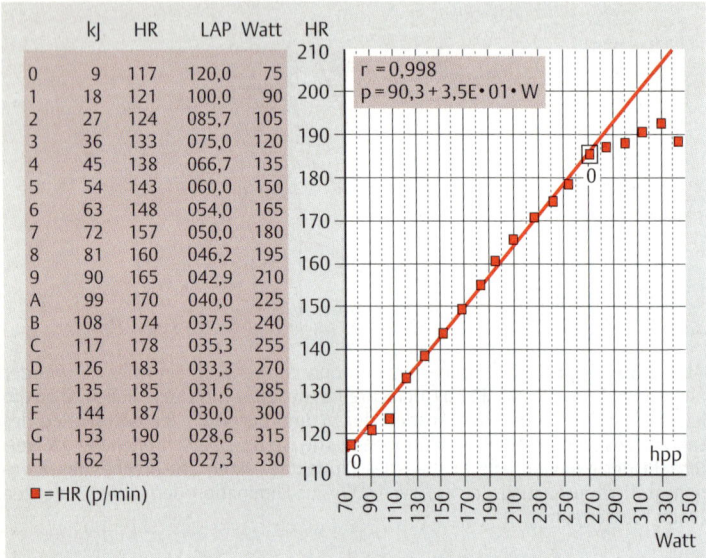

Abb. 2.**40** Belastungstest nach Conconi u. Probst. Der Knickpunkt liegt bei einer Leistung von 270 Watt und einer Plusfrequenz von 182 pro Minute

Es existieren einige wenige (rechnerisch befriedigende) Methoden zur Bestimmung der individuellen anaeroben Schwelle:

- Tangentenmethode, anhand der definierten Kurvensteigung der Laktat-Leistungs-Kurve (Heck 1985),
- Laktatkinetik,
- individuelle Laufgeschwindigkeit (Marti 1985),
- Laktatäquivalenzkurve (Berg 1990).

Nichtinvasive Bestimmung der anaeroben Schwelle

Seit mehreren Jahren verwendet man auch eine unblutige Methode zur Bestimmung der anaeroben Schwelle (s. S. 63), Conconi 1982). Grundlage ist der S-förmige Verlauf der Herzfrequenz-Kurve bei zunehmender Belastung (Abb. 2.**40**). Der Anfangsbereich ist flach und nicht linear; es folgt ein linearer, steiler Bereich, der schließlich wieder in einen abgeflachten, nicht linearen Bereich übergeht.

Wie erklärt man sich diesen Verlauf?

Für jede Leistungssteigerung muß dem Muskel entsprechend mehr Sauerstoff zugeführt werden. Das Herzminutenvolumen (HMV) steigt dadurch an, wobei bei geringer Belastung weniger die Herzfrequenz (flacher Verlauf) zunimmt als vor allem das Schlagvolumen (SV). Erreicht das SV einen maximalen Wert, dann kann das HMV nur noch über eine Zunahme der Herzfrequenz erhöht werden. Ab diesem Zeitpunkt laufen Herzfrequenz (HF) und Leistung (gemessen anhand von $\dot{V}O_2$) linear zueinander.

$$\dot{V}O_2 \sim HF \cdot SV \qquad \Rightarrow \dot{V}O_2 \sim HF$$

Wie der abgeflachte Bereich bei hohen Belastungen zustande kommt, ist noch nicht schlüssig geklärt. Verantwortlich ist wahrscheinlich die geringere Sauerstoffaufnahme im anaeroben Bereich (Probst 1990).

Conconi zeigte, daß der obere Knick mit der anaeroben Schwelle (metabolisch gemessen) zusammenfällt. Allerdings kann in 20% der Fälle der Knick nicht genau bestimmt werden. Dann muß auf andere Methoden ausgewichen werden.

Neben dem klassischen Lauftest wurde eine Reihe anderer Tests entwickelt, die gute Informationen über Leistung und Pulsfrequenz liefern, vorausgesetzt, die Belastungsform wird korrekt gewählt (Conconi 1982, Probst 1990).

2.4.3 Organsysteme

Die Skelettmuskulatur steht im Mittelpunkt der körperlichen Leistung. Entscheidend ist ihr Zusammenspiel mit den verschiedenen Organsystemen. So ist die Leistungsfähigkeit der Muskulatur abhängig von den lokalen gespeicherten Energiereserven sowie der Anlieferung von Energie und Sauerstoff. Weiter ist sie angewiesen auf den Abtransport der Endprodukte und der Wärme. Jede ausgedehnte Leistung benötigt also ein intaktes Transportsystem (Herz-Kreislauf, Blut) sowie funktionierende Aufnahme- und Ausscheidungsorgane (Lunge, Magen-Darm-Trakt, Niere, Haut).

Die Energiebereitstellung wird durch ein komplexes System gesteuert: auf *neuraler* Ebene durch das zentrale und vegetative Nervensystem sowie auf *humoraler* Ebene durch die Hormone und Transmitter. Im folgenden wird auf einzelne Organsysteme eingegangen.

Skelettmuskulatur

Einfluß des Ausdauertrainings

Beim aeroben Ausdauertraining ist die Intensität niedrig, die Wiederholungszahl hingegen hoch. Diese Trainingsart stört die Homöostase (Aufrechterhaltung des inneren Milieus) der Muskelfaser bezüglich des pH-Werts, der Laktat- und Elektrolytkonzentrationen. Dadurch wird beispielsweise die Proteinbiosynthese der Zelle beeinflußt, wobei die übermittelnden Signale des Adaptionsprozesses noch wenig bekannt sind.

Die Adaption der Muskelzelle ist das Produkt aus Trainingsintensität und Trainingsdauer, d. h., die aerobe Leistungsfähigkeit nimmt bei abnehmender Trainingsintensität dennoch zu, wenn die Trainingsdauer entsprechend erhöht wird (Hoppeler 1987).

Der Muskelquerschnitt nimmt bei Ausdauerleistungen in der ersten Zeit (mindestens 6 Monate) nicht oder nur sehr wenig zu, d. h., der mittlere Faserdurchmesser bleibt konstant (Hoppeler 1985). Die langsamen oxidativen Fasern (Typ I) nehmen quantitativ auf Kosten der schnellen glykolytischen Fasern (Typ II) zu, und die Kapillardichte in der Muskulatur steigt an, wobei Kapillaren neu gebildet werden. Die oxidative Kapazität der Muskulatur nimmt aber nicht nur aufgrund der erhöhten Kapillardichte zu, sondern vor allem, weil die Zahl der Mitochondrien in den Muskelfasern ansteigt. Ein sechswöchiges intensives Dauerleistungstraining auf dem Fahrradergometer erhöht bei untrainierten Erwachsenen $\dot{V}O_2$max um ungefähr 15%. Dabei nimmt das muskuläre Mitochondrienvolumen um etwa 40% zu. Gleichzeitig verdoppeln sich die intrazellulären Fettreserven auf etwa 2% (Vol.), die als Substrat der mitochondrialen Zellatmung dienen. Bei sehr langem Ausdauertraining kann die Mitochondrienzahl der Muskelfaser um mehr als 10% zunehmen (Hoppeler 1987).

Bei der Skelettmuskulatur adaptiert nur der Teil, der auch wirklich aktiviert wurde. Beim Herzmuskel ist dies ähnlich, allerdings wird der Herzmuskel um so stärker aktiviert (HF ↑), je mehr Skelettmuskulatur belastet wird. Der Herzmuskel adaptiert also abhängig von der aktivierten Gesamtmuskulatur. Eine kardiale Adaption wird beobachtet, wenn die Herzfrequenz mindestens 3mal pro Woche für 20 Min. ausreichend (> 70% der maximalen Herzfrequenz $\approx$ 50–55% $\dot{V}O_2$max) belastet wird. Allerdings reagieren die Herzmuskelzellen auf eine Ausdauerbelastung anders als die Skelettmuskelzellen: Bei Zunahme der Muskelmasse bleibt die Zusammensetzung der verschiedenen Fasern gleich.

Aerobes Ausdauertraining verdreifacht den Lipidgehalt in der Zelle und verdoppelt die ATP- und Glykogenkonzentration. Kreatinphosphat und Kreatin nehmen um 35–65% zu (Villiger 1991).

Wie oben erwähnt, erhöht sechswöchiges Ausdauertraining bei untrainierten Menschen das Mitochondrienvolumen um 40%. Die Zunahme beruht sowohl auf einer Größenzunahme als auch auf einer Vermehrung der Mitochondrien, wobei sich die Mitochondrien in Kapillarnähe verdoppeln, die Zahl der weiter entfernt gelegenen aber deutlich weniger zunimmt (Hoppeler 1985).

Aerobes Ausdauertraining bewirkt auch eine beachtliche Enzymzunahme, teils um 30–60%, teils um 200–300%. Die deutlichsten Zunahmen zeigen die Schlüsselenzyme der Fettsäureoxidation, des Citrat-Zyklus und der Atmungskette (Holloszy 1984). Dagegen nehmen andere wichtige Enzyme, wie z. B. ein Schlüsselenzym der Glykolyse (Phosphofruktokinase), überhaupt nicht zu.

Alle Anpassungsprozesse führen dazu, daß bei gleicher Arbeit (vor und nach dem Anpassungsprozeß) ein kleinerer Prozentsatz des gesamten Stoffwechselpotentials in Anspruch genommen wird. Daraus folgt eine höhere Toleranz gegenüber Störungen der zellulären Homöostase.

Die metabolischen Veränderungen in der Muskelzelle führen zu einer verbesserten aeroben Ausdauerleistungsfähigkeit. Dies ist so zu verstehen, daß die Ausdauerleistung auch noch bei höheren Belastungen erbracht werden kann (↑ Prozentsatz von $\dot{V}O_2$max), weil die Laktatproduktion vermieden wird (vgl. Abb. 2.**37**). Weiter werden bevorzugt Fette abgebaut, wodurch bei submaximalen Belastungen der Kohlenhydratabbau abnimmt (= Glykogeneinsparung).

Nach mehrwöchigem anaerobem Ausdauertraining sind die intrazellulären Konzentrationen von ATP, KrP und Glykogen signifikant gestiegen. Ebenso steigen beim Sprinttraining Menge und Aktivität der Schlüsselenzyme der anaeroben Glykolyse (Houston 1977). Der gleiche Vorgang wird teilweise auch beim Krafttraining beobachtet (Costill 1979). Diese Anpassungen verbessern die anaerobe Ausdauerleistungsfähigkeit wesentlich.

Herz-Kreislauf

Die Muskulatur ist auf ein ausgeklügeltes Transportsystem angewiesen. Substrate müssen zugeführt und Abfallstoffe abtransportiert werden. Zwar besitzt der Muskel eigene Energiereserven, diese sind aber bereits nach wenigen Sekunden aufgebraucht. Leistungseinbußen bis hin zum Leistungsstillstand sind die Folge.

Das Transportsystem besteht aus drei Komponenten: das Herz als Pumpe, die Blutgefäße als Transportweg und das Blut als Transportmedium. Dieses System wird durch viele lokale und zentrale Regulationsmechanismen gesteuert. Damit wird es den wechselnden Bedürfnissen gerecht, die während körperlicher Belastung auftreten.

Herz

Das Herz hält den Kreislauf in Gang. Seine Fördermenge wird pro Zeit in Form des Herzzeitvolumen (Einheit l/min) angegeben. Man spricht auch vom Herzminutenvolumen (HMV). Es ergibt sich aus dem Produkt von Herzfrequenz (HF) und Schlagvolumen (SV):

$$HMV = HF \cdot SV$$

Das Herz erhöht seine Förderleistung also entweder über die Herzfrequenz oder das Schlagvolumen. Bei geringer körperlicher Leistung wird das HMV hauptsächlich über das SV gesteigert. Dies ist vor allem bei trainierten Menschen der Fall. Da das SV im besten Fall aber nur verdoppelt werden kann (Sportler bei Belastung in aufrechter Position), wird bei höherer Leistung zusätzlich die Herzfrequenz gesteigert. Im submaximalen Bereich stellt die Herzfrequenz die entscheidende Größe bei der Leistungsanpassung dar.

In der Lunge nimmt das Blut eine bestimmte Menge Sauerstoff auf. Diese Menge berechnet sich aus der modifizierten Gleichung: Menge = Konzentration · Volumen. Die Menge entspricht dem Produkt des Blutvolumens, das durch die Lungengefäße fließt, und dem Konzentrationsgradienten, der sich aus den Sauerstoffkonzentrationen des Blutes vor und nach der Lungenpassage ergibt (AV-O_2-Diff.). Die aufgenommene Sauerstoffmenge wird auf die Zeit (Minute) bezogen:

$$\dot{V}O_2 = HMV \cdot AV\text{-}O_2\text{-Diff.}$$

$\dot{V}O_2$ = Sauerstoffminutenvolumen
HMV = Herzminutenvolumen (Blutmenge, die pro Minute durch die Lunge bzw. den Körper gepumpt wird)
AV-O_2-Diff. = Sauerstoffkonzentrationsunterschied des Blutes vor und nach der Lungenpassage
HF = Herzfrequenz

Mit $HMV = HF \cdot SV$ ergibt sich:

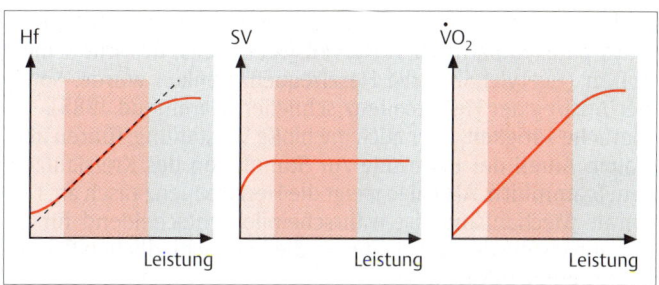

Abb. 2.41 Herzfrequenz (Hf), Schlagvolumen (SV) und Sauerstoffaufnahme ($\dot{V}O_2$) in Beziehung zur Leistung bei aufrechter Arbeit (nach Villiger)

$$\dot{V}O_2 = HF \cdot SV > AV\text{-}O_2\text{-Diff.}$$

SV = Schlagvolumen

In diesem submaximalen Bereich verhalten sich Sauerstoffaufnahme pro Zeit ($\dot{V}O_2$) und Herzfrequenz linear zueinander (Abb. 2.41). Dies liegt daran, daß die beiden in der Gleichung rechts stehenden Faktoren (SV und AV-O_2-Diff.) in diesem Bereich an ihre Grenzen stoßen ($\rightarrow \dot{V}O_2 \sim HF$).

Kardiovaskuläre Adaption

In Ruhe benötigt der Körper ca. 3,5 ml O_2/kg/min. Diese Sauerstoffmenge entspricht dem *metabolischen Äquivalent* (abgekürzt: MET). Bei einem 70 kg schweren Mann beträgt das metabolische Äquivalent somit etwa 250 ml O_2/min. Bei einer Mehrleistung von 100 Watt müssen 1,2 l O_2 mehr pro Minute aufgenommen werden. Dafür muß das HMV nach der Holmgren-Formel um 7,2 l gesteigert werden.

Das Herz muß also in der Lage sein, das Pumpvolumen innerhalb kurzer Zeit zu vervielfachen. Die Adaptionsfähigkeit des Herzzeitvolumens wird durch die HF und das SV bestimmt. Diese beiden Faktoren werden im folgenden näher betrachtet.

Herzfrequenz

Die Herzfrequenz wird durch Noradrenalin erhöht, das von sympathischen Nerven freigesetzt wird. Eine zusätzliche Wirkung hat das Adrenalin, das von den Nebennieren ausgeschüttet wird. Allerdings erhöht es die Herzfrequenz etwas verzögert, weil es über das Blut angeschwemmt wird. Verstärkend wirkt sich eine gleichzeitige Hemmung des parasympathischen Nervensystems aus, das mit seinem Transmitter (Acetylcholin) die Herzfrequenz senken würde. So erfolgt der Anstieg der Herzfrequenz schneller (Hammond 1985).

Körperliche Tätigkeit, aber auch die bloße Vorstellung, führen über den grauen Anteil der Hirnrinde zur Stimulation des Kreislaufzentrums im Stammhirn. Als Folge steigt die Herzfrequenz rasch an. Dieser neurale Mechanismus ist wahrscheinlich entscheidend für die schnelle Anpassung des Kreislaufes an die unterschiedlichen Bedürfnisse (Hammond 1985).

Aufgrund vieler experimenteller Daten werden stoffwechselsensible Rezeptoren in der Muskulatur postuliert, die wahrscheinlich bei einer Steigerung der Herzfrequenz eine Rolle spielen, insbesondere für die Feinadaptation der Herzleistung an die peripheren Bedürfnisse (Lassen 1989).

Schlagvolumen

Das Schlagvolumen ist das Blutvolumen, das während der Systole jeweils von der linken bzw. rechten Herzkammer ausgeworfen wird. Es hängt stark von den folgenden drei Faktoren ab:

Diastolische Kammerfüllung (Vorlast): Jeder erhöhte venöse Rückfluß zum Herzen oder eine verringerte Herzfrequenz begünstigen die Kammerfüllung während der Diastole. Dieses erhöhte enddiastolische Volumen führt durch Vordehnung der Muskulatur zu einer verbesserten Kontraktionskraft (Frank-Starling). Diese Wirkung ist im Liegen anders als im Stehen: Bei liegenden Tätigkeiten (Schwimmen) ist die Wirkung gering, weil der venöse Rückfluß sowieso schon hoch ist. Dagegen führt bei aufrechter Arbeit ein erhöhter venöser Rückfluß (z. B. Muskelpumpe bei Muskelaktivierung) zu einer wesentlichen Steigerung des Schlagvolumens (Levick 1991).

Kontraktilität: Durch lokal und peripher ausgeschüttete Katecholamine nimmt die Kontraktilität des Herzmuskels zu. Bei konstantem Blutdruck erhöht sich dadurch das ausgeworfene Volumen. Dieser Mechanismus spielt wahrscheinlich eine wesentliche Rolle bei ausdauertrainierten Sportlern (Katz 1983).

Nachlast: Die Nachlast ist der Widerstand, den das Herz bei der Kammerkontraktion überwinden muß. Dabei hat eine erhöhte Nachlast ein vermindertes Schlagvolumen zur Folge. Erhöht wird die Nachlast durch Zunahme des peripheren Widerstandes. Deshalb ist dieser Mechanismus bei statischer Belastung von großer Bedeutung, weil dort aufgrund der komprimierten Gefäße der arterielle Widerstand rapide ansteigt.

Wirkungsgrad und Sauerstoffverbrauch des Herzens

Der mechanische Wirkungsgrad einer Maschine entspricht der äußeren Arbeit, die sie im Verhältnis zur eingesetzten Energie leistet. Der Wirkungsgrad des Herzens ist in Ruhe mit 10% außerordentlich schlecht. Der Grund für diesen niedrigen Wirkungsgrad liegt im Druckaufbau während der isovolumetrischen Kontraktion, also noch bevor Blut ausgeworfen wird. Der Sauerstoffverbrauch des Herzens wird deshalb vor allem durch die *innere Arbeit* bestimmt. Sie ergibt sich aus der Wandspannung (systolischer Blutdruck · enddiastolisches Volumen/Wanddicke), der Kontraktilität und der Herzfrequenz (Fletcher 1990). Wieviel Sauerstoff das Herz verbraucht, kann exakt nur mit dem Herzkatheter bestimmt werden. Schätzen kann man den Verbrauch anhand des Doppelproduktes „Herzfrequenz · Blutdruck (systolisch)".

> Sauerstoffverbrauch des Herzens ~ Herzfrequenz · Blutdruck

Daraus folgt: Je geringer Blutdruck und Herzfrequenz sind, desto niedriger ist der Sauerstoffverbrauch des Herzens.

Der Wirkungsgrad des Herzens kann während dynamischer Belastung gesteigert werden (15–20%), weil der Effekt der Schlagvolumenzunahme größer ist als der Effekt der arteriellen Blutdruckzunahme. Der Anteil der äußeren Arbeit gegenüber der energieaufwendigen inneren Arbeit (isovolumetrischen Kontraktionsphase) wird also erhöht. Im Gegensatz dazu verschlechtert statische Belastung den Wirkungsgrad, weil der Blutdruck stark ansteigt, während das Herzminutenvolumen nur wenig zunimmt (Levick 1991).

Trainingseffekte am Herz durch Ausdauertraining

Am Herzen kommt es durch hohe Trainingsintensitäten (mindestens 50% VO_2max oder mehr als 70% der maximalen Pulsfrequenz) nachweisbar zur Adaption, wenn mindestens 3 · 20 Min./Woche trainiert wird. Vergleicht man ausdauertrainierte Menschen mit untrainierten jeweils vor und nach aerobem Training (55 Tage), zeigen sich folgende Charakteristika (Abb. 2.**42 a–c**):

– Der Ausdauertrainierte hat ein beträchtlich größeres Schlagvolumen sowohl in Ruhe als auch unter körperlicher Belastung (Wolfe 1979).

2 Theoretische Grundlagen

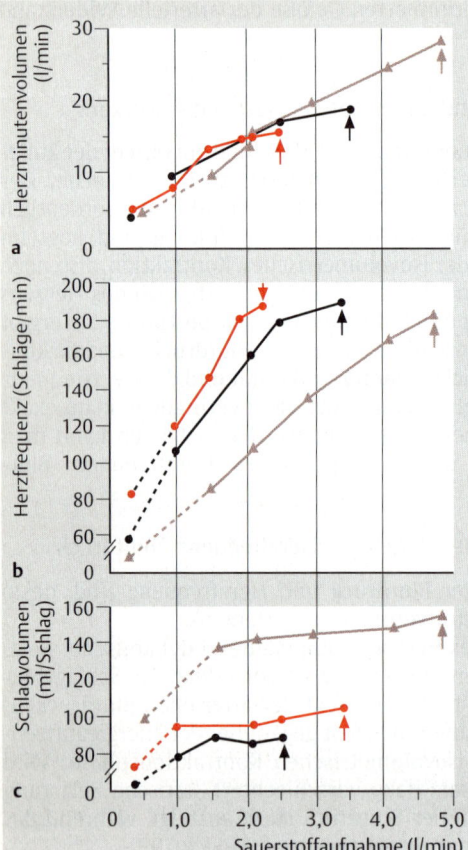

Abb. 2.**42 a–c** Herzzeitvolumen (**a**), Herzfrequenz (**b**), Schlagvolumen (**c**) bei der Sauerstoffaufnahme während Ergometerbelastung bei (▲) Ausdauerathleten und Studenten vor (●) und 55 Tage nach (●) aerobem Ausdauertraining. ↑ = Maximalwerte (nach Saltin)

- Zwar führt das intensive aerobe Ausdauertraining beim Untrainierten zu einem wesentlichen Anstieg des Schlagvolumens, es bleibt aber immer noch deutlich unter den Werten des Trainierten (Saltin 1969).
- Bei beiden kommt es am Übergang von Ruhe zu Belastung zum größten Anstieg des Schlagvolumens. Der Anstieg des Schlagvolumens ist aber während der Belastung beim Trainierten signifikant höher als beim Untrainierten.
- Das maximale Schlagvolumen erreichen beide bei 40–50 % der

maximalen Sauerstoffaufnahme und bei einer Herzfrequenz von 110–120 Schlägen/Min.
- Die gleiche submaximale Leistung vor dem Training wird nach dem Training wegen des höheren Schlagvolumens mit einem niedrigeren Puls erbracht (optimierte Herzarbeit).
- Hypertrophie und Zunahme des Herzkammervolumens sind wesentliche Bestandteile der Adaption an das aerobe Ausdauertraining.

Insgesamt führen alle Adaptionsmechanismen zu einer ökonomischeren Herzleistung. Die Dilatation der Herzhöhlen hat nichts mit einem krankhaften Prozeß zu tun, denn alle Herzabschnitte sind harmonisch vergrößert, und die Leistungsfähigkeit ist überdurchschnittlich gut. Bei verringertem Training bildet sich das Herz ohne pathologische Veränderungen wieder zurück (Stegemann 1984).

Kreislauf

Einfluß der Belastungsform auf den Blutdruck

Der Blutdruck wird hauptsächlich vom Herzminutenvolumen (HMV) und dem peripheren Widerstand bestimmt. Seine Steuerung erfolgt auf neuralem und humoralem Weg, auf die hier aber nicht näher eingegangen wird.

Der periphere Widerstand wird bei Belastungen stark von der Belastungsform beeinflußt:

Dynamische Belastung: Der arterielle Mitteldruck und der diastolische Blutdruck ändern sich bei Belastungszunahme nur unwesentlich, weil der Effekt der HMV-Zunahme durch die Erweiterung der peripheren Gefäße (Gefäßwiderstand ↓) in der arbeitenden Muskulatur weitgehend ausgeglichen wird. Der systolische Blutdruck dagegen steigt durch das erhöhte Schlagvolumen und die gesteigerte Kontraktionsgeschwindigkeit des Herzens. Dabei ist der systolische Blutdruck proportional zur Belastungsintensität, bzw. zum allgemeinen Energieumsatz. In Abb. 2.**43** ist der physiologische Blutdruck dargestellt, wie er sich bei submaximaler und maximaler Laufbandbelastung (typische dynamische Belastung) ändert (Wolthuis 1976).

Statische Belastung: Bei statischer Belastung steigen sowohl systolischer als auch diastolischer Blutdruck viel stärker an, als dies der erhöhte Eneregieumsatz erwarten läßt. Bereits 30% der maximal willkürlichen Kontraktionskraft führen beim Erwachsenen innerhalb weniger Minuten zu einem erhöhten systolischen und diastolischen Blutdruck (Abb. 2.**44**).

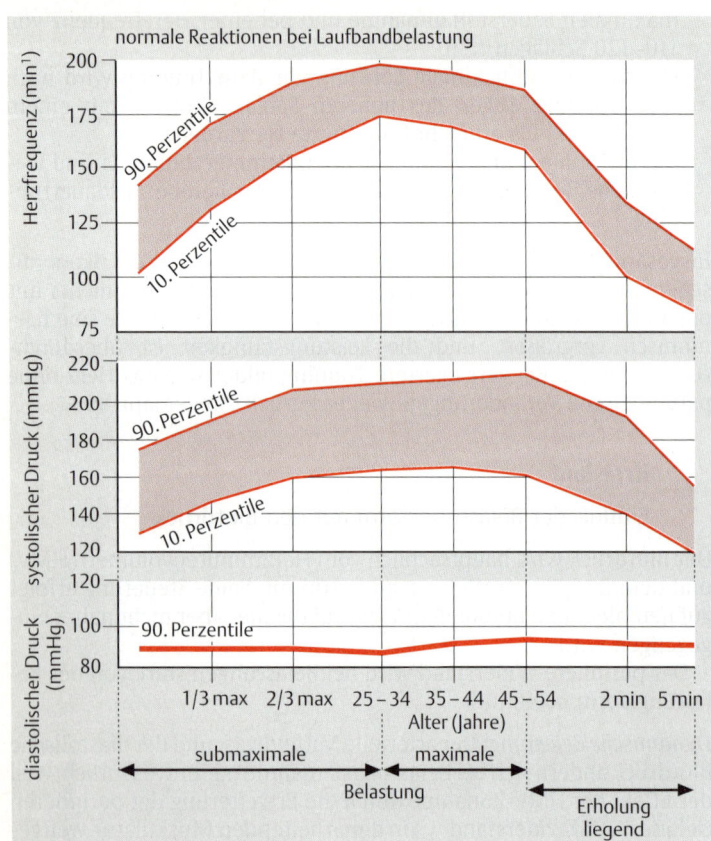

Abb. 2.43 Blutdruckverhalten bei progressiver Belastung (nach Wolthuis)

Die Herzfrequenz steigt ebenfalls deutlich weniger an als zu erwarten ist – meist bleibt sie unter 120 Schlägen/Min. Verantwortlich für diese Wirkung sind kompressorische Effekte der statischen Haltearbeit in der Peripherie. Dieser Druckanstieg hängt nicht nur von der beanspruchten Muskelmasse ab, sondern auch von der relativen Intensität, mit der eine Muskelgruppe belastet wird. So führt beispielsweise die Handgriffarbeit mit 50% der maximalen Belastung zu ähnlichen Änderungen des Blutdrucks, wie sie bei der Belastung beider Oberschenkel mit ebenfalls 50% ihrer Maximalkraft beobachtet werden (Hollmann 1990).

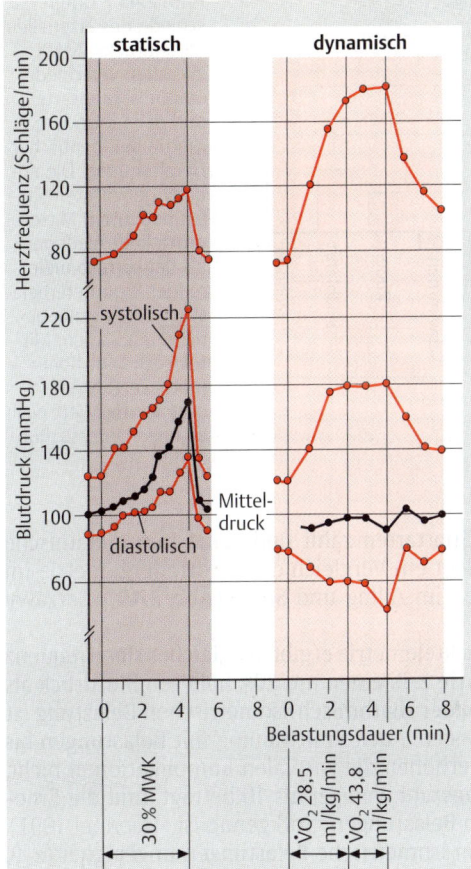

Abb. 2.44 Unterschiedliche Beeinflussung des arteriellen Blutdrucks durch statische und dynamische Belastungsformen. MWK = maximale willkürliche Kontraktionskraft; $\dot{V}O_2$ = Sauerstoffaufnahme in ml/kg/min (nach Levick)

Weitere wichtige Faktoren sind: die Dauer der Belastung und der Erholungsphasen sowie die Wiederholungszahl (Verril 1996).

In der Vergangenheit hat man Patienten mit Herzerkrankungen vor zu hohen isometrischen Belastungen gewarnt, weil dadurch der myokardiale Sauerstoffverbrauch erhöht wird. Mittlerweile ist aber klar, daß auch Sport mit einem gewissen Anteil an rhythmisch-isometrischer Belastung für die kardiale Rehabilitation geeignet ist, weil dies die Komplikationsrate nicht erhöht (Verril 1996). Zu diesen Sportarten zählen z. B. Rudern und Fahrradfahren. Daß die Fahrrad-

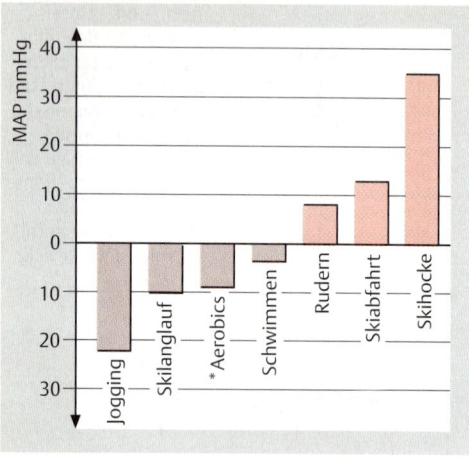

Abb. 2.**45** Unterschiede des arteriellen Mitteldrucks (MAP) zwischen verschiedenen Belastungsarten und der Fahrradergometrie bei identischer Herzfrequenz. Die negativ gerichteten Säulen bedeuten: Mitteldruck liegt niedriger als bei korrespondierender Ergometerbelastung; die positiv gerichteten Säulen; Mitteldruck liegt höher (nach Zerzawy). * = geschätzter Wert nach eigenen Untersuchungen

ergometrie zu diesen Sportarten zählt und keine rein dynamische Belastung darstellt, belegt ein Vergleich der „Fahrradergometrie im Sitzen" mit Belastungen im Alltag und Sport (Abb. 2.**45**) (Zerzawy 1987).

Die arterielle Blutdrucktelemetrie ergibt bei gleicher Herzfrequenz für die Fahrradergometrie z. B. einen um 20% höheren Blutdruck als beim Joggen. Der Anteil der rhythmisch-isometrischen Belastung ist also größer als beim Joggen. Auch Krafttraining mit Belastungen bis 40% der Maximalkraft erhöhen die kardialen Komplikationen nicht, wenn die Wiederholungszahl weniger als 16 beträgt, und die Erholungszeit zwischen den Belastungen groß genug ist (Haennel 1991). Dagegen sind hohe, rein isometrische Belastungen ungeeignet (z. B. Sportkegeln, Einsatz großer Gewichte beim Sport auf Trimmpfaden oder beim Krafttraining etc.).

Wirkung des Ausdauertrainings auf Blutdruck und Durchblutung

Blutdrucksenkung: Ausdauertraining senkt bei Normotensiven langfristig den systolischen Blutdruck und den Mitteldruck sowohl in Ruhe als auch unter Belastung; der diastolische nimmt nur unwesentlich ab. Bei leichten Hypertonikern ist dieser Effekt noch stärker ausgeprägt. Dagegen ist er bei schwerer Hypertonie kaum feststellbar. Dabei spielt es keine Rolle, ob intensiv oder weniger intensiv trainiert wird (Fagard 1985, Jennings 1986, Fletcher 1990, Rost 1990, Suter 1990).

Durchblutung: Die Durchblutung im Muskel ändert sich durch Ausdauertraining eindrucksvoll. So wird der gesamte Muskel gleichmäßiger und in Ruhe schwächer durchblutet, dagegen aber unter Belastung stärker (Villiger 1991).

Vermehrte Kapillarisierung: Zusätzlich verbessert das aerobe Training die Kapillarisierung. Dabei werden nicht nur vorhandene Kapillaren erweitert und verlängert, sondern die Kapillardichte bzw. die Vergrößerung der Austauschfläche durch Neubildung erhöht (Hoppeler 1985).

Transport und Speicherung von Sauerstoff

Transport

Der Sauerstoff wird im Blut auf zwei Arten transportiert:
- physikalisch gelöst im Plasma,
- gebunden an Hämoglobin, dem eisenhaltigen Farbstoff des Erythrozyten.

Aufgrund der schlechten Löslichkeit spielt der im Plasma gelöste Sauerstoff mengenmäßig eine untergeordnete Rolle. Bei einem Partialdruck von 100 mmHg lösen sich nur 0,3 ml Sauerstoff in 100 ml Plasma. Somit sind im Plasma des Körpers lediglich 10 ml Sauerstoff in gelöster Form enthalten. Dagegen erhöht Hämoglobin die Kapazität des Blutes für Sauerstoff ungefähr um den Faktor 70. Dabei nimmt jedes Hämoglobinmolekül 4 Moleküle O_2 auf.

Die Sauerstoffbindungskurve gibt an, wie stark die Hämoglobinmoleküle im Blut bei einem bestimmten Sauerstoffpartialdruck mit O_2 gesättigt sind (Abb. 2.**46**). Ihr S-förmiger Verlauf ist für die Sauerstoffaufnahme und -abgabe von großer Bedeutung.

Der Sauerstoffpartialdruck (pO_2) in der Lunge beträgt 100 mmHg. Anhand von Abb. 2.**46** (Sauerstoffbindungskurve) ist zu erkennen, daß dabei das Hämoglobin voll gesättigt und der Sauerstoff im Gewebe wegen des dort niedrigen pO_2 rasch abgegeben wird. Unter Belastung wird die Sauerstoffbindungskurve zudem nach rechts verschoben (Rechtsverschiebung), was die Sauerstoffabgabe in den peripheren Geweben (Muskulatur etc.) weiter begünstigt. Für diese Rechtsverschiebung sind lokale Gegebenheiten verantwortlich, die z. B. in der Muskulatur vorherrschen: der niedrige pH-Wert, der lokale Temperaturanstieg und die Zunahme des pCO_2. Diese Rechtsver-

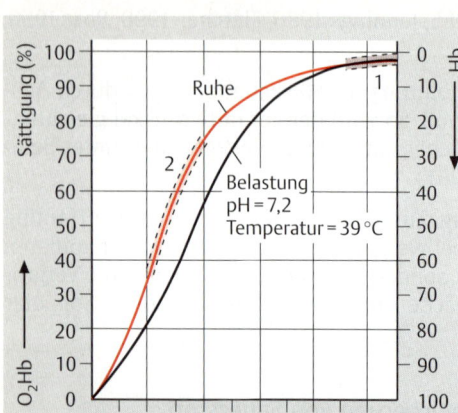

Abb. 2.46 Sauerstoffsättigungskurve des Hämoglobins in Ruhe und bei Belastung. 1 = Situation in der Lunge, 2 = Situation im Muskel (nach Weineck)

schiebung tritt aber hauptsächlich in der Peripherie auf und behindert daher nicht die Sauerstoffsättigung in der Lunge.

In Ruhe werden nur ca. 25% des Sauerstoffes im Blut ans Gewebe abgegeben. Somit steht eine Reserve bei Belastungen zur Verfügung. Logischerweise geht die Ausschöpfung dieser Reserve dann mit einer erhöhten arteriovenösen Sauerstoffdifferenz einher.

Trainingseffekte: Zu der verbesserten Sauerstoffabgabe (Bohr-Effekt) führt neben einer pH-Abnahme, einem Temperaturanstieg und einer erhöhten CO_2-Konzentration der Anstieg der 2,3-Diphosphoglycerat (2,3-DPG)-Konzentration. Es wird vermehrt bei Zunahme der anaeroben Glykolyse im Erythrozyten gebildet (z. B. bei Höhenaufenthalten wegen Hypoxie).

Beim Ausdauertraining existieren unterschiedliche Beobachtungen. Tannton beobachtete, daß der 2,3-DPG-Spiegel bei Mittelstreckenläufern nach maximaler Belastung um 15% ansteigt. Dagegen verändert Ausdauertraining mit geringerer Intensität den 2,3-DPG-Spiegel nicht (Tannton 1974).

Sauerstoffspeicher

Das eisenhaltige Myoglobin kommt im Muskel vor und dient dort als lokaler Sauerstoffspeicher. Die Bindungskapazität des Myoglobins ist verglichen mit dem Hämoglobin deutlich höher: Bei einem pO_2 von 40 mmHg beträgt die Sättigung 95% (Hämoglobin: 60–70%), bei

2.4 Ausdauer

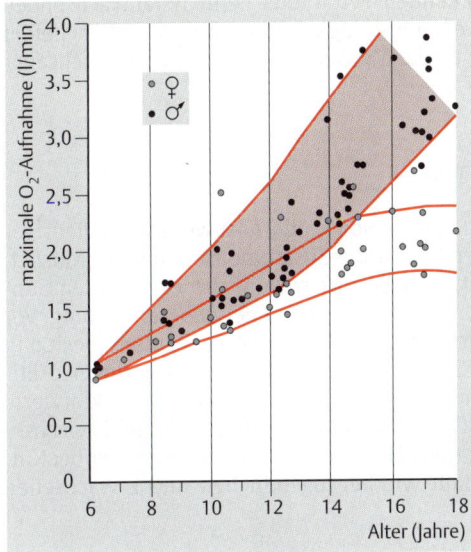

Abb. 2.47 Maximale absolute Sauerstoffaufnahme bei Mädchen (o) und Jungen (•) im Alter von 6–18 Jahren. Jeder Einzelwert repräsentiert den Mittelwert eines Kollektivs verschiedener Autoren (nach Bar-Or)

20 mmHg immer noch 75% (Hämoglobin: 20–30%). Der Sauerstoff wird also erst bei sehr niedrigem pO_2 abgegeben (hohe Muskelbelastung).

Ob aerobes Training den Myoglobingehalt erhöht, ist beim Menschen noch nicht sicher; im Tierversuch tritt allerdings ein signifikanter Anstieg auf (Jansson 1982).

2.4.4 Ausdauerfähigkeit beim Kind

Aerobe Ausdauer

Die maximal mögliche Sauerstoffaufnahme nimmt bei Jungen und Mädchen bis zum Alter von 12 Jahren gleichermaßen zu, wobei Knaben im Alter von fünf Jahren etwas höhere Werte aufweisen (Bar-Or 1986). Bei Jungen steigt die maximale Sauerstoffaufnahme bis zum 18. Lebensjahr weiter an, während sie bei Mädchen nach dem 14. Lebensjahr wesentlich weniger zunimmt (Abb. 2.47). Wird die Sauerstoffaufnahme aber auf die fettfreie Muskelmasse bezogen, so besteht kein Unterschied zwischen Jungen und Mädchen – wahrscheinlich wegen des zunehmenden Fettanteils beim heranwachsenden Mädchen. Die aerobe Leistungsfähigkeit von Kindern unterscheidet sich – bezogen auf die aktive Muskelmasse – von der Erwachsener ebenfalls nur wenig.

Anaerobe Ausdauer

Die anaerobe Leistungsfähigkeit von Kindern ist wesentlich niedriger als die von Erwachsenen, wofür die Zusammensetzung der Muskelzelle verantwortlich ist. Dies betrifft sowohl die verfügbaren Substrate als auch die Enzyme der anaeroben Energiebereitstellung. Vor allem die Phosphofruktokinase, die die Glykolyse reguliert, besitzt in den Muskelfasern von Kindern und Jugendlichen eine geringere Aktivität als bei Erwachsenen. Folglich sind die maximalen Laktatwerte bei Kindern und Jugendlichen deutlich niedriger als bei Erwachsenen. Das gleiche gilt für den pH-Wert im arteriellen Blut, der bei Kindern nicht so stark abfällt wie bei Jugendlichen und Erwachsenen (Bar-Or 1986).

2.4.5 Ausdauerfähigkeit der Frau

Anhand von $\dot{V}O_2max$ wird die aerobe Ausdauer bzw. die kardiorespiratorische Leistungsfähigkeit am besten bestimmt. Frauen erreichen nach der Pubertät maximal 70–75% des VO_2max von Männern. Bezogen auf die fettfreie Körpermasse (lean body mass = LBM) ist der Unterschied aber wesentlich geringer (Hollmann 1990).

Wilmore und Brown untersuchten elf Langstreckenläuferinnen der internationalen Spitze. Die durchschnittliche VO_2max der Langstreckenläuferinnen lag mit 59,1 ml/kg/min deutlich höher als bei untrainierten Männern gleichen Alters. Im Vergleich zu ihren männlichen Kollegen der Spitzenklasse mit ähnlichem Trainingsumfang wiesen die Frauen aber eine um 15,9% niedrigere gewichtsbezogene VO_2max auf. Bezogen auf die fettfreie Masse (LBM) beträgt der Unterschied dann nur noch 8,6%. Der geschlechtsspezifisch hohe Fettanteil der Frauen scheint also einen Teil der unterschiedlichen aeroben Leistungsfähigkeit zu erklären. Wurden diese Werte auf das Beinvolumen bezogen, verschwanden die Differenzen fast ganz. VO_2max ist also proportional zur aktiven Körpermasse (Wilmore 1989).

Die submaximale Sauerstoffaufnahme zeigt dagegen bei gleicher Leistung nur sehr geringe geschlechtsspezifische Unterschiede. Aufgrund der Unterschiede in der absoluten Sauerstoffaufnahme (VO_2-

max) benötigt daher die Frau für die gleiche Leistung einen höheren Anteil ihres VO$_2$max. Die geschlechtsspezifischen Unterschiede bleiben also auch nach Ausdauertraining bestehen. Die physiologischen Anpassungsmechanismen beim Ausdauertraining entsprechen sich aber bei beiden Geschlechtern. Als Gründe für den Unterschied der aeroben Leistungsfähigkeit (nach Korrektur auf LBM) kommen in Frage:

- geringeres Mitochondrienvolumen,
- geringere Mitochondrienoberfläche und
- Mitochondrien-Myofibrillen-Volumenverhältnis.

Weitere Gründe könnten der geringere Hämoglobingehalt (Transportkapazität) und die kleineren Herzdimensionen und der dadurch schlechtere Wirkungsgrad sein.

2.4.6 Ausdauerfähigkeit im Alter

Nach dem 30. Lebensjahr nimmt die maximal mögliche Sauerstoffaufnahme kontinuierlich ab (Abb. 2.**48**). Dafür sind hauptsächlich die drei Faktoren der Sauerstoffaufnahme verantwortlich:

1. Das Herzzeitvolumen sinkt durch Abnahme der maximal erreichbaren Herzfrequenz und des Schlagvolumens.
2. Das Herz muß vermehrt innere Arbeit (Druckarbeit) leisten, weil mit zunehmendem Alter der arterielle Mitteldruck langsam ansteigt. Dadurch steht für die äußere Arbeit weniger Energie zur Verfügung.
3. Die respiratorische und ventilatorische Leistungsfähigkeit nimmt wegen des Elastizitätsverlustes des Thorax und der Lunge sowie der Abnahme der Kapillaren und Alveolen ab.

Weitere untergeordnete Faktoren kommen hinzu: Die Diffusionsbedingungen in Lunge und Peripherie werden schlechter, der Myoglobingehalt nimmt ab, ebenso die Mitochondrienzahl, die Enzymaktivität und der intramuskuläre Glykogengehalt (Hollmann 1990).

Die Ausdauerleistung bleibt bis ins hohe Alter besser trainierbar als Kraft und Schnelligkeit. Liesen u. Mitarb. zeigten bereits 1975, wie ein zehnwöchiges Ausdauertraining bei 70jährigen die Sauerstoffaufnahme positiv beeinflußt (Abb. 2.**49**).

Die aerobe Leistungsfähigkeit wird vor allem durch die metabolische Adaption des Muskelapparates verbessert. Dabei steigen die Enzymkonzentrationen der Glykolyse und des Citratzyklus signifikant an. Daneben wird die Ausdauerleistungsfähigkeit durch die kardio-

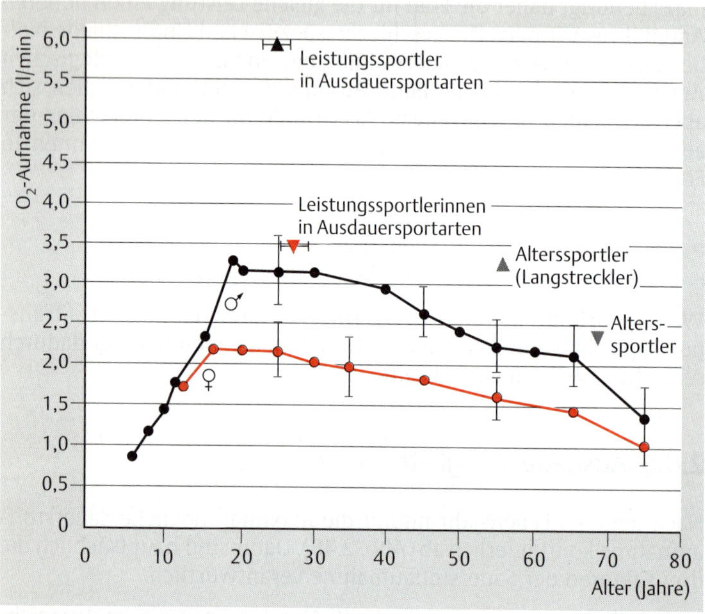

2 Theoretische Grundlagen

Abb. 2.48 Maximale Sauerstoffaufnahme im Laufe des Lebens bei männlichen und weiblichen Personen (n = 28, 34). Fahrradergometriearbeit unter Atmung atmosphärischer Luft (nach Hollmann)

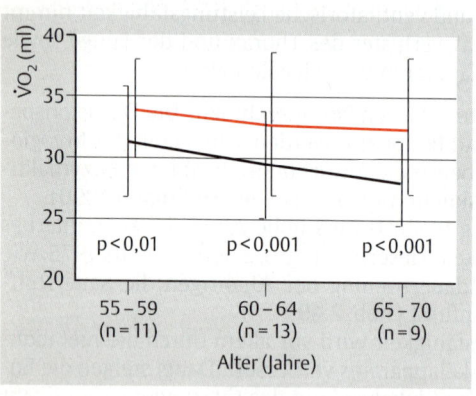

Abb. 2.49 Das Verhalten der maximalen O_2-Aufnahme (ml/min · kg) vor (–) und nach (–) einem 10wöchigen Ausdauertraining 55- bis 70jähriger Personen (nach Liesen u. Mitarb.)

vaskuläre Adaption (muskuläre Adaption und geringere Nachlast) verbessert. Dagegen konnte nur bei sehr hoher Trainingsintensität nachgewiesen werden, daß auch der respiratorische Apparat trainierbar bleibt.

Zusammenfassend läßt sich also sagen, daß die aerobe Ausdauer bis ins hohe Alter trainierbar bleibt. Dieses Ausdauertraining wirkt gleichzeitig der Arteriosklerose entgegen, weil parallel zu diesem Training der Blutdruck sinkt, die HDL-Fraktion des Cholesterins im Blut zunimmt und die Triglyceride im Blut weniger werden.

2.5 Koordination

Definition: Koordination ist charakterisiert durch das Zusammenspiel des Zentralnervensystems mit der Muskulatur bei einem gezielten Bewegungsablauf. Koordinative Fähigkeiten bilden die Grundlage für das Erlernen, Steuern und Anpassen von Bewegungen (Abb. 2.**50**).

Für eine gute Koordination sind Fähigkeiten erforderlich, die dazu beitragen, daß Informationen aufgenommen und verarbeitet werden. Die wichtigsten sind (Hirtz 1981, Kosel 1993):

- *Orientierungsfähigkeit:* Fähigkeit, bei willkürlichen und unwillkürlichen Bewegungen die Orientierung zu behalten.
- *Reaktionsfähigkeit:* Fähigkeit, auf Reize schnell zu reagieren.
- *Gleichgewichtsfähigkeit:* Fähigkeit, den Körper im Gleichgewicht zu halten oder das Gleichgewicht wiederherzustellen.
- *Rhythmusfähigkeit:* Fähigkeit, einen Bewegungsablauf in einem entsprechenden Rhythmus durchzuführen.
- *Differenzierungsfähigkeit:* Fähigkeit, einen Bewegungsablauf sicher, exakt und ökonomisch durchzuführen. Dabei spielt die Dosierung des Krafteinsatzes eine wesentliche Rolle.

Für die Verbesserung der Koordination werden zwei Ziele verfolgt: Zum einen wird die Zusammenarbeit der motorischen Einheiten in einem Muskel verbessert (intramuskuläre Koordination) und zum anderen die Zusammenarbeit der verschiedenen Muskelgruppen (intermuskuläre Koordination) (Tittel 1989).

Die Muskulatur besitzt sowohl Halte- als auch Bewegungsfunktionen, die durch ein hochentwickeltes Steuerungs- und Regelungssystem ermöglicht werden. Der Regelkreis in Abb. 2.**51** zeigt, wie die einzelnen Komponenten zusammenwirken.

2 Theoretische Grundlagen

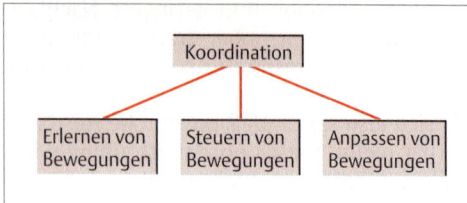

Abb. 2.**50** Koordination

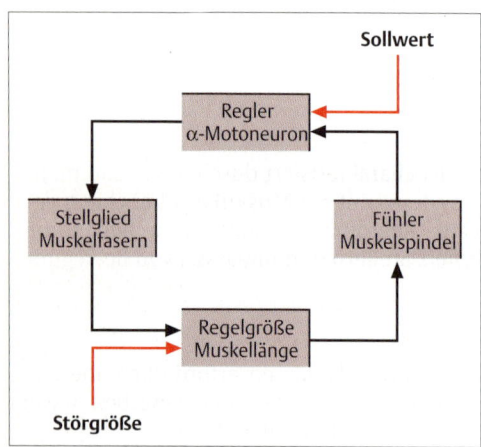

Abb. 2.**51** Regelkreis der Muskelsteuerung (nach Spring)

Bei der *Haltearbeit* wird vom Muskel verlangt, daß er seine Länge konstant hält, auch wenn von außen Kraft ansetzt. Die Muskellänge wird von dem Fühler (Muskelspindel) registriert und an den Regler (α-Motoneuron) weitergeleitet. Dieser Regler veranlaßt über das Stellglied (Muskelfaser) die Längenkorrektur.

Für die *Bewegungsarbeit* existiert ein ähnlicher Regelkreis. Dabei werden die Muskellänge und die Muskelspannung verändert, indem der Sollwert kontinuierlich verstellt wird (Wolff 1983).

Neben der *Muskelspindel* existiert ein weiterer Rezeptor: der *Golgi-Sehnenkörper,* der in den Sehnen der Muskeln lokalisiert ist. Er liegt also in Reihe zur Arbeitsmuskulatur und erfaßt die Muskelspannung. Dagegen liegen die Muskelspindeln im Muskel parallel zur Arbeitsmuskulatur und registrieren Längenänderungen (Dehnungen). Die Längenänderungen bei einer Muskeldehnung aktivieren über schnelleitende Nervenfasern die dazugehörigen α-Motoneurone im Vorderhorn des Rückenmarkes. Die Folge ist eine Muskelkontraktion,

2.5 Koordination

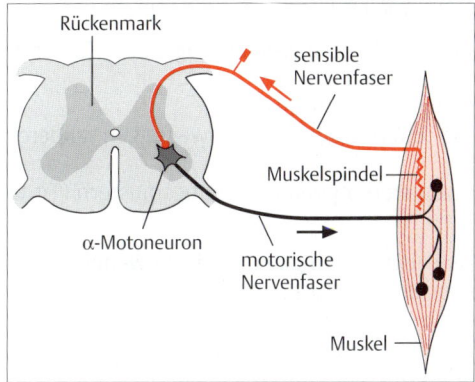

Abb. 2.52 a Dehnungsreflex (nach Spring)

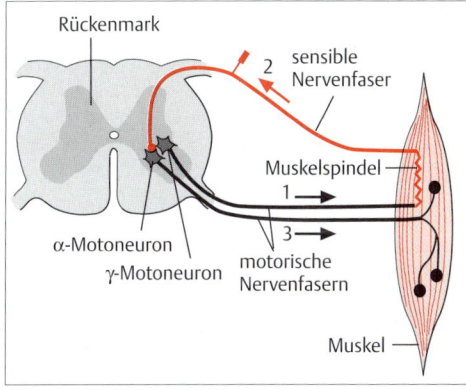

b γ-Schleife (nach Spring)
1 Aktivierung der fusimotorischen Muskelfasern innerhalb der Muskelspindel durch das γ-Motoneuron.
2 Rückmeldung der Längenänderung der Muskelspindel über die sensible Nervenfaser an das α-Motoneuron. Das α-Motoneuron wird erregt.
3 Leitung der Erregung über die motorische Nervenfaser an den Muskel. Dadurch wird eine Muskelkontraktion ausgelöst.

durch die die Dehnung und Reizung der Muskelspindel aufhört und die Kontraktion nachläßt. Diesen durch Dehnung ausgelösten Vorgang nennt man Dehnungsreflex (Abb. 2.52 a).

Außerdem existiert ein weiteres Reglersystem: die sogenannte γ-Schleife (Abb. 2.52 b). Über sie wird die Empfindlichkeit der Muskelspindel eingestellt. Genaugenommen geschieht dies über fusimotorische Muskelfasern, die sich in der Muskelspindel befinden und von γ-Motoneuronen innerviert werden. Dieser Regelkreis ermöglicht der Muskulatur, sich den unterschiedlichen Anforderungen optimal anzupassen.

Die beiden Regelkreise besitzen übergeordnete Zentren im Gehirn: motorische Hirnrinde und subkortikale Regionen im Hirnstamm. Dort wird entweder hemmend oder aktivierend Einfluß genommen.

Die Entwicklung einer optimalen Koordination hängt ab von:

- dem mentalen Training (Bewegungsvorstellung durch Erklären und Demonstrieren der Bewegung),
- der Verarbeitung der eigenen Erfahrung,
- dem Ausschalten von überflüssigen Mitbewegungen anderer Muskelgruppen und
- der Automatisierung von stereotypen Bewegungsmustern (Tittel 1989).

Je besser die koordinative Leistungsfähigkeit ist, desto weniger Kraft muß aufgewendet werden und, desto harmonischer ist der Bewegungsablauf durch ein besseres Zusammenspiel der beteiligten Muskelgruppen. Dies verlangsamt die Ermüdung, fördert das Erlernen neuer Bewegungsabläufe, vermeidet mögliche Fehlbewegungen und beugt damit Verletzungen vor (Spring 1995).

3 Funktionsdiagnostik

Die Funktionsdiagnostik bildet die Grundlage der gezielten Trainingstherapie (Dvořák 1997, Sapega 1990). Anhand der ermittelten Werte wird die Therapie geplant, durchgeführt und gesteuert. Für die anschließende Therapieüberwachung und Erfolgskontrolle werden die Funktionsteste wiederholt (Abb. 3.1).

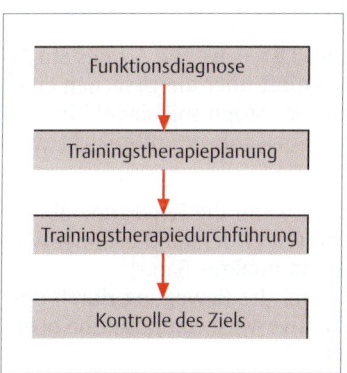

Abb. 3.1 Steuerung der Trainingstherapie

3.1 Beweglichkeit

3.1.1 Funktionelle Untersuchung der Gelenke

Anguläre Bewegungen

Aktive Bewegungen: Um die aktive Beweglichkeit zu beurteilen, muß der Patient selbst die Gelenke oder die Wirbelsäule bewegen. Damit die Werte vergleichbar sind, werden nur normierte Bewegungen durchgeführt. Die Beurteilung erfolgt anhand der folgenden Kriterien:

- Bewegungsausmaß,
- Harmonie der Bewegung,
- Schmerz während der Bewegung,
- Schmerz am Ende der Bewegung,
- Schmerz bei der Bewegung gegen einen Widerstand.

Ergibt sich bei der aktiven Bewegung ein pathologisches Muster, so analysiert man mittels der passiven Bewegungsuntersuchung weiter.

Passive Bewegungen: Die passiven Bewegungen werden ebenfalls in normierten Bewegungsbahnen durchgeführt. Folgende Kriterien werden zur Beurteilung herangezogen:

- Bewegungsausmaß,
- Art des Stopps an der Bewegungsgrenze,
- Reibegeräusche,
- Schmerz während der Bewegung,
- Schmerz am Ende der Bewegung.

Stopp an der Bewegungsgrenze (Abb. 3.2a u. b): Die Art des Stopps einer passiven Bewegung gibt oft Auskunft über die Ursachen einer pathologischen Gelenkbeweglichkeit. Der Stopp soll sowohl bei angulären als auch bei translatorischen Bewegungen untersucht werden:

- Man bezeichnet den Stopp als *hart*, wenn die Bewegung abrupt durch einen ossären oder ligamentären Widerstand beendet wird (z. B. durch einen Osteophyt oder ein intaktes Band).
- Ein Stopp ist *hart reflektorisch,* wenn die Bewegung durch eine sehr schnell einschießende, nozizeptive Muskelkontraktion beendet wird (z. B. Lasègue-Phänomen).

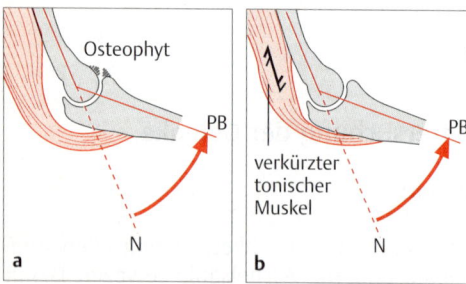

Abb. 3.2a u. b
a Harter Stopp; **b** Weicher Stopp. PB = pathologische Bewegungsgrenze

- Ein *weicher* Stopp liegt vor, wenn die Bewegung durch eine langsam zunehmende Anspannung von Muskeln, Sehnen bzw. der Gelenkkapsel gebremst wird (z. B. verkürzter tonischer Muskel oder Gelenkerguß).

3.1.2 Längentestung der Muskulatur

Die Muskellänge wird rein klinisch ohne Hilfsmittel bestimmt. Zum Ausschluß einer Gelenkpathologie müssen alle beteiligten Gelenke exakt mitbeurteilt werden. Bei unklarem Testergebnis muß man eine Probebehandlung im Sinne einer Muskeldehnung anschließen. Hat sie Erfolg, ist anzunehmen, daß die Muskulatur tatsächlich pathologisch verkürzt ist (Janda 1979, Schneider 1989, Dvořák 1997).

Prinzip der Längentestung

1. Beteiligte Gelenke exakt untersuchen. Eine eingeschränkte Gelenkbeweglichkeit erschwert die Untersuchung.
2. Es soll immer nur über ein Gelenk getestet werden; bei zweigelenkigen Muskeln muß ein Gelenk fixiert werden.
3. Die Ausgangsposition und die Bewegungsrichtung müssen exakt gewählt werden.
4. Der untersuchte Muskel darf vor und während des Tests nicht gereizt werden. Den Muskel daher möglichst flächig anfassen, damit er nicht zur Kontraktion angeregt wird (z. B. durch einen harten Griff).
5. Der Test erfolgt passiv; der Patient nimmt eine entspannte Haltung ein.
6. Die Testbewegung erfolgt ohne Wippen, gleichmäßig und langsam (5 Sekunden).
7. Ein verkürzter Muskel hat im Test einen weichen Stopp.

1. M. trapezius

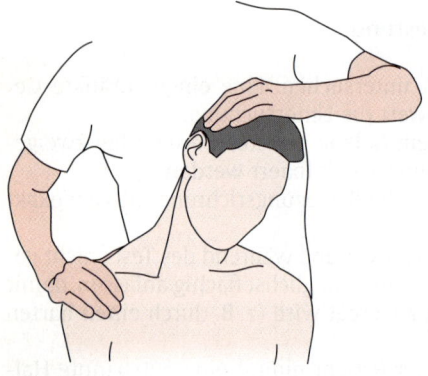

Abb. 3.**3**

Ausführung
Lateralflexion mit kleiner gleichgerichteter Rotation der Halswirbelsäule.

Interpretation
Geht der Schultergürtel frühzeitig hoch, weist dies auf einen verkürzten M. trapezius (Pars descendens) hin.

2. M. levator scapulae

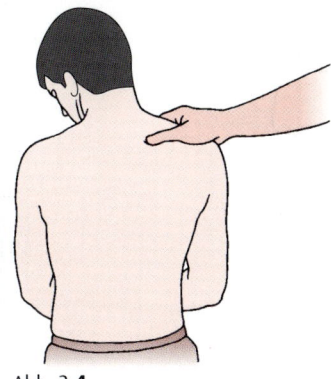

Abb. 3.**4**

Ausführung
Passive Flexion der Halswirbelsäule mit Rotation zur Gegenseite. Gleichzeitiger Druck auf den Ansatzbereich des Muskels.

Interpretation
Ein brennender Schmerz in diesem Muskel deutet auf eine Verkürzung hin. Der verkürzte Muskel reagiert auf Friktion im Ansatzbereich mit einer raschen Tonuszunahme. Krepitationen können im paramuskulären Bindegewebe auftreten.

3. Mm. scaleni

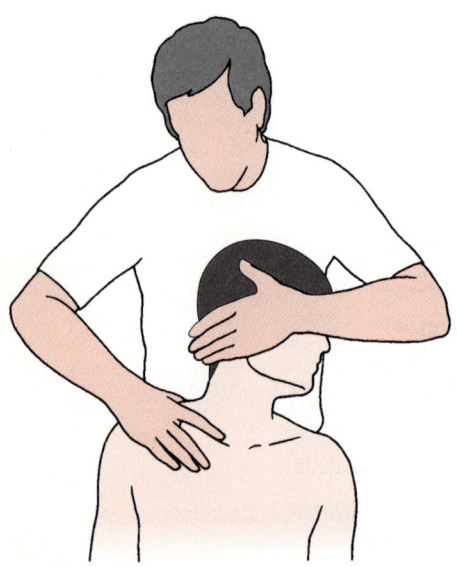

Abb. 3.**5**

Ausführung
Bei fixiertem Schultergürtel palpiert man die Mm. scaleni im Ansatzbereich (1. Rippe). Passive Extension und Rotation der Halswirbelsäule zur Gegenseite.

Interpretation
Nimmt der Tonus im Ansatzbereich deutlich zu, weist dies auf eine Verkürzung hin. Häufig ist eine Probebehandlung zur Interpretation notwendig.

4. M. pectoralis major

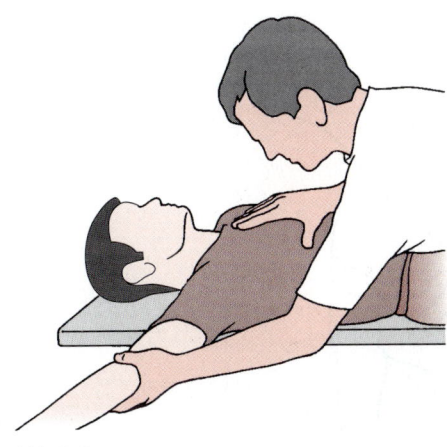

Abb. 3.**6**

Ausführung
Abduktion im Schultergelenk bei 120° eleviertem Arm. Ausweichbewegungen wie Lordosierung der Lendenwirbelsäule und Rotation der Brustwirbelsäule müssen vermieden werden.

Interpretation
Der Arm soll die Höhe der Untersuchungsliege erreichen. Ansonsten kann man eine Verkürzung des M. pectoralis major annehmen, sofern ein weicher Stopp vorliegt.

5. Mm. extensores carpi et digitorum

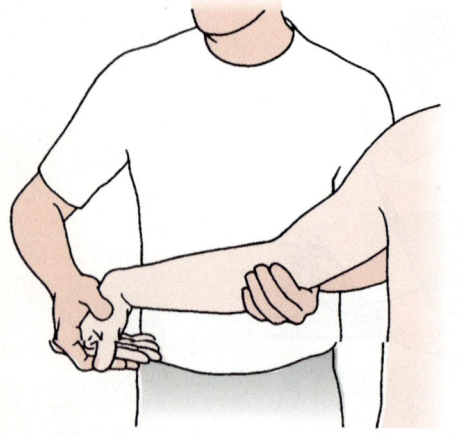

Abb. 3.7

Ausführung
Handgelenk und Finger (außer Daumen) werden passiv in maximaler Flexion fixiert, während sich das Ellbogengelenk in 45° Stellung befindet. Die Flexion im Hand- und in den Fingergelenken wird beibehalten, dabei wird das Ellbogengelenk passiv gestreckt.

Interpretation
Nimmt während der Extension der Schmerz im proximalen Drittel des Unterarmes zu, deutet dies auf eine Verkürzung hin. Ein Schmerz im distalen Drittel des Unterarmes und über dem Handgelenk kann durch eine Tendovaginitis oder Synovitis des Handgelenkes verursacht werden.

6. M. erector spinae lumballs

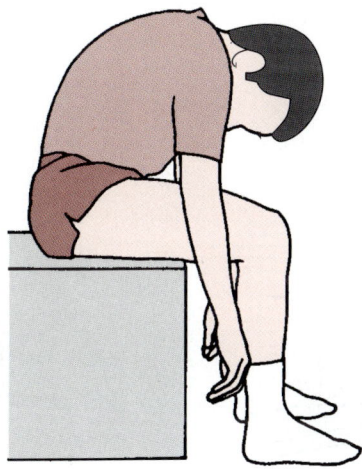

Abb. 3.**8**

Ausführung
Flexion der Lenden- und unteren Brustwirbelsäule.

Interpretation
Bleibt die Lendenwirbelsäule gerade, während gleichzeitig Muskelwülste des M. erector spinae im Lumbalbereich hervortreten, deutet dies auf eine Verkürzung im Lumbalbereich hin.

7. M. psoas major

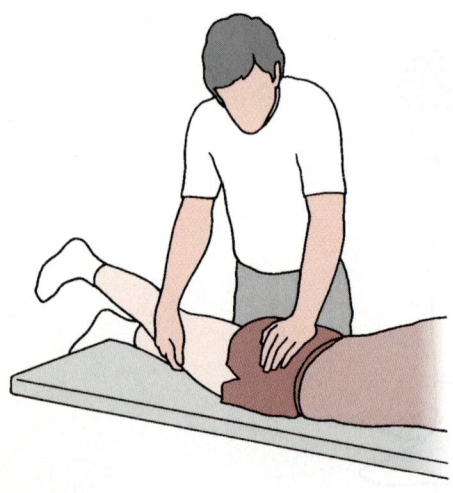

Abb. 3.9

Ausführung
Extension im Hüftgelenk. Becken gut fixieren. Die thorakolumbalen Übergangssegmente beobachten.

Interpretation
Eine zunehmende, nach kranial gerichtete Lordose der Lendenwirbelsäule und der unteren Brustwirbelsäule weist auf eine Verkürzung des M. psoas major hin.

8. M. rectus femoris

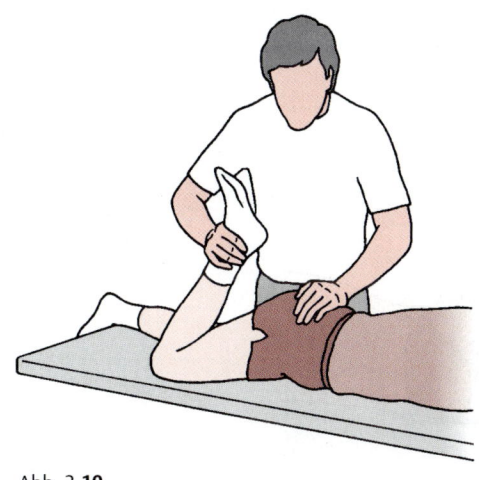

Abb. 3.**10**

Ausführung
Flexion im Kniegelenk. Gleichzeitig eventuelle Beckenbewegung palpieren.

Interpretation
Wird im Hüftgelenk eine Flexion ausgelöst, ehe im Kniegelenk die 120°-Flexion erreicht wurde, so deutet dies auf einen verkürzten M. rectus femoris hin.
Ein harter reflektorischer Stopp weist auf eine radikuläre Kompression kranial der Nervenwurzel L_4 hin (umgekehrtes Lasègue-Phänomen).

9. M. piriformis

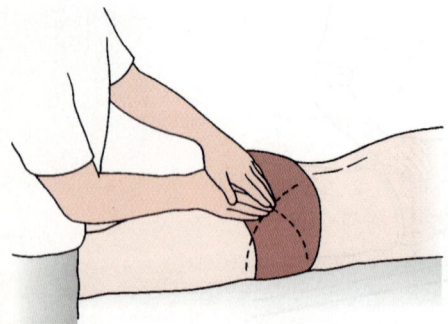

Abb. 3.**11**

Ausführung
Palpation tief in der Gesäßmuskulatur am Punkt, wo sich die beiden Linien ausgehend von der Spina iliaca posterior superior zur Trochanterspitze und vom Tuber ossis ischii zur Spina iliaca anterior kreuzen.

Interpretation
Den verkürzten M. piriformis kann man als querverlaufenden Muskelstrang gut palpieren. Die Palpation des verkürzten Muskels ist schmerzhaft. Den nicht verkürzten M. piriformis kann man kaum oder gar nicht palpieren.

10. Mm. adductores femoris

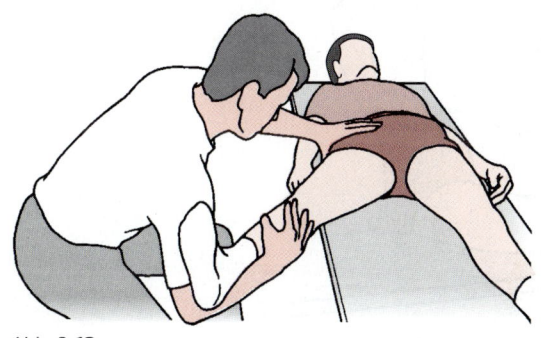

Abb. 3.**12**

Ausführung
Abduktion im Hüftgelenk. Palpierende Fixation des Beckens.

Interpretation
Ein weicher Stopp vor der 45°-Abduktion weist auf eine Verkürzung hin.

11. M. tensor fasciae latae

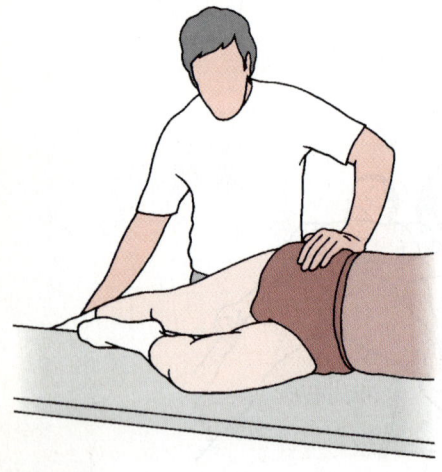

Abb. 3.**13**

Ausführung
Adduktion im Hüftgelenk. Wichtig ist eine gute Fixation des Beckens.

Interpretation
Die Tibiamitte soll mindestens das Niveau der Untersuchungsliege erreichen. Ist dies nicht möglich und zieht sich die Haut über dem Tractus iliotibialis ein, so kann man von einem verkürzten M. tensor fasciae latae ausgehen.

12. Ischiokrurale Muskulatur (M. biceps femoris, M. semimembranosus, M. semitendinosus)

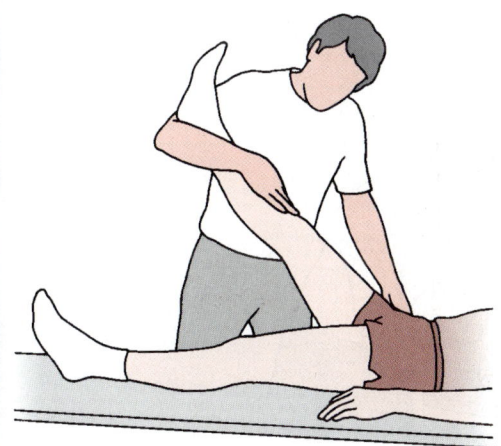

Abb. 3.**14**

Ausführung
Flexion im Hüftgelenk. Der Untersucher umgreift den Unterschenkel weich. Er kontrolliert damit die Rotation des Beines. Eine eventuelle Beckenbewegung durch die proximal ansetzende Hand palpieren (wichtig zur Beurteilung des Stopps).

Interpretation
Ein weicher Stopp der Hüftflexion vor 80° weist auf eine Verkürzung der ischiokruralen Muskulatur hin. Ein harter, reflektorischer Stopp deutet dagegen auf eine radikuläre Nervenkompression (Lasègue-Phänomen) hin. Ein harter Stopp infolge einer Hüftarthrose verändert sich bei gleichzeitiger Knieflexion nicht (im Gegensatz zum Lasègue-Phänomen).

13. M. triceps surae

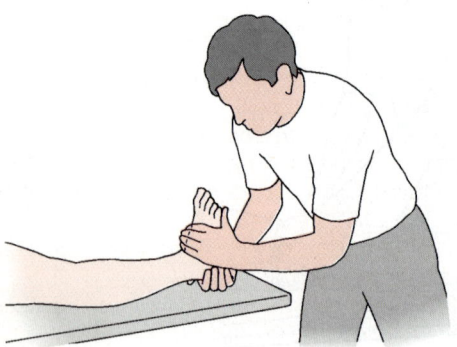

Abb. 3.**15**

Ausführung
Dorsalflexion im oberen Sprunggelenk bei gestrecktem Kniegelenk. Die Fußsohle soll nicht irritiert werden, deshalb den Griff am lateralen Fußrand ansetzen.

Interpretation
Ein weicher Stopp vor 20° deutet auf eine Verkürzung des M. triceps surae hin.

3.2 Kraft

3.2.1 Testung der Kraftausdauer

Die Kraftausdauer wird klinisch und ohne Hilfsmittel bestimmt. Sie wird anhand von normierten Bewegungen beurteilt, die langsam und dynamisch durchgeführt werden. Die Zahl der maximal möglichen Wiederholungen spiegelt die Kraftausdauer wider. Werden mehr als 30 Wiederholungen erreicht, so wurde der rein anaerobe Kraftausdauerbereich verlassen, d. h., die lokale aerobe Kapazität wurde mitbeurteilt. Die Interpretation der Werte erfolgt geschlechts- und altersbezogen. Schmerzen, die während der Testbewegung auftreten, müssen in die Beurteilung mit einbezogen werden (Spring 1990).

Prinzip zur Testung der Kraftausdauer

1. Den Patienten über Ziel und Sinn des Tests aufklären.
2. Normierte Ausgangsstellung einnehmen.
3. Bewegung exakt einüben. Die Bewegungsumkehr soll fließend sein; einen Stopp am Umkehrpunkt vermeiden.
4. Die Bewegung durchführen, dabei das vorgegebene Tempo überprüfen.
5. Trick- und Ausweichbewegungen müssen sofort korrigiert werden.
6. Sobald die geforderte Stellung nicht mehr gehalten werden kann, wird der Test abgebrochen.
7. Die Zahl der Wiederholungen wird protokolliert.

Normwerte

In Abb. 3.**16** sind die Wiederholungszahlen (Normwerte) der einzelnen Testübungen graphisch dargestellt, die bei einer ausreichenden Kraftausdauer je nach Alter und Geschlecht erzielt werden:

Leistungsstufe 20: Genügende Kraftausdauer eines gesunden, sich regelmäßig körperlich betätigenden 20jährigen Menschen.
Leistungsstufe 40: Genügende Kraftausdauer eines gesunden, sich regelmäßig körperlich betätigenden 40jährigen Menschen.

Leistungsstufe 60: Genügende Kraftausdauer eines gesunden, sich regelmäßig körperlich betätigenden 60jährigen Menschen.

Mit den Leistungsstufen 20, 40 und 60 wird das Testergebnis interpretiert. Das Resultat eines 40jährigen auf dem Niveau der Leistungsstufe 20 spiegelt eine überdurchschnittliche Kraftausdauer wider. Dagegen sind die Fähigkeiten eines 20jährigen, dessen Ergebnis der Leistungsstufe 60 entspricht, überhaupt nicht ausgeschöpft.

Dokumentation der Testresultate

Die Zahl der Wiederholungen wird für jede Muskelgruppe graphisch aufgetragen. Dadurch entsteht ein übersichtliches Kraftausdauerprofil, und pathologische Werte einzelner oder mehrerer Muskelgruppen fallen sofort auf. Auf dem gleichen Protokollbogen können auch nachfolgende Kontrollteste dokumentiert werden. Es empfiehlt sich, für diese eine andere Farbe zu wählen.

Probleme während des Tests

- Bei leichten Schmerzen den Test nicht abbrechen, aber die Lokalisation und Intensität des Schmerzes dokumentieren.
- Bei starken Schmerzen den Test abbrechen. Die Schmerzanalyse bestimmt die weiteren Therapiemaßnahmen.
- Bei Auftreten von Atemnot und Beklemmungsgefühl den Test sofort abbrechen.

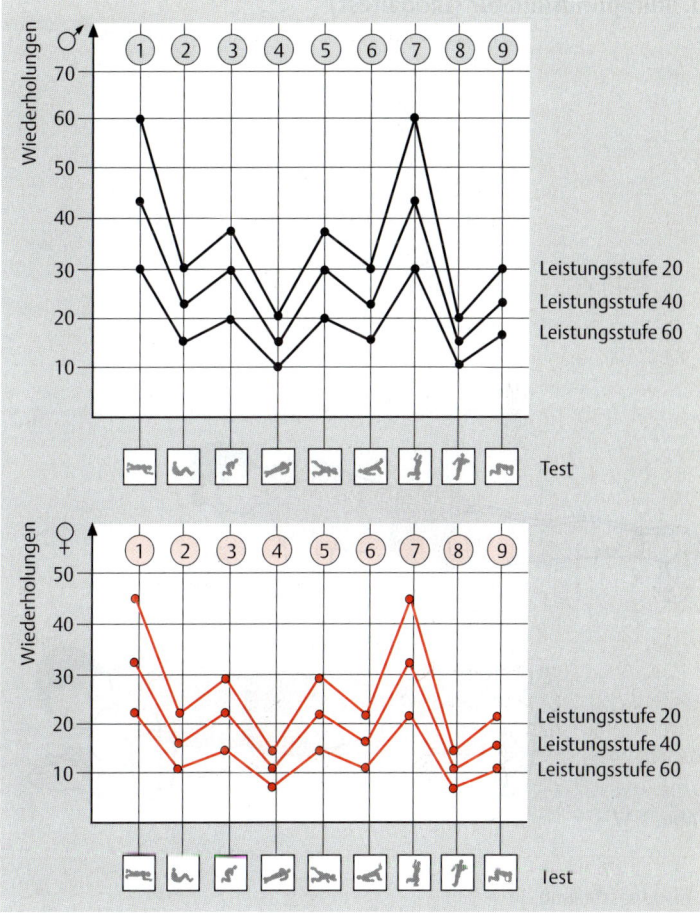

Abb. 3.16 Protokoll des Kraftausdauertests. Für Männer (oben) und Frauen (unten)

1. Rumpfmuskulatur (Globaltest)

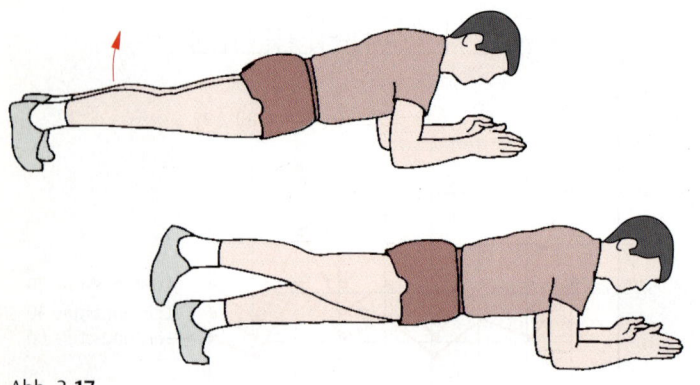

Abb. 3.17

Ausgangsstellung
Unterarmstütz, Arme parallel, Daumen nach oben, Rumpf und Beine gestreckt.

Ausführung
Wechselseitiges Abheben der Füße um Schuhlänge bei gestreckten Knien.
Bewegungsgeschwindigkeit: 1-Sekunden-Rhythmus.
Der Test gilt als beendet, wenn die gestreckte Rumpfstellung nicht mehr gehalten werden kann.

Meßgröße
Anzahl der Wiederholungen.

Normwerte

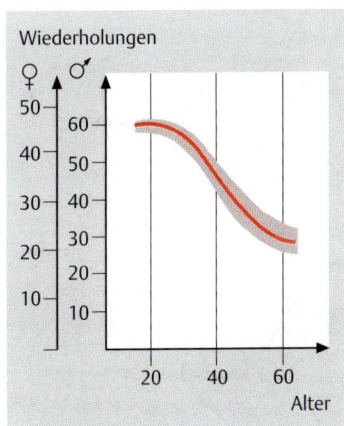

Abb. 3.**18**

Hinweise
- Wird bei diesem Test die altersentsprechende Wiederholungszahl erreicht, so geht man davon aus, daß die Kraftausdauer der einzelnen Rumpfmuskeln nicht vermindert ist.
- Auftretende Schmerzen können den Test erschweren oder unmöglich machen.

2. Bauchmuskulatur (Mm. abdominis)

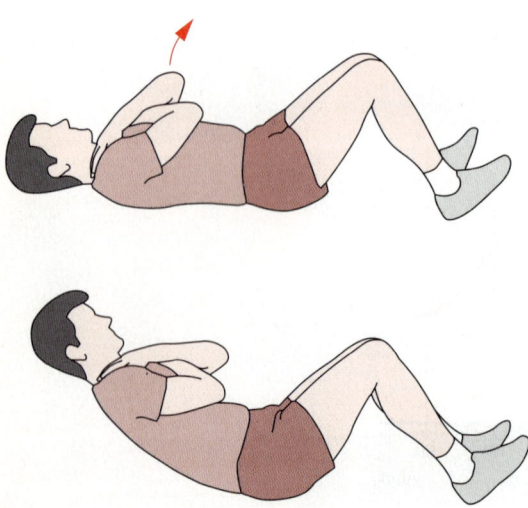

Abb. 3.**19**

Ausgangsstellung
Liegend, Hüfte und Knie gebeugt, Fersen auf dem Boden, Arme auf der Brust gekreuzt, Hände auf den Schultern.

Ausführung
◂ Oberkörper abheben und einrollen, Ellbogen Richtung Leiste. Zurück in ausgangsstellung ohne den Kopf abzulegen.
Bewegungsgeschwindigkeit: 2 Sekunden pro Bewegungszyklus.

Meßgröße
Anzahl der Wiederholungen.

Normwerte

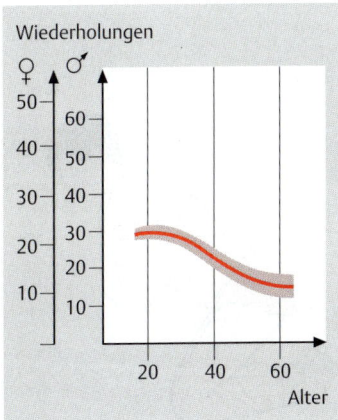

Abb. 3.**20**

Hinweise
- Die Bauchmuskulatur ist von großer Bedeutung für die Rumpfstabilisation.
- Eine verminderte Kraftausdauer der Bauchmuskulatur läßt das Becken nach ventral kippen. Dies fördert eine Lordosierung der Lendenwirbelsäule mit entsprechender Überlastungsproblematik. Diese Pathologie findet sich häufig bei muskulären Dysbalancen im Bereich der Lendenwirbelsäule, des Beckens und der Oberschenkel.

3. Rückenmuskulatur (M. erector spinae, M. latissimus dorsi)

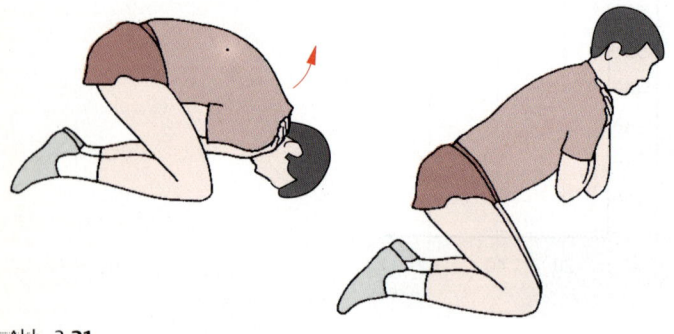

Abb. 3.21

Ausgangsstellung
Kniestand, Arme auf Brust gekreuzt, Hände auf Schultern.

Ausführung
Aufrichten des Rumpfes mit Rückenstreckung ohne Veränderung der Bein- und Beckenstellung.
Bewegungsgeschwindigkeit: 2 Sekunden pro Bewegungszyklus.

Meßgröße
Anzahl der Wiederholungen.

Normwerte

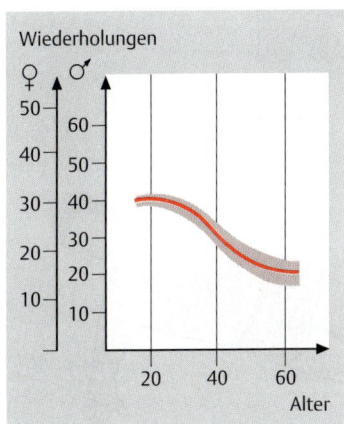

Abb. 3.**22**

Hinweise
- Voraussetzung für diesen Test ist eine ausreichende Kraftausdauer der dorsalen Beckenstabilisatoren (Mm. glutaei, ischiokrurale Muskulatur) und des M. quadriceps femoris.
- Eine ausreichende Kraftausdauer der hier untersuchten Muskulatur und der medialen Schulterblattfixatoren ist wesentlich für langes Sitzen.

4. Seitliche Rumpfmuskulatur (M. quadratus lumborum, M. obliquus abdominis, M. glutaeus medius und maximus, M. tensor fasciae latae)

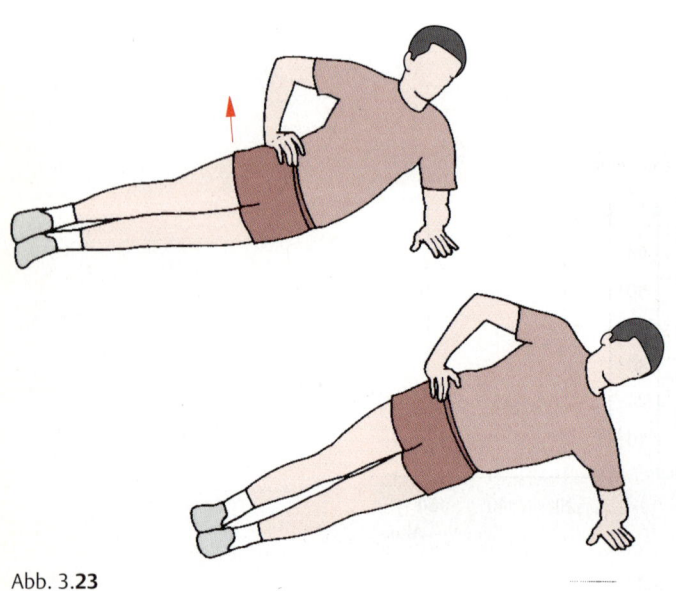

Abb. 3.**23**

Ausgangsstellung
Ellbogenstütz in Seitlage, Füße parallel.

Ausführung
▲ Becken seitwärts anheben, bis der Rumpf gestreckt ist. Zurück in Ausgangsstellung, ohne daß das Becken auf der Unterlage abgestützt wird. Der Test wird auf beiden Seiten durchgeführt. Bewegungsgeschwindigkeit: 2 Sekunden pro Bewegungszyklus.

Meßgröße
Anzahl der Wiederholungen.

3.2 Kraft

Normwerte

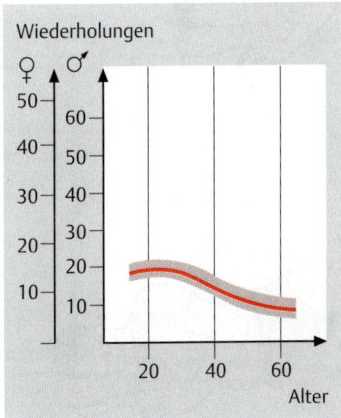

Abb. 3.**24**

Hinweis
- Eine ausreichende Kraftausdauer der lateralen Rumpfmuskulatur ist Voraussetzung für Tätigkeiten mit verdrehtem oder seitgeneigtem Rumpf und für die Beckenstabilisation beim Gehen. Deshalb empfiehlt es sich, diesen Test zusammen mit den Ergebnissen der äußeren Hüftmuskulatur zu interpretieren.

5. Äußere Hüftmuskulatur (M. glutaeus medius und maximus, M. tensor fasciae latae, M. quadratus lumborum)

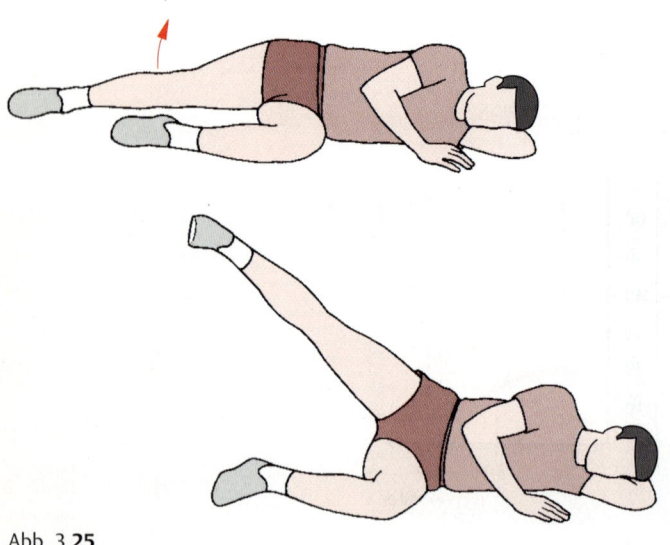

Abb. 3.**25**

Ausgangsstellung
Seitlage, unteres Bein im Hüft- und Kniegelenk rechtwinklig gebeugt.

↙ Abspreizen des gestreckten Beines bis zu einer Abduktionsstellung von 30°. Zurückgehen in die Ausgangsstellung, ohne Fuß abzustellen.
Bewegungsgeschwindigkeit: 2 Sekunden pro Bewegungszyklus.

Meßgröße
Anzahl der Wiederholungen.

Normwerte

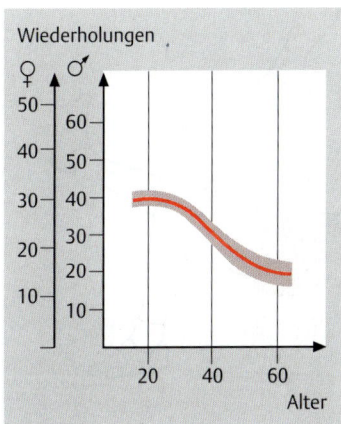

Abb. 3.**26**

Hinweise
- Die Kraftausdauer der äußeren Hüftmuskulatur ist entscheidend für die Beckenstabilisation beim Gehen. Verminderte Kraft kann das Becken im Einbeinstand absinken lassen.
- Die äußere Hüftmuskulatur ist häufig bei Hüftarthrosen geschwächt. Schmerzhafte (aktivierte) Arthrosen können die Muskulatur hemmen (Schmerzhemmung), wodurch die Beurteilung des Tests erschwert wird.

6. Hintere Oberschenkel- und Hüftmuskulatur (M. semimembranosus, M. semitendinosus, M. biceps femoris, M. glutaeus maximus und medius)

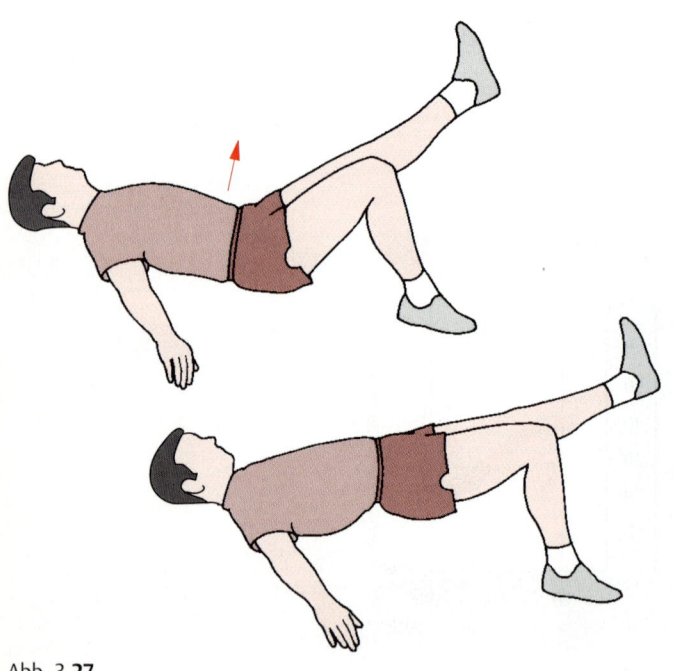

Abb. 3.**27**

Ausgangsstellung
Rückenlage, zu testendes Bein abgestützt, anderes Bein parallel nach oben gestreckt. Arme locker seitwärts aufgelegt.

⬩ Durch Hüftstreckung Becken bis zur vollständigen Rumpfstreckung nach oben drücken. Zurück zur Ausgangsstellung ohne Absetzen des Gesäßes.
Bewegungsgeschwindigkeit: 2 Sekunden pro Bewegungszyklus.

Meßgröße
Anzahl der Wiederholungen.

Normwerte

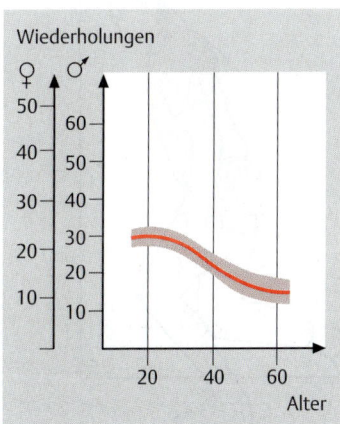

Abb. 3.**28**

Hinweis
– Eine ausreichende Kraftausdauer der hinteren Oberschenkel- und Beckenmuskulatur ist Voraussetzung für die Beckenstabilisation im Stehen. Eine verminderte Kraftausdauer läßt das Becken nach ventral kippen und verstärkt die Lordose in der Lendenwirbelsäule mit entsprechender Überlastungsproblematik.

7. Vordere Oberschenkelmuskulatur (M. quadriceps femoris, Mm. glutaei)

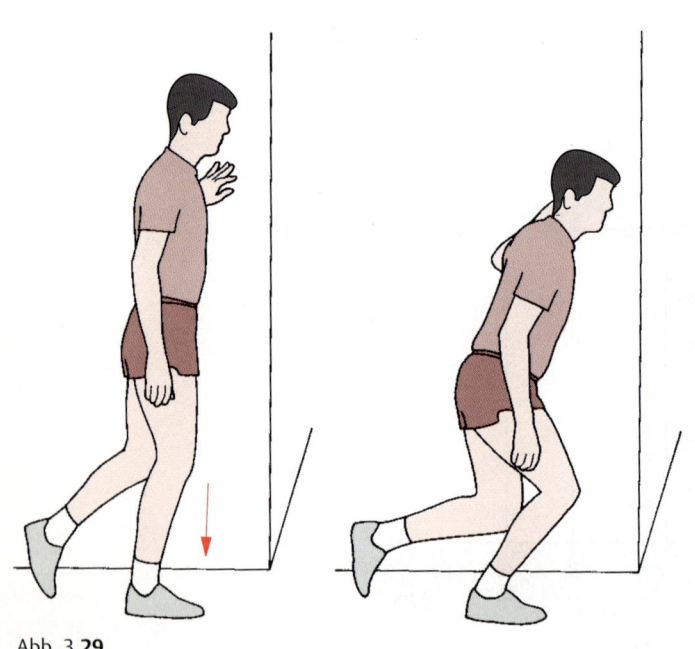

Abb. 3.**29**

Ausgangsstellung
Einbeinstand, nicht belastetes Bein leicht angehoben. Zur Gleichgewichtskontrolle mit Fingerspitzen auf Schulterhöhe an der Wand abstützen.

Ausführung
- Knie bis 60° beugen und strecken.
- Bewegungsgeschwindigkeit: 2 Sekunden pro Bewegungszyklus.

Meßgröße
Anzahl der Wiederholungen.

Normwerte

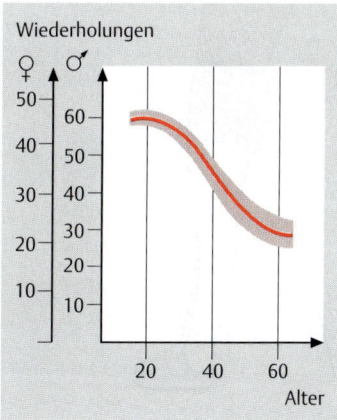

Abb. 3.**30**

Hinweise
- Kniegelenkserkrankungen vermindern rasch die Kraft des M. quadriceps femoris. Schnell atrophieren dabei vor allem die beiden phasischen Muskeln (M. vastus lateralis und medialis).
- Der M. rectus femoris reagiert ausgeprägt tonisch. Eine muskuläre Dysbalance der verschiedenen Anteile des M. quadriceps femoris beeinträchtigt die Bewegung der Kniescheibe (Lateralisierung).

8. Schulterblattfixatoren (Mm. rhomboidei, M. triceps brachii, M. deltoideus)

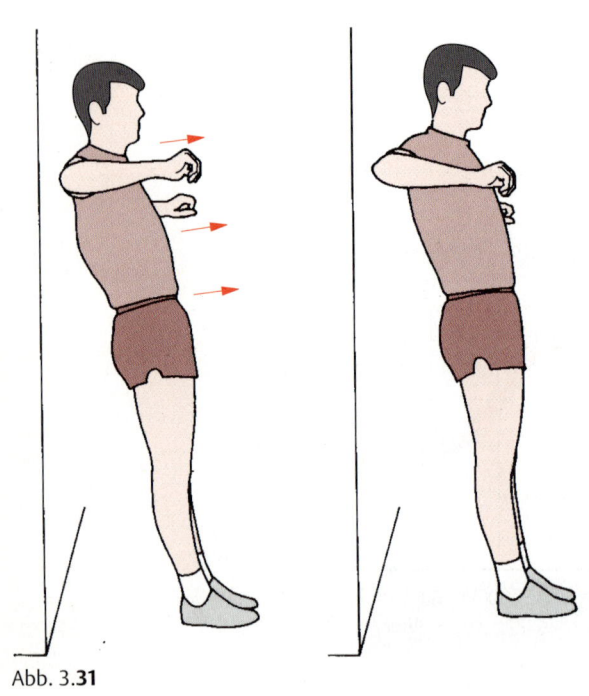

Abb. 3.**31**

Ausgangsstellung
Schrägstand an der Wand, Fersen 1¹/₂ Schuhlängen von der Wand entfernt. Arme in Abduktionsstellung, Ellbogen an der Wand, Unterarm horizontal nach vorne gerichtet.

Ausführung
Gestreckten Körper nach vorne wegdrücken, so daß die Schulterblätter 3 cm von der Wand abheben. Zurück in Ausgangsstellung, ohne daß Schulterblätter an der Wand abgestützt werden. Bewegungsgeschwindigkeit: 2 Sekunden pro Bewegungszyklus.

Meßgröße
Anzahl der Wiederholungen.

Normwerte

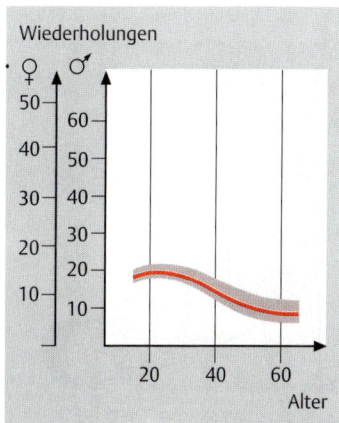

Abb. 3.**32**

Hinweise
- Langes Sitzen verlangt eine gute Kraftausdauer der medialen Schulterblattfixatoren, damit der Schultergürtel ausreichend stabilisiert wird. Dies ist besonders wichtig bei Armvorhaltestellungen (Arbeiten an der Schreibmaschine oder am Computer, Friseur o. ä.).
- Bei einer Abschwächung verlagert sich der Schultergürtel nach ventral. Dabei wirkt der M. trapezius (Pars descendens) lordosierend auf die Halswirbelsäule.

9. Hintere Oberarmmuskulatur (M. triceps brachii)

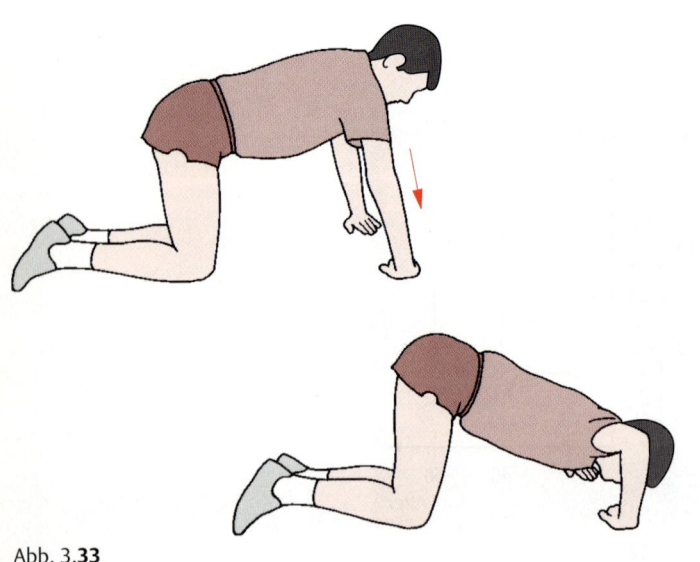

Abb. 3.33

Ausgangsstellung
Vierfüßlerstand, Hände schulterbreit abgestützt und nach innen gedreht.

Ausführung
Ellbogen beugen und strecken ohne Veränderung der Bein- und Beckenstellung.
Bewegungsgeschwindigkeit: 2 Sekunden pro Bewegungszyklus.

Meßgröße
Anzahl der Wiederholungen.

Normwerte

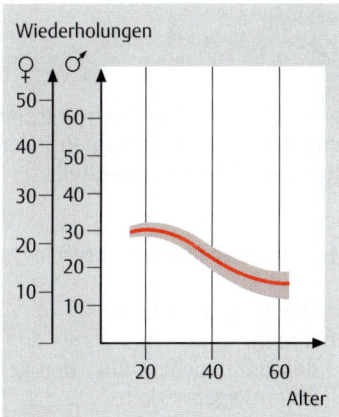

Abb. 3.**34**

Hinweis
- Für diesen Test muß die rumpfstabilisierende Muskulatur eine ausreichende Kraftausdauer besitzen.

3.2.2 Klinische Beurteilung der Maximalkraft

Die Beurteilung der Maximalkraft einzelner Muskeln ist eine klinische Untersuchung, welche vor allem bei neurologischen Erkrankungen verwendet wird. Beurteilt wird die maximale Kraft, die durch eine konzentrische Bewegung gegen den Widerstand eines Untersuchers oder den Widerstand der Schwerkraft aufgebracht wird. Die isolierte Testbewegung erfolgt über das gesamte Bewegungsausmaß. Eine quantitative Aussage über das Kraftniveau wird möglich durch Abstufungen von 0 bis 5:

0 = keine Aktivität,
1 = sichtbare Kontraktion ohne motorischen Effekt,
2 = Bewegungen unbeeinflußt von der Schwerkraft,
3 = Bewegungen gegen die Schwerkraft,
4 = Bewegungen gegen Widerstand,
5 = normal.

Die Untersuchungstechniken für die verschiedenen Muskeln werden in den Büchern von Daniels, Hoppenfeld, Kendall und Mumenthaler ausführlich beschrieben und sind dort auch bildlich dargestellt.

Prinzip der klinischen Beurteilung der Maximalkraft

1. Den Patienten über Ziel und Sinn des Tests aufklären.
2. Normierte Ausgangsstellung einnehmen.
3. Der Patient soll dem Widerstand des Untersuchers über den gesamten Bewegungsumfang maximal entgegenwirken.
4. Ist die Testbewegung gegen den Widerstand des Untersuchers nicht möglich, erfolgt die Bewegung allein gegen die Schwerkraft. Ist die Bewegung immer noch nicht möglich, wird der Patient so gelagert, daß die Schwerkraft keinen Einfluß hat. Kommt auch dann keine Bewegung zustande, wird die Muskelspannung visuell oder palpatorisch beurteilt.
5. Möglichst im Seitenvergleich testen.

3.2.3 Messung des Umfangs

Der Umfang wird an Stellen gemessen, die einen definierten Abstand von einem festgelegten Bezugspunkt haben. Gewöhnlich wird auch der Maximal- und Minimalumfang eines Gliedabschnittes gemessen (Debrunner 1977, 1987). Der Umfang wird möglichst in Normalstellung gemessen, damit die Werte vergleichbar sind. Messungen des Umfangs müssen immer mit der Gegenseite verglichen werden.

Messungen des Umfangs an der unteren Extremität

a) Oberschenkel:
Beim Erwachsenen 15, 20 oder 25 cm oberhalb des medialen Kniegelenkspaltes (bei starker Atrophie oder bei Kindern auch 10 cm). Als Bezugspunkt kann auch der obere Patellarpol gewählt werden, wenn der mediale Gelenkspalt nicht sicher gefunden wird.
b) Unterschenkel:
15 oder 20 cm unterhalb des medialen Kniegelenkspaltes. Ebenfalls üblich ist die Messung des größten und kleinsten Unterschenkelumfangs (Wade und Fessel).

Interpretation

Die Interpretation der Werte ist schwierig, weil nicht nur Muskulatur, sondern auch Bindegewebe mitgemessen wird. Zu beachten ist, daß nach sechs Wochen Immobilisation die einzelnen Oberschenkelmuskeln unterschiedlich stark atrophiert sind und das Bindegewebe relativ zugenommen hat (Abb. 3.**35**). Eine direkte Aussage über das Kraftniveau ist deshalb nur bedingt möglich.

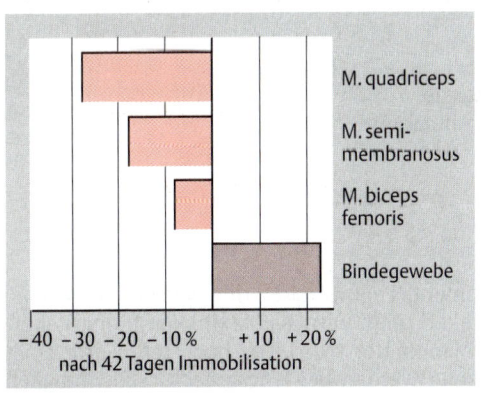

Abb. 3.**35** Computertomographische Untersuchungen zur Immobilisationsatrophie des Beines (aus Magyarosy)

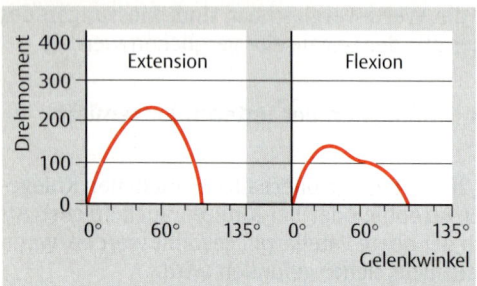

Abb. 3.36 Kniegelenkskurve einer gesunden Versuchsperson bei einer Winkelgeschwindigkeit von 60°/s

3.2.4 Isokinetische Kraftmessung

Die ersten isokinetischen Dynamometer wurden von James Perrine in den USA Mitte der 60er Jahre konstruiert und später von der Firma Cybex weiterentwickelt. Heute bieten verschiedene Firmen isokinetische Trainings- und Meßgeräte für periphere Gelenke (Knie, Hüfte, Sprunggelenk, Schulter, Ellbogen, Handgelenk) und teilweise auch für den Rücken an (Rumpfflexion und -extension, Rumpfrotation). Vergleichbar sind allerdings nur die Ergebnisse, die auf gleichen Gerätetypen gemessen werden.

Die Winkelgeschwindigkeit kann bei diesen Geräten zwischen 0° und 500° pro Sekunde gewählt werden. Das Drehmoment, das durch die Muskelkontraktion entsteht, wird über den gesamten Bewegungsumfang gemessen (Abb. 3.**36**). Darüber hinaus lassen sich folgende Parameter in Abhängigkeit vom Testprotokoll bei verschiedenen Bewegungsgeschwindigkeiten rechnerisch ableiten, (Scharf 1987, Davies 1992, Mayer 1994, Spring 1994):

- Arbeit,
- Leistung,
- Beschleunigungsenergie,
- Verhältnis Agonist/Antagonist,
- Muskelermüdung,
- Muskelerholung.

Maximalkraft

Das maximale Drehmoment (Peak Torque), das man bei vorgegebener Winkelgeschwindigkeit mißt, wird als Maximalkraft angegeben. Die Maßeinheit ist Newtonmeter (Nm). Die höchsten Werte einer konzentrischen Bewegung werden bei langsamer Geschwindigkeit (bis 60°/s) erreicht. Exzentrische Maximalkraftwerte liegen je nach Trainingszustand bis zu 30% darüber. Mit zunehmender Bewegungsgeschwindigkeit sinkt das maximal meßbare Drehmoment, also die maximale Kraft.

Arbeit

Arbeit (Work) ist physikalisch definiert als Produkt aus Kraft und Weg: $W = F \cdot S$ (bzw. Drehmoment und Winkel). In Abb. 3.**36** stellt die Fläche unter der Kurve die Arbeit dar. Sie wird aus dem Integral der Kurve berechnet (Maßeinheit: Joule.)

Leistung

Die Leistung (Power) ist physikalisch definiert als Quotient aus Arbeit und Zeit: $P = w/t$. Die mittlere Leistung eines Bewegungszyklus errechnet sich aus dem Quotienten der geleisteten Arbeit pro Bewegungszyklus und der entsprechenden Kontraktionszeit (Maßeinheit: Watt). Die Leistung steigt mit zunehmender Bewegungsgeschwindigkeit, bis sie einen Maximalwert erreicht; danach nimmt sie wieder ab.

Schnellkraft

Für die Beurteilung der Schnellkraft wird während der Messung die Winkelgeschwindigkeit erhöht. Je länger die Leistung ansteigt, desto besser kann die Kraft bei schnellen Bewegungen umgesetzt werden. Die Beurteilung des Schnellkraftverhaltens ist eine wichtige Aussage im Leistungssport (Abb. 3.**37**) (Spring 1994).

Beschleunigungsenergie

Die Beschleunigungsenergie (Torque Acceleration Energy), die bei isokinetischen Messungen angegeben wird, ist die Arbeit, die während der ersten $1/8$ Sekunde des Bewegungszyklus geleistet wird. Sie besagt, wie schnell Kraft entwickelt werden kann. Mit ihr kann ebenfalls die Schnellkraft beurteilt werden (Maßeinheit: Joule).

Verhältnis Agonist/Antagonist

Die muskuläre Gelenkstabilität hängt von einem ausgewogenen Kräfteverhältnis zwischen Agonist und Antagonist ab. Dieses Verhältnis wird in Prozent angegeben.

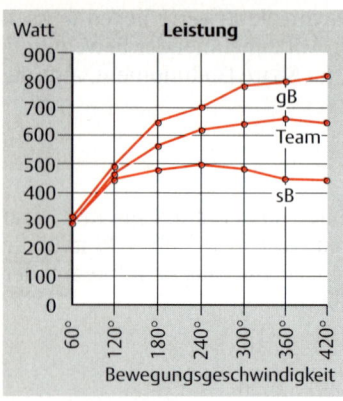

Abb. 3.37 Leistungs-Geschwindigkeits-Diagramm bei Athleten der Schweizerischen alpinen Skinationalmannschaft (nach Spring)
gB = gutes Beispiel mit hohem Schnellkraftniveau
Team = Teamdurchschnitt (n = 16)
sB = schlechtes Beispiel mit tiefem Schnellkraftniveau

Muskelermüdung

Bei konstanter Wiederholungszahl sinkt die Maximalkraft. Verantwortlich dafür ist die Muskelermüdung. Sie wird in Prozent zum Ausgangswert angegeben. Die Muskelermüdung ist ein Maß für die anaerobe lokale Ausdauer.

Erholungsfähigkeit

Es werden zwei Serien mit vorgegebener Wiederholungszahl und vorgegebener Pause absolviert. Die Muskelermüdung der beiden Serien wird verglichen. Eine Ermüdungszunahme in der zweiten Serie zeigt, daß die Erholung nicht ausreichend war.

Seitenvergleich der Extremitäten

Im Seitenvergleich sollen sich die Werte um weniger als 10% unterscheiden. Höhere Werte deuten auf eine ungenügende Rehabilitation oder einen pathologischen Prozeß im getesteten Gelenk-/Muskelabschnitt hin.

3.2.5 Isometrische Kraftmessung

Seit Mitte der 80er Jahre gibt es Geräte (MedX), die die isometrische Kraft für einzelne Muskelgruppen isoliert bestimmen können und außerdem zum Training eingesetzt werden. Entscheidend geprägt wurde deren Entwicklung durch Michael Pollock (USA).

Dabei können folgende Bewegungen isoliert beurteilt werden:
- Streckung der Lendenwirbelsäule,
- Streckung der Halswirbelsäule,
- Rotation der Lendenwirbelsäule,
- Rotation der Halswirbelsäule,
- Streckung des Kniegelenkes.

Die isolierte Beurteilung der gewünschten Muskelgruppe (hier am Beispiel der lumbalen Streckmuskulatur) wird durch folgende Punkte erreicht:

Isolierte Bewegung der lumbalen Extensoren

Der Bewegungsumfang für die Aufrichtung des Oberkörpers beträgt ungefähr 180°. Daran sind neben den lumbalen Extensoren auch die Gesäßmuskulatur und die ischiokrurale Muskulatur beteiligt. Damit die lumbalen Strecker isoliert getestet werden können, müssen die anderen Muskelgruppen durch eine optimale Beckenfixation ausgeschaltet werden. Der Bewegungsumfang für diese isolierte Streckung der Lendenwirbelsäule beträgt 72°.

Kompensation der Schwerkraft

Die Schwerkraft des Oberkörpers beeinflußt die Beurteilung der lumbalen Extensoren. Sie wird deshalb durch ein Gegengewicht ausgeglichen.

Berücksichtigung der Weichteilspannung

Die gemessene Kraft setzt sich aus der Muskelkontraktion und der Weichteilspannung (Elastizität der lumbalen Extensoren einerseits und Gegendruck der Weichteile des Bauches andererseits) zusammen. Die Weichteilspannung wird von der gemessenen Gesamtkraft abgezogen.

Messung über den gesamten Bewegungsumfang

Die isometrische Kraft wird an sieben Positionen (alle 12°) über den gesamten Bewegungsumfang gemessen. Normalerweise ist die isometrische Kraft in gebeugter Haltung am größten und fällt linear bei der Streckung ab (Abb. 3.**38**). Patienten mit Kreuzschmerzen zeigen häufig neben einer eingeschränkten Beweglichkeit einen abnormen

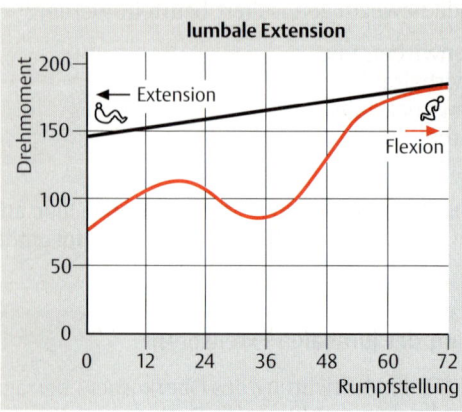

Abb. 3.**38** schwarz: normale Kraftkurve
rot: pathologische Kraftkurve
– starker Abfall bei 36°
– zu steiler Abfall bei der Extension

Verlauf dieser Kraftkurve (z. B. ein insgesamt zu niedriges Kraftniveau oder Kraftdefizite in bestimmten Abschnitten).

Muskelfasertypisierung durch die Erschöpfungsreaktion

Die Verteilung der Fasertypen der lumbalen Extensoren ist individuell verschieden. Mit einem Belastungstest kann ermittelt werden, welcher Fasertyp überwiegt: Tritt nach einer dynamischen Auslastung mit einer Intensität von 50% der maximalen isometrischen Belastung ein ausgeprägter Abfall der Maximalkraft auf, so dominieren die schnellen Fasern – bei geringem Abfall entsprechend die langsamen Fasern. Anhand der jeweiligen Faserverteilung werden für das Training unterschiedliche Trainingsintensitäten und Wiederholungen gewählt (Carpenter 1991).

3.3 Ausdauer

Bevor ein Belastungstest im Ausdauerbereich durchgeführt wird, muß man das Risiko für einen kardialen Zwischenfall abschätzen (Villiger 1991). Außerdem sollte die Ausdauerfähigkeit eingestuft werden: trainiert oder untrainiert. Damit lassen sich die verschiedenen Teste in vier Kategorien einteilen (Tab. 3.**1**).

Tab. 3.1 Belastungstests und Risiko

Ausdauer	Risiko	
	niedrig	erhöht
untrainiert	Walking 3-Min.-Stufentest	Balke Conconi-Probst
trainiert	Conconi Cooper	Conconi-Probst

Diese Belastungsteste erfüllen drei Kriterien:
- Die Art der Belastung wird während des Tests nicht verändert.
- Die Intensität der Belastung wird objektiv beurteilt.
- Die Leistung der Belastung ist meßbar.

Belastungstests

3.3.1 3-Minuten-Stufentest (Kasch 1968)

Ausführung
Der Patient muß 3 Minuten lang eine Stufe von 30 cm Höhe ersteigen (Frequenz: 24mal/Min.). Dies erfolgt im 4er-Rhythmus (Abb. 3.**39 a–d**). Nach der 3minütigen Belastung hat der Patient 5 Sekunden Zeit, den Puls an der Halsschlagader zu finden. Innerhalb der nächsten 60 Sekunden zählt er die Pulsschläge. Die Pulsfrequenz gibt anhand von Tab. 3.**2** (nach Geschlecht und Alter getrennt) Auskunft über die erreichte Leistung.
Entspricht die Stufenhöhe nicht den geforderten 30 cm, so wird die Schrittfrequenz nach folgender Formel berechnet:
24 × 30/Stufenhöhe.

Material
Langbank oder Treppenstufe, Metronom oder elektronische Uhr mit Impulsangabe.

Meßgröße
Puls.

Testresultat
Pulsfrequenz (Puls/Min.).

Hinweis
Der 3-Minuten-Stufentest ist geeignet, um bei Untrainierten den Trainingszustand zu bestimmen oder eine Verlaufskontrolle durch-

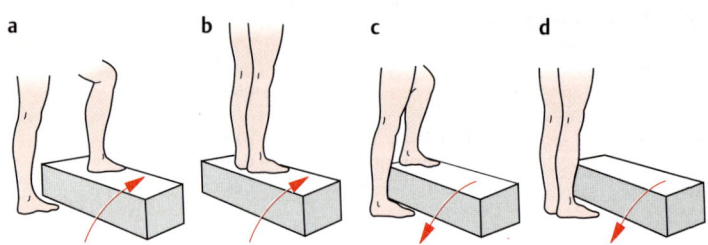

Abb. 3.**39 a–d**   Durchführung des Stufentests (4er-Rhythmus, 24 Zyklen/min)

Tab. 3.**2**   Umwandlung der Testresultate in Leistungsklassen

Frauen

Leistungsklasse	Alter					
	18–25	26–35	36–45	46–55	56–65	>65
ausgezeichnet	<92	<92	<92	<92	<92	<92
gut	94–112	94–112	94–112	94–116	94–114	94–118
genügend	110–124	114–124	114–122	118–122	116–122	120–122
schwach	126–140	126–140	124–140	124–136	124–136	124–134
sehr schwach	>142	>142	>142	>138	>138	>136

Männer

Leistungsklasse	Alter					
	18–25	26–35	36–45	46–55	56–65	>65
ausgezeichnet	<85	<85	<90	<93	<93	<92
gut	88–101	88–101	94–105	96–109	97–105	95–104
genügend	102–110	104–114	108–116	113–120	109–116	109–116
schwach	114–126	116–126	118–128	121–130	118–128	119–128
sehr schwach	>130	>130	>132	>135	>131	>133

zuführen. Er darf aber nicht für die Trainingssteuerung eingesetzt werden, weil die Trainingsintensität bei der jeweiligen Pulsfrequenz nicht ermittelt werden kann.

3.3.2 Walking-Test (Lankkanen 1990)

Ausführung
Die Testperson wird angewiesen, die 2 km mit einer Geschwindigkeit zu marschieren, die über die ganze Strecke möglichst konstant

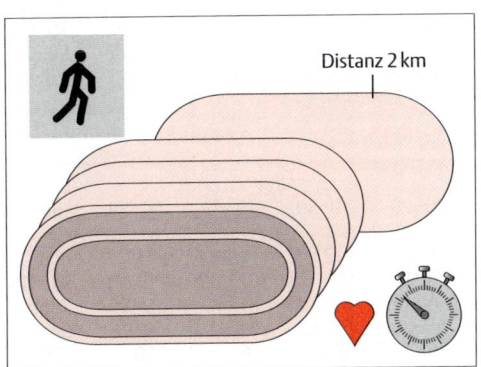

Abb. 3.**40** Walking-Test

gehalten werden kann. Die dafür benötigte Zeit wird gestoppt. Im Anschluß an die 2 km wird sofort 15 Sek. lang der Puls gezählt (mit 4 multipliziert ergibt dies die Pulsfrequenz pro Minute).

Material
2 km lange, ebene Strecke, die im Abstand von 500 m markiert ist (oder 400 m Leichtathletikbahn); Stoppuhr; evtl. Herzfrequenzmeßgerät.

Meßgröße
Gehzeit (in Minuten und Sekunden), Herzfrequenz.

Testresultat
Den beiden Meßgrößen Gehzeit und Herzfrequenz wird mit Hilfe der Tab. 3.**4** u. 3.**6** eine Punktzahl zugeordnet. Das Testresultat ergibt sich, wenn man von dieser Punktzahl den Korrekturwert für Gewicht und Größe (Tab. 3.**5** u. 3.**7**) abzieht.

Hinweis
Der Walking-Test ist geeignet, um Ausdauerschwache in Leistungsgruppen einzuteilen (Tab. 3.**3**). Er kann aber nicht zur Trainingssteuerung verwendet werden, weil die Trainingsintensität bei der jeweiligen Herzfrequenz nicht ermittelt werden kann.

Tab. 3.3 Umwandlung der Testresultate in Leistungsklassen

Frauen

Leistungsklasse	Alter					
	15–19	20–29	30–39	40–49	50–59	>60
ausgezeichnet	>124	>122	>118	>116	>112	>110
gut	105–124	103–122	99–118	97–116	93–102	91–110
genügend	84–104	82–102	76–98	78–96	72–92	70–90
schwach	64–83	62–81	58–77	56–75	52–71	50–69
sehr schwach	<64	<62	<58	<56	<52	<50

Männer

Leistungsklasse	Alter					
	15–19	20–29	30–39	40–49	50–59	>60
ausgezeichnet	>126	>125	>123	>121	>119	>116
gut	107–126	106–125	104–123	102–121	100–119	97–116
genügend	86–106	85–105	83–103	81–101	79–99	76–96
schwach	66–85	65–84	63–82	61–80	59–78	56–75
sehr schwach	<66	<65	<63	<61	<59	<56

3.3 Ausdauer

Tab. 3.4 Umwandlung der Meßgrößen in Punktzahlen beim Walking-Test

Frauen

Gehzeit min	s	Herzfrequenz 116	120	124	128	132	136	140	144	148	152	156 ↓	160	164	168	172	176	180	184
13	0	157	155	154	152	151	149	148	146	145	144	142	141	139	138	136	135	133	132
	10	155	154	152	151	149	148	147	145	144	142	141	139	138	136	135	134	132	131
	20	154	152	151	149	148	147	145	144	142	141	139	138	137	135	134	132	131	129
	30	152	151	150	148	147	145	144	142	141	139	138	137	135	134	132	131	129	128
	40	151	150	148	147	145	144	142	141	140	138	137	135	134	132	131	129	128	127
	50	150	148	147	145	144	143	141	140	138	137	135	134	132	131	130	128	127	125
14	0	148	147	145	144	143	141	140	138	137	135	134	133	131	130	128	127	125	124
	10	147	146	144	143	141	140	138	137	136	134	133	131	130	128	127	125	124	123
	20	146	144	143	141	140	138	137	136	134	133	131	130	128	127	126	124	123	121
	30	144	143	141	140	139	137	136	134	133	131	130	128	127	126	124	123	121	120
	40	143	142	140	139	137	136	134	133	131	130	129	127	126	124	123	121	120	118
	50	142	140	139	137	136	134	133	132	130	129	127	126	124	123	121	120	119	117
15	0	140	139	137	136	134	133	132	130	129	127	126	124	123	122	120	119	117	116
	10	139	137	136	135	133	132	130	129	127	126	124	123	122	120	119	117	116	114
	20	138	136	135	133	132	130	129	127	126	125	123	122	120	119	117	116	114	113
→	30	136	135	133	132	130	129	128	126	125	123	**122**	120	119	117	116	115	113	112
	40	135	133	132	130	129	128	126	125	123	122	120	119	118	116	115	113	112	110
	50	133	132	131	129	128	126	125	123	122	120	119	118	116	115	113	112	110	109
16	0	132	131	129	128	126	125	123	122	121	119	118	116	115	113	112	110	109	108
	10	131	129	128	126	125	124	122	121	119	118	116	115	113	112	111	109	108	106
	20	129	128	127	125	124	122	121	119	118	116	115	114	112	111	109	108	106	105
	30	128	127	125	124	122	121	119	118	117	115	114	112	111	109	108	106	105	104
	40	127	125	124	122	121	119	118	117	115	114	112	111	109	108	107	105	104	102
	50	125	124	122	121	120	118	117	115	114	112	111	109	108	107	105	104	102	101
17	0	124	123	121	120	118	117	115	114	112	111	110	108	107	105	104	102	101	99
	10	123	121	120	118	117	115	114	113	111	110	108	107	105	104	102	101	100	98
	20	121	120	118	117	115	114	113	111	110	108	107	105	104	103	101	100	98	97
	30	120	118	117	116	114	113	111	110	108	107	105	104	103	101	100	98	97	95
	40	119	117	116	114	113	111	110	108	107	106	104	103	101	100	98	97	95	94
	50	117	116	114	113	111	110	109	107	106	104	103	101	100	98	97	96	94	93
18	0	116	114	113	111	110	109	107	106	104	103	101	100	99	97	96	94	93	91
	10	114	113	112	110	109	107	106	104	103	102	100	99	97	96	94	93	91	90
	20	113	112	110	109	107	106	104	103	102	100	99	97	96	94	93	92	90	89
	30	112	110	109	107	106	105	103	102	100	99	97	96	94	93	92	90	89	87
	40	110	109	108	106	105	103	102	100	99	97	96	95	93	92	90	89	87	86
	50	109	108	106	105	103	102	100	99	98	96	95	93	92	90	89	87	86	85
19	0	108	106	105	103	102	100	99	98	96	95	93	92	90	89	88	86	85	83
	10	106	105	103	102	101	99	98	96	95	93	92	90	89	88	86	85	83	82
	20	105	104	102	101	99	98	96	95	93	92	91	89	88	86	85	83	82	80
	30	104	102	101	99	98	96	95	94	92	91	89	88	86	85	83	82	81	79
	40	102	101	99	98	96	95	94	92	91	89	88	86	85	84	82	81	79	78
	50	101	99	98	97	95	94	92	91	89	88	86	85	84	82	81	79	78	76
20	0	100	98	97	95	94	92	91	89	88	87	85	84	82	81	79	78	77	75

3 Funktionsdiagnostik

Tab. 3.**5** Umwandlung von Gewicht und Größe zum Korrekturwert

Frauen

Größe	Gewicht ↓																				
	50	52	54	56	58	60	62	64	66	68	70	72	74	76	78	80	82	84	86	88	90
200	12	13	13	14	14	15	15	16	16	17	17	18	18	19	19	20	20	21	21	22	22
198	12	13	13	14	14	15	15	16	16	17	17	18	18	19	19	20	20	21	21	22	22
196	13	13	14	14	15	15	16	16	17	17	18	18	19	19	20	20	21	21	22	22	23
194	13	13	14	14	15	15	16	17	17	18	18	19	19	20	20	21	21	22	22	23	23
192	13	14	14	15	15	16	16	17	17	18	18	19	20	20	21	21	22	22	23	23	24
190	13	14	14	15	16	16	17	17	18	18	19	19	20	21	21	22	22	23	23	24	24
188	14	14	15	15	16	16	17	18	18	19	19	20	20	21	22	22	23	23	24	24	25
186	14	15	15	16	16	17	17	18	19	19	20	20	21	21	22	23	23	24	24	25	26
184	14	15	15	16	17	17	18	18	19	20	20	21	21	22	23	23	24	24	25	25	26
182	15	15	16	16	17	18	18	19	19	20	21	21	22	22	23	24	24	25	25	26	27
180	15	16	16	17	17	18	19	19	20	20	21	22	22	23	24	24	25	25	26	27	27
178	15	16	17	17	18	18	19	20	20	21	22	22	23	23	24	25	25	26	27	27	28
176	16	16	17	18	18	19	20	20	21	21	22	23	23	24	25	25	26	27	27	28	29
174	16	17	17	18	19	19	20	21	21	22	23	23	24	25	25	26	27	27	28	29	29
172	16	17	18	18	19	20	20	21	22	22	23	24	25	25	26	27	27	28	29	29	30
170	17	17	18	19	20	20	21	22	22	23	24	24	25	26	26	27	28	29	29	30	31
168	17	18	19	19	20	21	21	22	23	24	24	25	26	26	27	28	29	29	30	31	31
→ 166	18	18	19	**20**	21	21	22	23	23	24	25	26	26	27	28	29	29	30	31	31	32
164	18	19	20	20	21	22	22	23	24	25	26	26	27	28	29	29	30	31	31	32	33
162	19	19	20	21	22	22	23	24	25	25	26	27	28	28	29	30	31	32	32	33	34
160	19	20	21	21	22	23	24	25	25	26	27	28	28	29	30	31	32	32	33	34	35
158	20	20	21	22	23	24	24	25	26	27	28	28	29	30	31	32	32	33	34	35	36
156	20	21	22	23	23	24	25	26	27	27	28	29	30	31	32	32	33	34	35	36	36
154	21	21	22	23	24	25	26	26	27	28	29	30	31	32	32	33	34	35	36	37	37
152	21	22	23	24	25	25	26	27	28	29	30	31	32	32	33	34	35	36	37	38	38

Beispiel
Berechnung des Testresultates einer 30jährigen Frau, 166 cm groß und 56 kg schwer. Ihre Gehzeit beträgt 15 Min. 30 Sek. Am Schluß wurde eine Herzfrequenz von 156/Min. gemessen.

- Punktzahl aus Tab. 3.**4**   122
- Korrekturwert aus Tab. 3.**5**   −20
- Testresultat   102

Die Testperson wird anhand von Tab. 3.**3** der Leistungsklasse „gut" zugeordnet.

3.3 Ausdauer

Tab. 3.6 Umwandlung der Meßgrößen in Punktzahlen beim Walking-Test

Männer

Gehzeit min	s	\-\-\- Herzfrequenz ↓ \-\-\-
		116 120 124 128 132 136 140 144 148 152 156 160 164 168 172 176 180 184
13	0	203 201 199 196 194 192 190 187 185 183 181 179 176 174 172 170 167 165
	10	201 199 197 194 192 190 188 186 183 181 179 177 174 172 170 168 165 163
	20	199 197 195 193 190 188 186 184 181 179 177 175 172 170 168 166 163 161
	30	197 195 193 191 188 186 184 182 179 177 175 173 170 168 166 164 161 159
	40	195 193 191 189 186 184 182 180 177 175 173 171 169 166 164 162 160 157
	50	193 191 189 187 184 182 180 178 176 173 171 169 167 164 162 160 158 155
14	0	192 189 187 185 183 180 178 176 174 171 169 167 165 162 160 158 156 153
	10	190 187 185 183 181 178 176 174 172 169 167 165 163 160 158 156 154 152
	20	188 185 183 181 179 176 174 172 170 168 165 163 161 159 156 154 152 150
	30	186 183 181 179 177 175 172 170 168 166 163 161 159 157 154 152 150 148
	40	184 182 179 177 175 173 170 168 166 164 161 159 157 155 152 150 148 146
	50	182 180 177 175 173 171 168 166 164 162 159 157 155 153 150 148 146 144
15	0	180 178 175 173 171 169 166 164 162 160 157 155 153 151 149 146 144 142
	10	178 176 173 171 169 167 165 162 160 158 156 153 151 149 147 144 142 140
	20	176 174 172 169 167 165 163 160 158 156 154 151 149 147 145 142 140 138
→	30	174 172 170 167 165 163 161 158 156 154 **152** 149 147 145 143 140 138 136
	40	172 170 168 165 163 161 159 156 154 152 150 147 145 143 141 139 136 134
	50	170 168 166 163 161 159 157 155 152 150 148 146 143 141 139 137 134 132
16	0	168 166 164 162 159 157 155 153 150 148 146 144 141 139 137 135 132 130
	10	166 164 162 160 157 155 153 151 148 146 144 142 139 137 135 133 130 128
	20	164 162 160 158 155 153 151 149 146 144 142 140 138 135 133 131 129 126
	30	162 160 158 156 153 151 149 147 145 142 140 138 136 133 131 129 127 124
	40	161 158 156 154 152 149 147 145 143 140 138 136 134 131 129 127 125 122
	50	159 156 154 152 150 147 145 143 141 138 136 134 132 129 127 125 123 120
17	0	157 154 152 150 148 145 143 141 139 136 134 132 130 128 125 123 121 119
	10	155 152 150 148 146 143 141 139 137 135 132 130 128 126 123 121 119 117
	20	153 151 148 146 144 142 139 137 135 133 130 128 126 124 121 119 117 115
	30	151 149 146 144 142 140 137 135 133 131 128 126 124 122 119 117 115 113
	40	149 147 144 142 140 138 135 133 131 129 126 124 122 120 118 115 113 111
	50	147 145 142 140 138 136 133 131 129 127 125 122 120 118 116 113 111 109
18	0	145 143 141 138 136 134 132 129 127 125 123 120 118 116 114 111 109 107
	10	143 141 139 136 134 132 130 127 125 123 121 118 116 114 112 109 107 105
	20	141 139 137 134 132 130 128 125 123 121 119 116 114 112 110 108 105 103
	30	139 137 135 132 130 128 126 124 121 119 117 115 112 110 108 106 103 101
	40	137 135 133 131 128 126 124 122 119 117 115 113 110 108 106 104 101 99
	50	135 133 131 129 126 124 122 120 117 115 113 111 108 106 104 102 99 97
19	0	133 131 129 127 124 122 120 118 115 113 111 109 106 104 102 100 98 95
	10	131 129 127 125 122 120 118 116 114 111 109 107 105 102 100 98 96 93
	20	129 127 125 123 121 118 116 114 112 109 107 105 103 100 98 96 94 91
	30	128 125 123 121 119 116 114 112 110 107 105 103 101 98 96 94 92 89
	40	126 123 121 119 117 114 112 110 108 105 103 101 99 96 94 92 90 88
	50	124 121 119 117 115 112 110 108 106 104 101 99 97 95 92 90 88 86
20	0	122 120 117 115 113 111 108 106 104 102 99 97 95 93 90 88 86 84

Tab. 3.7 Umwandlung von Gewicht und Größe zum Korrekturwert

Männer

Größe	Gewicht							↓													
	60	62	64	66	68	70	72	74	76	78	80	82	84	86	88	90	92	94	96	98	100
200	39	40	42	43	44	46	47	48	49	51	52	53	55	56	57	59	60	61	63	64	65
198	40	41	42	44	45	46	48	49	50	52	53	55	56	57	59	60	61	63	64	65	67
196	41	42	43	45	46	47	49	50	52	53	54	56	57	58	60	61	62	64	65	67	68
194	41	43	44	46	47	48	50	51	53	54	55	57	58	60	61	62	64	65	67	68	69
192	42	44	45	47	48	49	51	52	54	55	57	58	59	61	62	64	65	67	68	69	71
190	43	45	46	48	49	50	52	53	55	56	58	59	61	62	64	65	67	68	69	71	72
188	44	46	47	49	50	52	53	55	56	58	59	61	62	63	65	66	68	69	71	72	74
186	45	47	48	50	51	53	54	56	57	59	60	62	63	65	66	68	69	71	72	74	76
184	46	48	49	51	52	54	55	57	59	60	62	63	65	66	68	69	71	73	74	76	77
182	47	49	50	52	53	55	57	58	60	61	63	65	66	68	69	71	73	74	76	77	79
180	48	50	51	53	55	56	58	60	61	63	64	66	68	69	71	73	74	76	77	79	81
178	49	51	53	54	56	58	59	61	63	64	66	68	69	71	73	74	76	78	79	81	83
176	50	52	54	56	57	59	61	62	64	66	67	69	71	73	74	76	78	79	81	83	84
174	52	53	55	57	59	60	62	64	66	67	69	71	72	74	76	78	79	81	83	85	86
172	53	55	56	58	60	62	64	65	67	69	71	72	74	76	78	80	81	83	85	87	88
→ 170	54	56	58	60	61	63	65	67	**69**	70	72	74	76	78	80	81	83	85	87	89	91
168	55	57	59	61	63	65	67	68	70	72	74	76	78	80	82	83	85	87	89	91	93
166	57	59	61	62	64	66	68	70	72	74	76	78	80	82	83	85	87	89	91	93	95
164	58	60	62	64	66	68	70	72	74	76	78	80	82	84	86	88	89	91	93	95	97
162	60	62	64	66	68	70	72	74	76	78	80	82	84	86	88	90	92	94	96	98	100
160	61	63	65	67	69	71	73	76	78	80	82	84	86	88	90	92	94	96	98	100	102
158	63	65	67	69	71	73	75	77	80	82	84	86	88	90	92	94	96	99	101	103	105
156	64	67	69	71	73	75	77	79	82	84	86	88	90	92	95	97	99	101	103	105	108
154	66	68	70	73	75	77	79	82	84	86	88	90	93	95	97	99	102	104	106	108	110
152	68	70	72	75	77	79	81	84	86	88	91	93	95	97	100	102	104	107	109	111	113

Beispiel

Berechnung des Testresultates eines 30jährigen Mannes, 170 cm groß und 76 kg schwer. Wie im vorherigen Beispiel betrug seine Gehzeit 15 Min. 30 Sek. und am Schluß wurde eine Herzfrequenz von 156 /Min. gemessen.

- Punktzahl aus Tab. 3.**6**   152
- Korrekturwert aus Tab. 3.**7**   −69
- Testresultat   83

Die Testperson wird anhand von Tab. 3.**3** der Leistungsklasse „genügend" zugeordnet.

3.3.3 Coopertest (Cooper 1968)

Ausführung
Der Proband soll auf einer 400-m-Bahn innerhalb von 12 Minuten eine möglichst große Strecke zurücklegen.

Material
Stoppuhr, 400-m-Bahn.

Meßgröße
Zurückgelegte Strecke in Meter.

Testresultat
Zurückgelegte Strecke in Meter Tab. 3.**8**

Hinweis
Der Cooper-Test ist zur Kontrolle des Trainingszustandes geeignet. Für die Trainingssteuerung dagegen ist er unbrauchbar, weil die Trainingsintensität bei der jeweiligen Herzfrequenz nicht ermittelt werden kann.

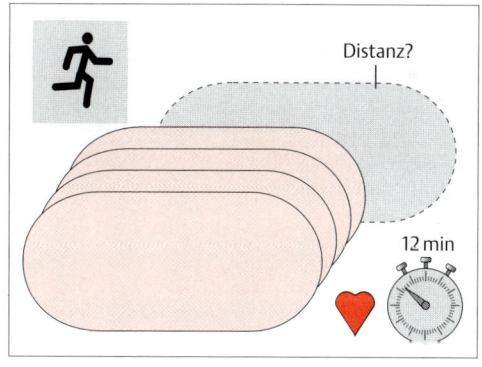

Abb. 3.**41** Cooper-Test

Tab. 3.8 Umwandlung der Testresultate in Leistungsklassen

Frauen

Leistungsklasse	Alter					
	15–19	20–29	30–39	40–49	50–59	>60
ausgezeichnet	>2350	>2500	>2350	>2200	>2050	>1800
gut	1950–2350	2100–2500	1950–2350	1800–2200	1650–2050	1400–1800
genügend	1700–1940	1900–2090	1700–1940	1550–1640	1350–1640	1200–1390
schwach	1550–1690	1700–1890	1550–1700	1400–1550	1250–1350	1000–1190
sehr schwach	<1550	<1700	<1550	<1400	<1250	<1000

Männer

Leistungsklasse	Alter					
	15–19	20–29	30–39	40–49	50–59	>60
ausgezeichnet	>2650	>2800	>2650	>2500	>2350	>2100
gut	2250–2650	2400–2800	2250–2650	2100–2500	1950–2350	1700–2100
genügend	2000–2240	2100–2390	2000–2240	1900–2090	1800–1940	1400–1690
schwach	1850–1990	1900–2090	1850–1990	1700–1890	1550–1790	1200–1400
sehr schwach	<1850	<1900	<1850	<1700	<1550	<1200

3.3.4 Conconi-Test „Laufen" (Conconi 1982)

Ausführung
Eine Leichtathletik-Bahn wird alle 10 m markiert. Nach 10minütigem Aufwärmen wird der Testperson akustisch eine Laufgeschwindigkeit vorgegeben, indem ein Pfeifton ertönt, wenn die Testperson die nächste Markierung passieren muß. Man beginnt mit einer Geschwindigkeit von 10 km/h und erhöht nach jeweils 200 m um 0,5 km/h. Wenn die Testperson die vorgegebene Laufgeschwindigkeit nicht mehr halten kann, wird der Test abgebrochen.

Material
Herzfrequenzmeßgerät, Markierungshütchen, Pacer, HRCT-Computerprogramm.

Meßgröße
Herzfrequenz bei jeweiliger Laufgeschwindigkeit.

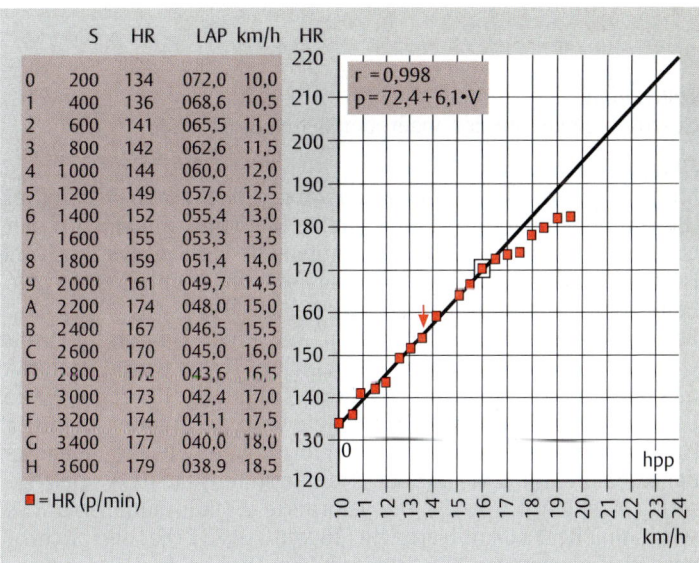

Abb. 3.42 Geschwindigkeit-Herzfrequenz-Verlauf des Conconi-Tests. Der eingerahmte Punkt bezeichnet die anaerobe Schwelle

3 Funktionsdiagnostik

Tab. 3.9 Umwandlung der Testresultate in Leistungsklassen

Frauen

Leistungsklasse	Alter					
	15–19	20–29	30–39	40–49	50–59	>60
ausgezeichnet	>14	>15	>14	>13,0	>13,0	>12,0
gut	12–14	12–15	11–14	11–13	11–13	
genügend	11,5	11,5				
schwach						
sehr schwach						

Männer

Leistungsklasse	Alter					
	15–19	20–29	30–39	40–49	50–59	>60
ausgezeichnet	>15	>16	>15	14	13	12
gut	14–15	14–16	14–15	11–13,5	11–12,5	11
genügend	12–13,5	12–13,5	12–13,5			
schwach	11	12				
sehr schwach						

Testresultat
Geschwindigkeit an der anaeroben Schwelle Tab. 3.9.

Hinweis
Mit dem Conconi-Test wird die anaerobe Schwelle indirekt ermittelt (Bestimmung über Blutlaktat = direkte Methode). Anhand des Conconi-Testes kann der Testperson mitgeteilt werden, wie hoch die Herzfrequenz während des Trainings sein muß, um eine vorgegebene Trainingsintensität zu erreichen.
Beispielsweise soll eine Testperson mit einer „Trainingsintensität von 85%" trainieren. Anhand des Conconi-Testes wurde ermittelt, daß dafür die Herzfrequenz bei dieser Testperson 155 Schläge/Min. betragen muß. Um dies zu berechnen, wird die Trainingsintensität (in unserem Beispiel in km/h) an der anaeroben Schwelle (Abflachen der Kurve in Abb. 3.41) mit der „Trainingsintensität 100%" gleichgesetzt ($\Rightarrow$ 16 km/h $\cong$ 100%). Die geforderte „Trainingsintensität 85%" wird somit bei 13,6 km/h erreicht (16 km/h · 0,85). Dies entspricht einer Herzfrequenz von 155 Schlägen/Min. Dies ist die Herzfrequenz, mit der die Testperson bei einer „Trainingsintensität 85%" trainieren muß.

3.3.5 Balke-Test (Cooper 1968, Nagle 1965)

mit EKG-Monitoring

Ausführung
Der Proband muß sich vor Testbeginn an das Laufband gewöhnen. Erst wenn er sicher mit der geforderten Geschwindigkeit gehen kann, wird der Test mit angelegtem EKG begonnen. Die Geschwindigkeit beträgt 5 km/h bei einer Steigung von 0%. Nach 2 Minuten wird die Steigung auf 2% erhöht, anschließend jede Minute um 1%. Es gelten die gleichen Testabbruchkriterien wie beim Belastungs-EKG.

Material
Laufband mit verstellbarer Steigung; EKG-Monitor.

Meßgröße
Zeit, Herzfrequenz.

Testresultat
Zeit (Min., Sek.) Tab. 3.**10**.

Hinweis
Der Balke-Test ist geeignet für Untrainierte mit Risikofaktoren. Trainierte werden bei diesem Test nicht voll belastet, deshalb wird er nur bei Untrainierten verwendet. Ebenfalls ungeeignet ist er zur Trainingssteuerung, weil die Trainingsintensität nicht aus der gemessenen Herzfrequenz ermittelt werden kann.

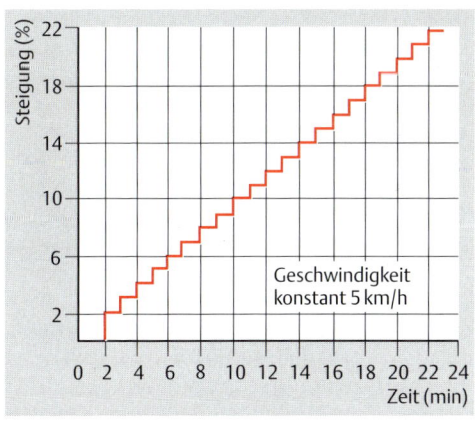

Abb. 3.**43** Zeit-Leistungs-Verlauf beim Balke-Test

Tab. 3.**10** Umwandlung der Testresultate in Leistungsklassen

Frauen

Leistungsklasse	Alter				
	<30	30–39	40–49	50–59	>60
ausgezeichnet	>18:00	>16:18	>14:45	>12:00	>11:19
gut	15:00–17:59	13:30–16:17	12:00–14:44	10:00–11:59	8.00–11:18
genügend	12:00–14:59	10:45–13:29	9:10–11:59	7:27–9:59	6.00–7:59
schwach	10:00–11:59	8:30–10:44	7:00–9:09	5:43–7:26	4.02–5:59
sehr schwach	<10:00	<8:30	<7:00	<5:43	<4:02

Männer

Leistungsklasse	Alter				
	<30	30–39	40–49	50–59	>60
ausgezeichnet	>23:00	>22:10	>20:37	>18:45	>16:00
gut	20:22–22:59	19:00–22:09	17:15–20:36	15:04–18:44	13.00–15:59
genügend	17:00–20:21	15:30–18:59	14:00–17:14	12:00–15:03	9.30–12:59
schwach	14:00–16:59	13:00–15:29	11:30–13:59	9:30–11:59	6.20–9:29
sehr schwach	<14	<13:00	<11:30	<9:30	<6:20

3.3.6 Conconi-Probst-Test (Probst 1989)

mit EKG-Monitoring

Ausführung
Der Test findet auf dem Fahrradergometer statt. Die Testperson wärmt sich 2 Minuten lang auf (50 Watt, Tretfrequenz 75–80 Umdrehungen). Die Startleistung für den anschließenden Test beträgt entweder 50 oder 100 Watt:
- Nur 50 Watt, wenn die Herzfrequenz beim Aufwärmen schon auf über 130 Schläge/Min. angestiegen ist.
- Bei unter 130 Schläge/Min. beträgt die Startleistung 100 Watt.

Immer wenn 6 kJ (Startleistung 50 Watt) bzw. 12 kJ (Startleistung 100 Watt) erbracht wurden, wird die geforderte Leistung um 10 Watt (Startleistung 50 Watt) bzw. 20 Watt (Startleistung 100 Watt) erhöht. Da die erbrachte Leistung immer höher wird (50, 60, 70 Watt… bzw. 100, 120, 140 Watt…), verkürzt sich die Zeitspanne, in der die Arbeit von 6 bzw. 12 kJ erbracht wird (120 Sek., 100 Sek., 85 Sek.…). Das

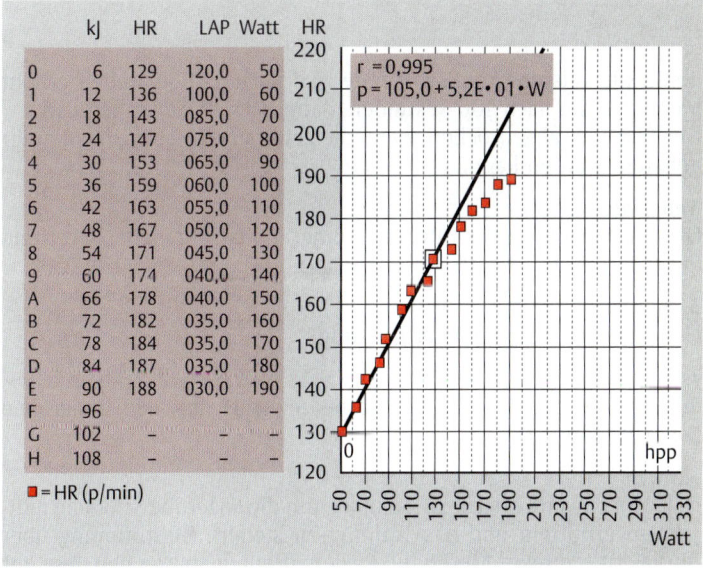

Abb. 3.**44** Leistungs-Herzfrequenz-Verlauf des Conconi-Probst-Tests. Der eingerahmte Punkt bezeichnet die anaerobe Schwelle

Tab. 3.11 Umwandlung der Testresultate in Leistungsklassen

Frauen

Leistungsklasse	Alter					
	15–19	20–29	30–39	40–49	50–59	>60
ausgezeichnet	>3,6	>3,5	>3	>2,8	>2,6	
gut	2,9–3,6	2,7–3,5	2,5–3,0	2,2–2,8	2,1–2,6	
genügend	2,5–2,8	2,4–2,6	2,5–2,7	1,9–2,1	1,8–2,0	
schwach	2,2–2,4	2,0–2,3	1,9–2,1	1,5–1,8	1,6–1,7	
sehr schwach	<2,2	<2	<1,9	<1,5	<1,5	

Männer

Leistungsklasse	Alter					
	15–19	20–29	30–39	40–49	50–59	>60
ausgezeichnet	>3,8	>4	>3,3	>3,3	>3,3	>2,5
gut	3,3–3,8	3,4–4,0	2,7–3,3	2,8–3,3	2,6–3,3	2,0–2,4
genügend	2,8–3,2	2,8–3,8	2,2–2,6	2,2–2,5	2,2–2,5	1,7–1,9
schwach	2,2–2,8	2,2–2,7	1,9–2,1	1,8–2,4	1,9–2,1	1,5–1,6
sehr schwach	<2,2	<2,2	<1,9	<1,8	<1,9	<1,6

heißt, die Leistung muß das erste Mal nach 120 Sekunden erhöht werden, dann nach 100 Sekunden, dann nach 85 Sekunden usw. Der Test wird abgebrochen, wenn die geforderte Leistung nicht mehr gehalten werden kann.

Material
Drehzahlunabhängiges Fahrradergometer, Marschtabelle, Pacer und EKG-Monitor mit Herzfrequenzangabe.

Meßgröße
Herzfrequenz bei jeweiliger Leistung.

Testresultat
Relative Leistung (Watt/kg Körpergewicht) an der anaeroben Schwelle Tab. 3.11

Hinweis
Der Conconi-Probst-Test ist geeignet, um die anaerobe Schwelle indirekt zu ermitteln und das Training zu steuern (Bestimmung über Blutlaktat = direkte Methode). Risikopatienten sollten den Test nur mit EKG-Monitoring absolvieren. Die gesuchte Herzfrequenz wird wie beim Conconi-Test (S. 138) ermittelt.

3.4 Koordination

Koordinative Defizite können schon während der körperlichen Untersuchung durch den Arzt oder Physiotherapeuten festgestellt werden.

Es ist nach wie vor schwierig, die koordinative Fähigkeit quantitativ zu erfassen. Während vielfältige Geräte für die Bestimmung der Beweglichkeit, Kraft und Ausdauer existieren, sind Geräte für die Koordination Mangelware, was an der Komplexität der koordinativen Fähigkeit liegt.

Die intramuskuläre Koordination wird mit dem *Elektromyogramm* (EMG) gemessen. Die im EMG gemessenen Frequenzen und Amplituden geben Auskunft über die mechanische Umsetzung eines elektrischen Reizes und über die Menge der aktivierten motorischen Einheiten.

Die intermuskuläre Koordination wird mit der *simultanen EMG-Ableitung* von verschiedenen Muskelgruppen erfaßt. Dadurch wird deutlich, welcher Muskel zu welcher Zeit und mit welcher Intensität an einem Bewegungsablauf beteiligt ist (s. S. 36, Abb. 2.**25**).

Andere Meßverfahren zur Beurteilung der Koordination sind die *Lichtpunktschreibung* und die *Kraftmeßplattform* (Hollmann 1995). Diese beiden Methoden werden aber nur bedingt im Praxisalltag eingesetzt, weil der apparative Aufwand groß ist. Sie sind speziellen Fragestellungen vorbehalten.

Gut geeignet sind dagegen *sportmotorische Teste,* mit denen die Bewegungskoordination und die Gleichgewichtsfähigkeit erfaßt werden. Bös hat zwei Testbatterien zur quantitativen Erfassung der Bewegungskoordination und der Gleichgewichtsfähigkeit beschrieben:

3.4.1 Bewegungskoordinationstest (BKT)

Notwendige Hilfsmittel:
Balancierbalken, Gymnastikkeulen, Volleyball, Gymnastikball, Gymnastikstab, Zielscheiben.

Testbatterie:
1. Hampelmann, 2. Hopserlauf, 3. An der Wand entlang, 4. Werfen und Fangen, 5. Ball umgreifen, 6. Wurf und Drehung, 7. Balancieren rückwärts, 8. Ballprellen, 9. Achterkreisen, 10. Ziel berühren.

Bewertung:
Die Anzahl der gelösten Aufgaben ist ein Maß für die Koordination.

Interpretation:
Anhand des BKT unterscheidet man drei Personengruppen:

1. Personen mit schweren Koordinationsstörungen, die sporttherapeutisch nicht behandelbar sind.
2. Personen mit leichten Koordinationsstörungen, die sporttherapeutisch (Trainingstherapie) behandelbar sind.
3. Personen mit normaler Koordination. Eine gezielte Verbesserung der Koordination ist nicht erforderlich.

3.4.2 Gleichgewichtstest (GGT)

Notwendige Hilfsmittel:
Balancierbalken, Gymnastikkeulen, Volleyball.

Testbatterie:
1. Einbeinstand, 3. Einbeinstandschwingen, 3. Drehung-Einbeinstand, 4. Achterkreisen, 5. Hampelmann, 6. Einbeinstand mit geschlossenen Augen, 7. Drehung-Einbeinstand mit geschlossenen Augen, 8. Einbeinschwingen mit geschlossenen Augen, 9. Balancieren vorwärts, 10. Balancieren mit halber Drehung, 11. Balancieren rückwärts, 12. Balancieren rückwärts mit ganzer Drehung, 13. Balancieren und Ball prellen, 14. Balancieren mit geschlossenen Augen.

Bewertung:
Die Anzahl der gelösten Aufgaben ist ein Maß für die Gleichgewichtsfähigkeit.

Interpretation:
Anhand des GGT unterscheidet man drei Personengruppen:

1. Personen mit schweren Gleichgewichtsstörungen, die sporttherapeutisch nicht behandelbar sind.
2. Personen mit leichten Gleichgewichtsstörungen, die sporttherapeutisch (Trainingstherapie) behandelbar sind.
3. Personen mit „normaler" Gleichgewichtsfähigkeit. Eine gezielte Verbesserung der Gleichgewichtsfähigkeit ist nicht erforderlich.

Die genaue Beschreibung der einzelnen Teste zur quantitativen Erfassung der Gleichgewichtsfähigkeit und der Bewegungskoordination sowie die alters- und geschlechtsbezogenen Normwerte sind der Originalliteratur zu entnehmen (Bös 1992).

4 Trainingsmethoden

4.1 Training

Training heißt, systematisches Wiederholen gezielter *genügend starker Reize*, die zu Anpassungserscheinungen führen. Diese Belastungsreize setzten eine Störung im biologischen Gleichgewicht. Es kommt zuerst zu einer Ermüdung, dann zur Erholung und gleichzeitigen Verbesserung des ursprünglichen Leistungsniveaus. Diese Übertreffen des Ausgangswertes, die sogenannte Superkompensation, entspricht dem spezifischen Trainingseffekt. Der nächste Belastungsreiz sollte in dieser Superkompensationsphase gesetzt werden (Abb. 4.1).

Damit diese Superkompensation eintritt, muß der Belastungsreiz überschwellig sein und eine definierte Intensität besitzen (Tab. 4.1).

Training ist ein Prozeß, der planmäßig gesteuert werden muß. Dabei werden die komplexe sportmotorische Leistung, die Handlungsfähigkeit und das Verhalten verändert. Dies wird mit inhaltlichen, methodischen und organisatorischen Maßnahmen erreicht (Martin 1991). Die kognitive Verarbeitung und die pädagogische Führung sind daher während des Trainings wichtig – insbesondere im Umgang mit Patienten und untrainierten Personen.

Beim Erstellen eines *Trainingsplanes* wird zuerst die *Belastungsart* gewählt.

Die Dosierung der Trainingsreize erfolgt über die Festlegung der *Intensität, der Dauer, der Wiederholungszahl, der Pause* und der *Häufigkeit*.

Eine *Trainingseinheit* wird grundsätzlich eingeteilt in *Aufwärmphase*, spezifisches Training und *Abkühlphase*. Miteinzuplanen in den Trainingsprozeß sind zusätzlich immer auch angepaßte *erholungsfördernde Maßnahmen*.

Neben diesen biologischen Trainingsprinzipien existieren vier grundsätzliche Überlegungen für ein systematisches und funktionelles muskuläres Aufbautraining (Einsingbach 1990):

4 Trainingsmethoden

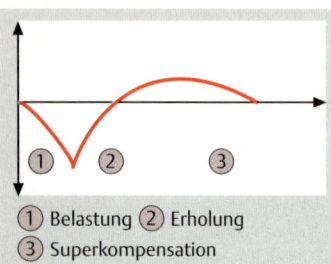

Abb. 4.1 Reaktion auf einen Belastungsreiz

① Belastung ② Erholung
③ Superkompensation

Tab. 4.1 Reizstufenregel

Art des Reizes	Wirkung
unterschwellige Reize	keine Wirkung
überschwellige schwache Reize	erhalten die Funktion
überschwellige starke Reize	optimale Anpassungserscheinungen Verbesserung des Leistungsniveaus
zu starke Reize	funktionsschädigend

1. Funktionalität
- Die Übungsauswahl orientiert sich am alltäglichen Leben.
- Muskuläre und koordinative Defizite sollen möglichst wenig in Rückenlage oder im Sitzen, sondern vielmehr in teilentlasteter oder in vollbelasteter Stellung behandelt werden (geschlossene Kette).
- Die Therapie soll sowohl die lokal betroffene Muskulatur als auch ganze Muskelketten beanspruchen.
- Die Übungsauswahl beschränkt sich auf die wesentlichen Übungen, weil aufwendig strukturierte Übungen vom Patienten kaum umgesetzt werden können.

2. Komplexität
- Alle konditionellen Faktoren werden berücksichtigt (Koordination, Beweglichkeit, Kraft, Ausdauer und Schnelligkeit).
- In der ersten Phase werden Kraft und Kraftausdauer durch den koordinativen Lerneffekt verbessert.
- Das Training umfaßt statische und dynamische Kraftqualitäten.
- Der Irradiationseffekt, bzw. der kontralaterale Transfer, wird über die Muskelketten ausgenutzt.

3. Objektivierbarkeit der Effizienz des Krafttrainings
- Das rehabilitative, muskuläre Aufbautraining orientiert sich an den Erkenntnissen der Trainingslehre.
- Bei objektivierbarer und reproduzierbarer Reizsetzung ist Adaptation nachweisbar.

4. Motivation und Instruktion für das Heimtraining
- Der Patient lernt ein gezieltes, individuelles Trainingsprogramm, das er zu Hause selbständig durchführen kann.

Es gibt grundsätzlich 3 Effekte, die wir von einem Training erwarten können:

1. Leistungssteigerung
Um eine kontinuierliche Leistungssteigerung zu erzielen, muß die Intensität, die Dauer und der Zeitpunkt der nächsten Trainings so gewählt werden, daß die Belastung zum Zeitpunkt der maximalen Superkompensation stattfindet. Dadurch kommt es zu einer ständigen Verbesserung der Leistungsfähigkeit.

2. Leistungsstagnation
Eine Leistungsstagnation tritt dann ein, wenn wir die einzelnen Belastungsstufen zu schwach wählen oder zwischen den einzelnen Belastungen zu lange warten. Der erzielte Trainingseffekt geht verloren und das Leistungsniveau gleicht sich dem Ausgangsniveau wieder an.

3. Leistungsabfall
Werden die Trainings zu häufig oder in zu hoher Intensität durchgeführt, kommt es zu einem Leistungsabfall, da die Trainingsreize in einer Phase vor der Superkompensation einsetzen. Überbelastungen/Übertraining sind die Folge.

4.2 Beweglichkeit

Übungen, die die Beweglichkeit verbessern, umfassen sowohl *Gelenkmobilisationstechniken* als auch *Muskeldehntechniken* (Abb. 4.2).

4.2.1 Gelenkmobilisationstechniken

Es wird zwischen aktiven und passiven Mobilisationstechniken unterschieden, die sowohl bei Gelenken als auch bei der Wirbelsäule eingesetzt werden.

Die *passiven Gelenkmobilisationstechniken* gehören in die Hände

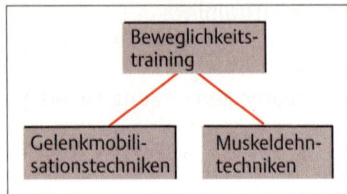

Abb. 4.2 Beweglichkeitstraining

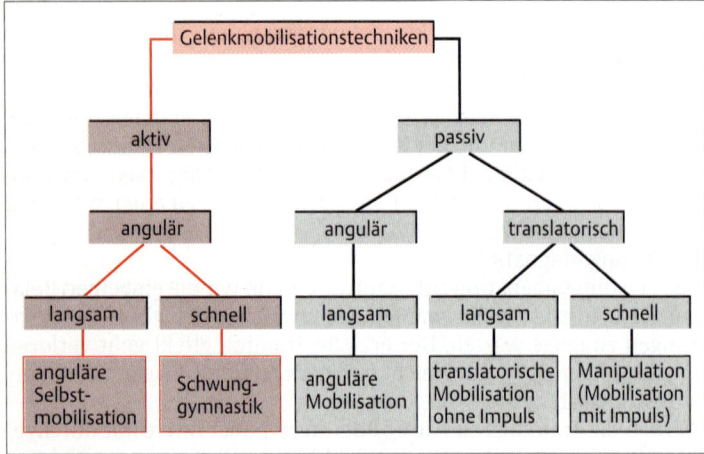

Abb. 4.3 Gelenkmobilisationstechniken

von Physiotherapeuten und Ärzten, die in manueller Therapie ausgebildet sind (Dvořák 1996).

Die *aktive Mobilisationstechnik* ist die geeignete Form für die selbständige Gymnastik. Dabei werden die Bewegungen langsam und gleichmäßig über den ganzen Bewegungsumfang durchgeführt. Die Übungen sollten zwischen 5 und 10mal wiederholt werden. Dabei dürfen leichte Schmerzen auftreten. Bei starken Schmerzen sollte auf eine andere Übung, allerdings mit der gleichen Zielsetzung, übergegangen werden (Schneider 1989) (Abb. 4.3).

4.2.2 Muskeldehntechniken

Man unterscheidet grundsätzlich zwei verschiedene Methoden der Dehngymnastik (Anderson 1980, Sölveborn 1983, Spring 1992, Ullrich 1994) (Abb. 4.4a).

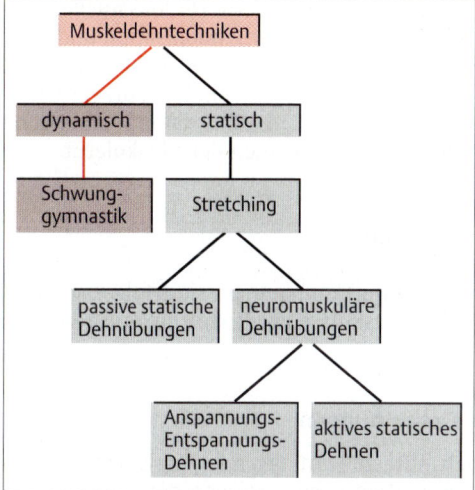

Abb. 4.4a Übersicht über die verschiedenen Dehntechniken

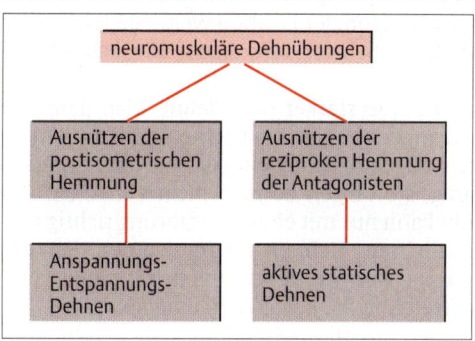

Abb. 4.4b neuromuskuläre Dehntechniken

- Schwunggymnastik (dynamisches Dehnen),
- Stretching (statisches Dehnen)
  - passive statische Dehnübungen,
  - neuromuskuläre Dehnübungen

Dynamische Dehntechnik

Das dynamische Dehnen wird in der Sportgymnastik häufig praktiziert. Man versucht, die entsprechenden Muskeln möglichst weit zu dehnen und einen großen Bewegungsumfang zu erreichen. Dies geschieht durch Schwingen, Wippen und Federn. Diese *Schwunggymnastik* enthält zusätzlich Elemente der Gelenkmobilisation und wird vor allem bei kombinierten Übungen eingesetzt. Allerdings sind mit dem dynamischen Dehnen Nachteile verbunden. Das kurze, ruckartige Dehnen löst den Dehnungsreflex aus. Die damit verbundene Kontraktion verhindert ein optimales Dehnen der Muskulatur.

Statische Dehntechniken

Diese Art des Dehnens (Stretching) kann rein passiv erfolgen. Zusätzlich können aber auch neuromuskuläre Vorgänge zum vollständigen Entspannen eingesetzt werden.

Passiv statische Dehnübungen

Das Stretching ist die bekannteste Form des rein passiven statischen Dehnens. Dabei wird der Muskel nach Erreichen der Dehnstellung nur noch durch kleine Änderungen der Position weiter gedehnt. Dies geschieht entweder durch die Schwerkraft, eigene Muskelkraft, einen Partner oder durch Geräte.

Der Widerstand nimmt zu, je stärker man dehnt. Man dehnt so weit, wie es gerade noch angenehm ist. Ein leichtes Ziehen im Muskel ist erlaubt, Schmerzen dagegen wären ein Zeichen von zu starker und schädlicher Dehnung, sie dürfen deshalb nicht auftreten. Das richtige Spannungsgefühl kann nur mit einiger Erfahrung richtig eingeschätzt werden, deshalb muß Dehnen erlernt werden. Für das richtige Dehnen gibt es keine Normwerte; die Intensität muß individuell gewählt werden. Stretching ist *keine Wettkampfdisziplin.*

Mit dem langsamen Dehnen wird der Dehnungsreflex verhindert. Der Muskel wird so ohne störende reflektorische Anspannung gedehnt. Über die Dauer der Dehnphase gibt es unterschiedliche Angaben. Für eine wirksame Dehnung sind 10–20 Sekunden angemessen.

Während des Dehnens wird der normale Atemrhythmus beibehalten, da die Dehnung nur dann optimal verläuft, wenn die allgemeine Entspannung ausreichend ist.

Neuromuskuläre Dehnübungen

Bei dieser Dehnmethode werden neurophysiologische Vorgänge gezielt zur Entspannung der Muskulatur eingesetzt. Damit findet die Dehnung unter optimalen Bedingungen statt, weil einerseits die *postisometrische* Hemmung und andererseits die *reziproke Hemmung der Antagonisten* ausgenützt wird (Janda 1979, Moore 1980, Dietrich 1985, Wallin 1985, Ullrich 1994).

Anspannungs-Entspannungs-Dehnen

In Dehnstellung wird der Muskel für 3–7 Sekunden aktiv isometrisch angespannt. In der darauffolgenden Phase der Muskelentspannung *(postisometrische* Hemmung) wird wie beim passiven statischen Dehnen die Dehnung verstärkt und 10 Sekunden gehalten. Aus der erreichten Dehnstellung wird dieser Ablauf (isometrische Anspannung – Entspannung – Dehnung) mehrmals wiederholt.

Diese Form des Dehnens wird therapeutisch eingesetzt, um einen verkürzten Muskel wieder auf Normallänge zu dehnen. Für die tägliche Gymnastik des Gesunden genügt das passive statische Dehnen, das die normale Muskellänge erhält (Spring 1981, Schmid 1983, Spring 1985, Halbertsama 1994).

Aktives statisches Dehnen

Der Muskel wird durch Kontraktion seiner Antagonisten aktiv gedehnt. Diese Kontraktion löst eine reflektorische Hemmung aus *(reziproke Hemmung)*. Dadurch kann der Muskel optimal gedehnt werden. Gedehnt wird 10–20 Sekunden.

Wann soll gedehnt werden?

Dehnübungen gehören erstens zur Vorbereitung sportlicher Betätigung, zweitens als Regenerationsmaßnahme ins abschließende Auslaufprogramm und drittens sind sie unbestrittener Teil des Beweglichkeitstrainings. Außerdem besteht die alltägliche Gymnastik mehrheitlich aus Dehnübungen, z. B. nach dem Aufstehen, am Arbeitsplatz oder einfach zwischendurch.

Die Dehn*intensität* richtet sich nach der jeweiligen Situation. Die Intensität wird natürlich bei kalter oder bereits ermüdeter Muskulatur geringer gewählt.

Sorgfältige Dehnübungen gehören nach körperlicher Leistung zu den wichtigsten Regenerationsmaßnahmen. Die ermüdete Muskulatur wird dabei möglichst wieder auf Normallänge gedehnt. Nach intensiver körperlicher Belastung sollte auch an den folgenden Tagen gedehnt werden.

Wie wichtig Stretching nach dem Krafttraining ist, zeigt eine schwedische Studie (Möller 1981): Nach Krafttraining der Beinmuskulatur ohne anschließende Dehngymnastik war die Bewegung in den großen Gelenken der Beine für 2–3 Tage eingeschränkt. Wurden dagegen sofort nach dem Training die entsprechenden Muskeln gedehnt, blieb der Bewegungsumfang normal. Dehngymnastik gehört folglich zu jedem Krafttraining. Dauer und Häufigkeit richten sich nach der Intensität des Trainings. Beim Dehnen kommt es auf die Regelmäßigkeit an, denn nur sie bringt den Erfolg.

Frisch verletzte Muskeln dürfen nicht gedehnt werden, solange sich die Verletzung durch Dehnen verschlimmern kann. Bei Sehnenverletzungen muß darauf geachtet werden, daß nur solche Übungen ausgewählt werden, die die verletzte Struktur nicht beanspruchen. Diese Verletzungen dürfen aber nie zum Anlaß genommen werden, daß überhaupt keine Gymnastik durchgeführt wird. Von der Dehngymnastik werden lediglich die verletzten Körperteile ausgeschlossen. Die gesunde Muskulatur muß im Sinne eines Ersatztrainings weiter beansprucht werden, um den Leistungsstand zu erhalten.

4.3 Kraft

In der *Rehabilitation* hat das Krafttraining drei Ziele:
- Wiederaufbau eines atrophierten Muskels,
- Aufbau eines normalen Kraftniveaus bei muskulären Dysbalancen und
- Erhalt des normalen Kraftniveaus.

Dagegen hat im *Leistungssport* das sportspezifische Krafttraining zum Ziel:
- Hoher Kraftzuwachs bei optimaler intramuskulärer Koordination und möglichst geringer Zunahme der Muskelmasse,
- optimaler Krafteinsatz bei hohen Bewegungsgeschwindigkeiten.

Entsprechend der verschiedenen Ziele unterscheidet sich das Training bezüglich der Übungsauswahl, Intensität, Wiederholungszahl und dem Zeitaufwand.

4.3.1 Krafttraining in der Rehabilitation

Bei den verschiedenen Muskelpathologien verhalten sich die beiden Muskelfasertypen unterschiedlich. Typ-I-Fasern atrophieren mehrheitlich bei posttraumatischer oder postoperativer Ruhigstellung. Dort müssen deshalb gezielt die Typ-I-Fasern trainiert werden. Typ-

Tab. 4.2 Rehabilitationstraining = Training Muskelfasertyp I

Klinik	Hypotrophie der Muskelfasern	Trainierbar in Rehabilitation
posttraumatisch/postoperativ	Typ I > Typ II	Typ I
chronische Krankheit	Typ II > Typ I	Typ I
Alter	Typ II > Typ I	Typ I

II-Fasern atrophieren eher bei chronisch rheumatologischen und internistischen Erkrankungen, aber auch im Alter. Da das für Typ-II-Fasern notwendige Training hohe Belastungsintensitäten verlangt, ist dieses den Patienten oft nicht zumutbar. Es können praktisch nur die Typ-I-Fasern trainiert werden. *Rehabilitationstraining* ist somit mehrheitlich Training der *Typ-I-Fasern* (Tab. **4.2**) (Spring 1990).

Bei leichter und mittlerer Belastung werden vor allem Typ-I-Fasern rekrutiert (s. S. 43, Abb. 2.**31**).

Damit die kontraktilen Elemente zunehmen, muß der Belastungsreiz hoch genug sein. Eine für dieses Hypertrophietraining ungenügende Belastung verbessert lediglich die lokale anaerobe oder aerobe Ausdauerleistungsfähigkeit, nicht aber die Kraft.

In der Rehabilitation ist Krafttraining immer mit koordinativem Training verbunden. Das rehabilitative Muskeltraining baut sich auf den Erkenntnissen der Trainingswissenschaften auf und erfolgt in vier Schritten (Froböse 1992) (Abb. 4.**5**, Tab. 4.**3**).

Das Ziel der ersten beiden Trainingsschritte ist die neuromuskuläre Anpassung im Sinne von Erlernen, Steuern und Anpassen von Bewegungen. Der erste Schritt ist gekennzeichnet durch eine niedrige Intensität und einer hohen Wiederholungszahl. Verbessert werden die intermuskuläre Koordination, die aktive Gelenkstabilisation und die Propiozeption (Lageempfinden aufgrund der Gelenkstellungen). Durch Bahnung und Einüben von teilweise neuen Bewegungsmustern wird ein stabiler muskulärer Automatismus erreicht.

Im zweiten Schritt wird die lokale Muskelkraftausdauer verbessert und damit die Belastbarkeit der Muskulatur gesteigert. Entscheidend ist, daß die maximale Wiederholungszahl 20–30 beträgt, und damit eine vollständige lokale Ermüdung eintritt. Für viele Patienten ist dies ein kognitiv anspruchsvoller Prozeß. Zur Einschätzung der subjektiven Anstrengung kann die aus dem Ausdauertraining bekannte Borg-Skala (Borg 1960) zu Hilfe genommen werden.

Im dritten Schritt wird so trainiert, daß es zur Hypertrophie kommt und die Maximalkraft steigt. Bei diesem Schritt nimmt die

4 Trainingsmethoden

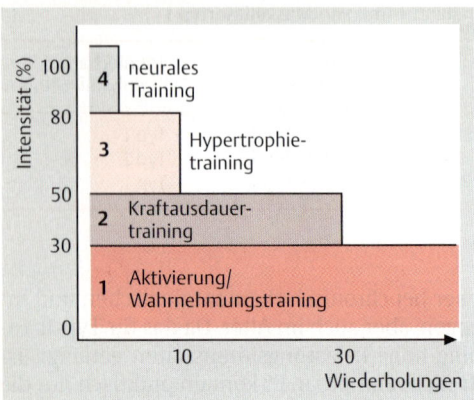

Abb. 4.5 Die vier Schritte des rehabilitativen Muskeltrainings

Tab. 4.3 Dosierung des rehabilitativen Krafttrainings

Schritt	Intensität	Wiederholungen	Umfang Häufigkeit	Trainingseffekt
1	< 30%	> 50	3 Serien 2–3mal pro Woche	lokale aerobe Ausdauer
2	30–50%	20–30	3 Serien 2–3mal pro Woche	Kraftausdauer
3	50–80%	8–12	3 Serien 2–3mal pro Woche	Muskelhypertrophie
4	> 85%	1–3	3 Serien 2–3mal pro Woche	intramuskuläre Koordination

Muskelmasse zu, die durch Immobilisation verlorengegangen ist (Trainingsintensität: 50–80%; 8–12 Wiederholungen).

Im vierten Schritt wird durch sehr hohe Intensitäten (> 85%) die neuromuskuläre Kraftqualität verbessert. Um das hinzugewonnene Kraftpotential (Querschnitt) besser auszuschöpfen, muß vor allem die intramuskuläre Koordination optimiert werden. Dies erfolgt durch exzentrisches und reaktives Training.

Reizzustände und Ergüsse in operierten oder traumatisierten Gelenken behindern die muskuläre Rehabilitation erheblich. Die intrakapsulären Mechanorezeptoren reagieren auf den erhöhten Druck und *hemmen reflektorisch* die gelenknahe Muskulatur. Diese Hemmung macht das Training uneffizient und verhindert den Muskelaufbau.

Mit spezifischen therapeutischen Maßnahmen müssen afferente

Tab. 4.4 Trainingsmittel für das Kräftigungstraining

Trainingsmittel	Vor-/Nachteile
Kraftmaschine	• geführte gelenkangepaßte Bewegung • definierter Widerstand • objektivierbare Leistung
Zugapparat	• 3-D-Bewegungsmuster • konstanter Widerstand über ganzen Bewegungsumfang* • Koordination
Gummizug	• einfache Handhabung • 3-D-Bewegungsmuster • optimaler Widerstand nur über kleinen Bewegungsumfang
eigenes Körpergewicht	• einfachste Übungsformen • koordinativ anspruchsvoller • Widerstand je nach Ausgangsstellung zu klein

* Elektronisch gesteuerte Geräte lassen die Art des Widerstandes (isotonisch, isokinetisch, angepaßte Gelenkkurve) frei wählen.

Signale, die z. B. Schmerzen melden, parallel zum Aufbautraining reduziert werden. Analgetische, antiphlogistische, physikalische und medikamentöse Therapieformen kommen dort zum Einsatz. Persistierende Gelenkergüsse werden punktiert.

Begleitverletzungen oder Begleiterkrankungen müssen in die spezifische Therapieplanung einbezogen werden. Sie limitieren oft die Intensität und den Umfang der Therapie. Oft liegt gleichzeitig ein Dekonditioning-Syndrom vor, bei dem auch die Ausdauerleistung stark reduziert ist. Dadurch verlängert sich die Erholungszeit nach der Belastung. Die spezifische Reizsetzung muß entsprechend angepaßt werden.

Bei sportlichen Patienten darf von einem guten Bewegungsgefühl ausgegangen werden, die Übungen dürfen daher mit höheren koordinativen Ansprüchen durchgeführt werden. Bei den Bewegungsunerfahrenen müssen die Bewegungen möglichst kontrolliert durchgeführt werden, damit ihre verletzte Struktur nicht weiter geschädigt wird. Die koordinativen Anforderungen müssen diesbezüglich angepaßt werden.

4.3.2 Trainingsmittel

Für das Kräftigungstraining stehen ganz unterschiedliche Trainingsmittel zur Verfügung (Tab. 4.4):

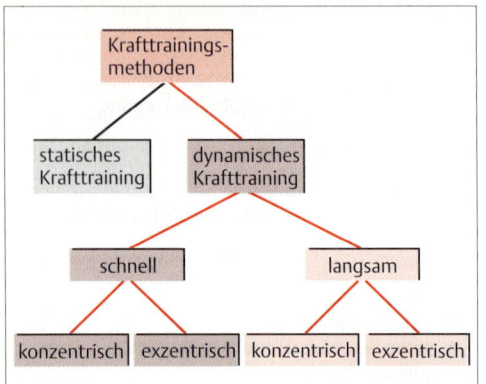

Abb. 4.6 Methoden des Krafttrainings

Kraftmaschinen erleichtern eine funktionell anatomische Bewegung, weil die Bewegung geführt und dem Gelenk angepaßt ist. Durch den definierten Widerstand wird die Leistung objektivierbar und reproduzierbar. Training mit einem Zugapparat, Gummizug, dem eigenen Körpergewicht oder mit freien Gewichten ist dagegen koordinativ anspruchsvoller, vorausgesetzt, die Bewegungen werden exakt durchgeführt. Außerdem verändert sich je nach Gelenkstellung (unterschiedliche Hebelverhältnisse) der Widerstand, so daß nicht mit einer konstanten Größe trainiert wird. Der Vorteil aber ist das dreidimensionale Bewegungsmuster.

4.3.3 Allgemeine Methodik des Krafttrainings

Die Krafttrainingsmethoden lassen sich in statische und dynamische Formen einteilen (Abb. 4.**6**). Beim *statischen* (isometrischen) Krafttraining wird Haltearbeit oder Widerstand *ohne* Bewegung geleistet. Dagegen finden beim *dynamischen* Krafttraining *Bewegungen* statt. Die Muskelarbeit kann dabei exzentrisch (bremsend, nachgebend, negativ) oder *konzentrisch* (überwindend) sein (Schmidtbleicher 1980, Egger 1983, 1991, 1994, Bührle 1985, Kunz 1990, Spring 1990) (Tab. 4.**5**).

Dynamisch langsames, konzentrisches und exzentrisches Krafttraining

Das dynamisch langsame Krafttraining eignet sich zur Steigerung der Maximalkraft (Muskelquerschnitt) und zur Verbesserung der Kraft-

Tab. 4.5 Krafttrainingsmethoden, Anwendungsbereiche, Wiederholungszahlen, Zeitdauer und Belastungen

Krafttrainingsmethode	Anwendungsbereiche	Wiederholungen/Dauer	Belastung %
Dynamisch langsam, konzentrisch und exzentrisch	Maximalkraft – Muskelquerschnitt Kraftausdauer	8–12 10–30	50– 80 30– 50
Statisch	Maximalkraft – Muskelquerschnitt	6–10 s	70– 90
Dynamisch schnell, konzentrisch	Maximalkraft – intramuskuläre Koordination – Muskelquerschnitt Schnellkraft Kraftausdauer	1– 5 6–12 10–15 20–60	85–100 70– 85 30– 60 30– 50
Dynamisch schnell, exzentrisch (Negativmethode)	Maximalkraft – intramuskuläre Koordination Schnellkraft	1– 5 6–10	>100 60– 90

ausdauer. Die *Maximalkraft* trainiert man mit 50–80% der maximalen Belastung und 8–12 Wiederholungen. Die *Kraftausdauer* wird mit 30–50% der Maximalbelastung trainiert. Die maximal mögliche Wiederholungszahl muß sich zwischen 20 und 30 bewegen. Anhand der maximalen Wiederholungszahl kann die Belastungsintensität gesteuert werden. Sind mehr als 50 Wiederholungen problemlos möglich, ist die Belastung für das Kraftausdauertraining zu klein. Es muß dann so erhöht werden, daß nur noch 30 Wiederholungen möglich sind. Das gleiche gilt für die Maximalkraft: Bei gegebener Belastung sollen nicht mehr als 12 Wiederholungen möglich sein. Beim normalen Krafttraining sollen 3 Serien mit Pausen von jeweils 1–2 Minuten durchgeführt werden.

Statisches (isometrisches) Krafttraining

Bei diesem Training kann sowohl die Maximalkraft als auch die Kraftausdauer verbessert werden. Eine Vergrößerung des Muskeldurchschnitts wird erreicht, wenn die Muskelspannung submaximal jeweils 6–10 Sekunden gehalten wird.

Das isometrische Krafttraining wird in der Rehabilitation dann eingesetzt, wenn eine Gelenkbewegung unerwünscht ist (z. B. schmerzhafte Gelenke oder Ruhigstellungen).

In den meisten Sportarten spielt das statische Krafttraining eine untergeordnete Rolle, weil es bewegungsfremd ist und die Koordination dadurch nicht gefördert wird.

Die Belastung des *Herzens* kann wegen des Blutdruckanstiegs während der Spannungsphase erheblich sein. Dies muß auf alle Fälle berücksichtigt werden.

Die beiden folgenden Arten des Krafttrainings werden hauptsächlich im Sport und nicht in der Rehabilitation eingesetzt. Bei diesen Trainingsarten kann die Belastung des passiven Bewegungsapparates stark ansteigen. Deshalb muß hier die individuelle Belastbarkeit besonders berücksichtigt werden.

Dynamisch schnelles, konzentrisches Krafttraining

Mit dieser Methode können alle Kraftarten gesteigert werden. Wiederholungszahl und Belastung müssen je nach gewünschtem Effekt gewählt werden.

Exzentrisches Krafttraining (Negativmethode)

Mit dieser Methode werden speziell die Maximal- und Schnellkraft verbessert, weil dabei die Muskulatur maximal aktiviert wird. Bei dieser Methode wird mit mehr als 100% (110–130%) der isometrischen Maximalkraft trainiert, so daß eine Negativbewegung stattfindet. Der Trainierende versucht die Bewegung abzubremsen. Dabei ist die willkürliche Aktivierung des Muskels extrem hoch. Zusätzlich wird der Dehnungsreflex durch das schnelle Abbremsen des Gewichtes ausgelöst. Er bewirkt eine zusätzliche, nicht willkürliche Aktivität im Muskel und somit eine noch höhere Kraftproduktion.

Es ist möglich, das Krafttraining im Leistungssport anhand der Pyramide (Abb. 4.**7**) darzustellen. Die Basis wird gebildet durch ein sogenanntes extensives, langsames „Bodybuilding" mit einer Intensität von 50–70% der Maximalkraft, der Mittelbau durch intensives Schnellkrafttraining und die Spitze durch explosive Übungen mit maximalem Kraftaufwand.

Ein wichtiges Ziel, das beim Krafttraining verfolgt wird, ist die Koordinationsverbesserung. Da im Sport nicht nur positiv beschleunigende, sondern auch viele Bremskräfte im Spiel sind, die ebenfalls einer guten Koordination bedürfen, müssen im Training auch die Bremsbewegungen trainiert werden. Deshalb werden in modernen Trainingsprogrammen vermehrt reaktive Trainingsformen mit Sprungschule und Niedersprungübungen (pliometrisches Training) eingesetzt.

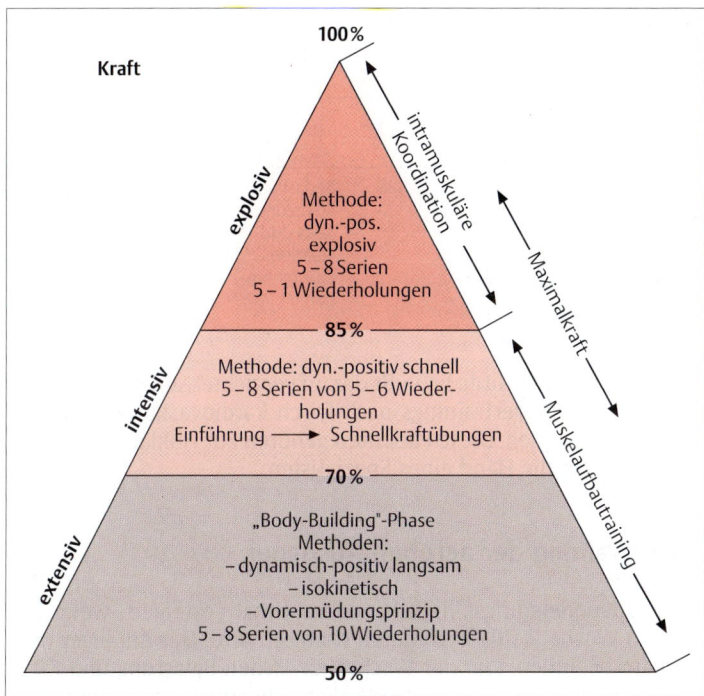

Abb. 4.**7** Der pyramidale Aufbau des Krafttrainings (nach Egger)

4.4 Ausdauer

Die Art des Ausdauertrainings richtet sich nach der jeweiligen Zielsetzung. Im Leistungssport z. B. steht die reine Ausdauerleistungsfähigkeit im Vordergrund. Gesundheits- und Fitneßaspekte sind zweitrangig. Ganz anders verhält es sich in der Rehabilitation. Dort geht es um ein ausgewogenes Ausdauertraining, mit dem ein Dekonditionings-Zustand behoben und eine gute Erholungsfähigkeit erreicht werden soll. Im Breiten- und Gesundheitssport liegen die Ansprüche dazwischen. Dort zählen der Spaß an der Bewegung, die Freude an der Leistung und der Gesundheitsaspekt (Abb. 4.**8**).

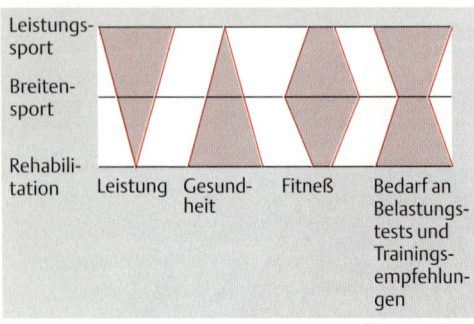

Abb. 4.8 Zielsetzung des Ausdauertrainings für Leistungssport, Breitensport und Rehabilitation (nach Skinner)

In diesem Buch wurde bewußt darauf verzichtet, auf die Besonderheiten des Ausdauertrainings nach frisch kardiovaskulären Erkrankungen einzugehen. Diese Patienten gehören zur Abklärung und Rehabilitation in die Hand eines Spezialisten.

4.4.1 Training der aeroben Ausdauer

Die Ausdauerleistungsfähigkeit wird optimal gesteigert, wenn 2–3 mal pro Woche je 30–45 Minuten trainiert wird. Der Anfänger muß langsam beginnen, und der Wechsel zwischen Belastung und Erholung muß ausgewogen sein. Diese *Wechselmethode* wird mit zunehmender Leistungsfähigkeit von der *Dauermethode* abgelöst (Abb. 4.9). Bei der Dauermethode wird eine Leistung über längere Zeit *ohne* Unterbrechung erbracht. Bei beiden Methoden muß die Belastung aber so gewählt werden, daß die Energiebereitstellung *aerob* erfolgt.

Für die Steuerung der Trainingsintensität wird im allgemeinen die *Herzfrequenz* oder das subjektive *Anstrengungsempfinden* herangezogen.

Herzfrequenz

Die Herzfrequenz für eine effektive Belastung im Dauerleistungsbereich kann indirekt oder direkt berechnet werden:
– indirekt: Trainingspuls = 170–halbes Lebensalter
Beim Schwimmen und Radfahren werden vom Trainingspuls weitere 10 Schläge abgezogen.
– direkt: Die Herzfrequenz kann während eines Belastungstest (Ergometrie, Conconi-Test, Laktatanalyte) zur eingestellten Intensität

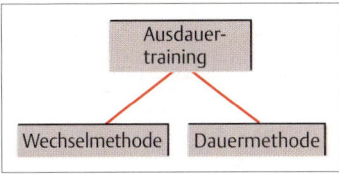

Abb. 4.9 Ausdauertraingsmethoden in der Rehabilitation

oder erbrachten Leistung in Beziehung gesetzt werden. Dadurch kann das Training bequem gesteuert werden.
- Herzfrequenz an der anaeroben Schwelle:
  Beim Conconitest ordnet man z. B. der Herzfrequenz an der anaeroben Schwelle die „Trainingsintensität 100%" zu. Die Herzfrequenz, die bei 85% der Laufgeschwindigkeit der aeroben Schwelle gemessen wird, entspricht dann der „Trainingsintensität 85%". Bei anaeroben Ausdauertraining bis 30 Minuten sollte die Trainingsintensität zwischen 80–90% betragen, für extensives Training mit überwiegender Fettverbrennung wählt man bei langer Trainingsdauer eine Intensität zwischen 70 und 80%.
- Maximale Herzfrequenz
  Bei der Ergometrie bedeutet die maximal erreichte Herzfrequenz eine „Trainingsintensität von 100%". Für ein aerobes Ausdauertraining bis zu 30 Minuten eignet sich eine Trainingsintensität bei 75–85% der maximalen Herzfrequenz, für ein extensives Training eine Herzfrequenz von 60–75% der maximalen Herzfrequenz (Fletcher 1990).

Subjektives Anstrengungsempfinden

Die bei einer Ausdauerleistung empfundene Anstrengung läßt sich auf einer Skala angeben. Sie deckt den Bereich von geringer bis maximaler Belastung ab (Borg-Skala) (Tab. 4.6). Für ein effektives Ausdauertraining sollte das subjektive Anstrengungsempfinden als *leicht* bis *etwas schwer* eingestuft werden. Bei dieser Belastung sollte das Sprechen noch gut möglich sein!

Die im Übungskatalog ab S. 261 aufgeführten Trainingspläne sind für aerobes Ausdauertraining konzipiert. Der Patient wird in eine der drei Stärkeklassen eingeordnet. Dies erfolgt entsprechend seiner Leistungsanamnese oder der Belastungsteste. Dabei entspricht die Bewertung „ausgezeichnet" der Leistungsklasse III, „gut" und „genügend" der Leistungsklasse II sowie „schwach" und „recht schwach" der Leistungsklasse I.

Tab. 4.6 Borg-Skala

Wert	Anstrengungsempfinden
0	nichts
1	sehr leicht
2	leicht
3	mäßig
4	etwas schwer
5	schwer
6	
7	sehr schwer
8	
9	
10	maximal

Intensität

Die Trainingsintensität wurde bei allen Trainingsplänen (ab S. 261) mit 75–85% der anaeroben Schwelle nach Conconi gewählt. Dies entspricht etwa dem subjektiven Anstrengungsempfinden von leicht bis etwas schwer (Werte 2–4 nach Borg-Skala) oder einer Pulsfrequenz 170/Min. minus $1/2$ Lebensalter.

Dauer

Die Dauer einer Trainingseinheit wird durch die Leistungsklasse (I, II, III) bestimmt. Patienten, die mehr Trainingsarbeit verrichten wollen, sollen zunächst die Trainingsdauer und erst später die Trainingsintensität erhöhen.

Häufigkeit

Die Häufigkeit wird ebenso wie die Trainingsdauer zur Steuerung der Trainingsarbeit eingesetzt.

4.5 Koordination

Häufiges Wiederholen eines Bewegungsmusters schult die koordinativen Fähigkeiten. Vor allem verbessern sich die propriozeptiven Rückmeldungen und damit die Selbstwahrnehmung.

4.5 Koordination

Gerät	Beschreibung	Behandlungsebene	
Gyroplan		horizontal	
Freemanns-Platte (1/2 Zylinder)		sagittal frontal schräg	
Freemanns-Platte (mit 2 Halbkugeln)		sagittal frontal schräg	
Dotte-Schaukel		horizontal	
verschiedene Kreiseltypen		gleichzeitig in allen Ebenen	

Abb. 4.**10** Beispiele von Übungsgeräten mit instabilen Ebenen

Zur Verbesserung der Koordination wird eine geringe Belastungsintensität gewählt, dafür aber eine hohe Wiederholungszahl. Die Wiederholungen dürfen nicht schematisiert werden, damit der Gewöhnungseffekt ausbleibt. Die Übungsmethoden und Übungsinhalte sollten ständig neu variiert und neu kombiniert werden. Unterstützend werden gleichzeitig die Vorstellung und Wahrnehmung der einzelnen Bewegungsphasen geübt.

Die Koordination sollte in ruhiger Atmosphäre geschult werden. Der Patient darf außerdem nicht müde sein, weil er sich sonst schlecht konzentrieren kann. Deshalb werden die Koordinationsübungen an den Anfang einer Therapieeinheit gestellt.

Die Koordination wird mit dem eigenen Körpergewicht trainiert (Sprünge, anspruchsvolle Gymnastikübungen etc.) oder mit einfachen Hilfsmitteln (instabile Unterlagen, Ball, Zugapparat etc.) (Abb. 4.**10**).

Auch schon beim Training von Kraft und Ausdauer wirken sich solche Übungen positiv aus, die gleichzeitig die koordinativen Fähigkeiten fördern.

5 Übungsprogramm

5.1 Beweglichkeit

➡ Dehnübungen

- Nehmen Sie die abgebildete Dehnstellung ein.
- Ändern Sie langsam die Position in Pfeilrichtung, dadurch verstärkt sich die Dehnung.
- Vermeiden Sie ruckartige Bewegungen – kein Wippen!
- Halten Sie diese Stellung 10–20 Sekunden.
- Atmen Sie regelmäßig und ruhig.
- Wiederholen Sie die Übung 2–3mal auf beiden Seiten.

Hintere Unterschenkelmuskulatur

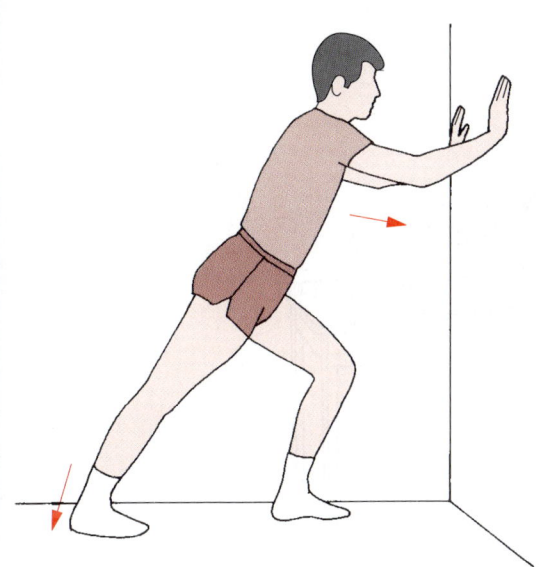

Abb. 5.1

Ausführung
- Ferse auf den Boden drücken
- Körper gleichmäßig nach vorne neigen.

Hinweis
- Durch Beugen des Kniegelenkes wird bei sonst gleicher Ausführung gezielt die tiefe Wadenmuskulatur (M. soleus) gedehnt.

Hintere Unterschenkelmuskulatur / Hintere Oberschenkelmuskulatur

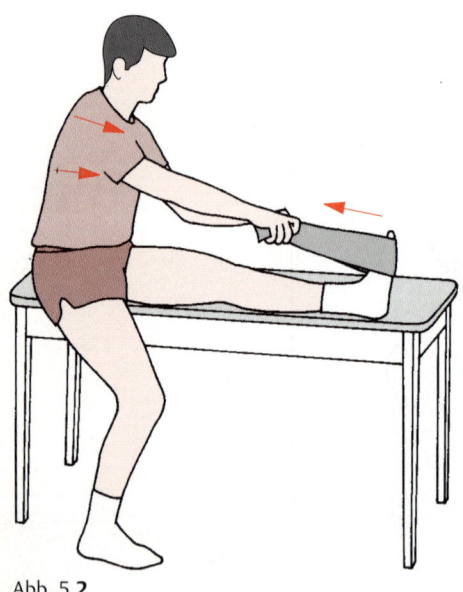

Abb. 5.2

Ausführung
- Mittels Tuch den Vorfuß hochziehen.
- Rumpf nach vorne neigen.

Hinweis
- Das Knie ist gestreckt.

Vordere Oberschenkelmuskulatur

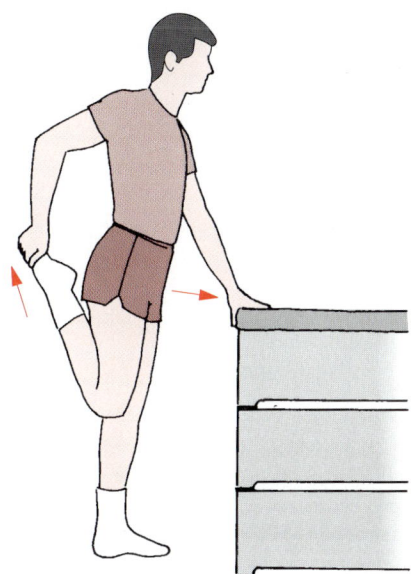

Abb. 5.**3**

Ausführung
- Fuß an das Gesäß heranziehen.
- Becken vorschieben.

Hinweise
- Durch den Zugriff am Vorfuß wird gleichzeitig die vordere Unterschenkelmuskulatur gedehnt.
- Ein Hohlkreuz als Ausweichbewegung soll vermieden werden.

Vordere Oberschenkelmuskulatur

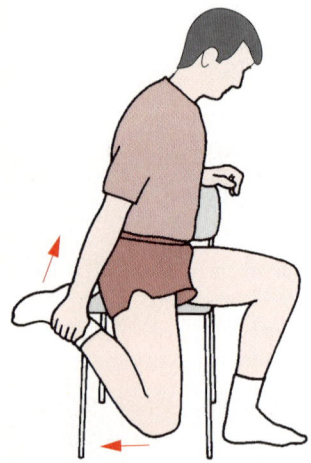

Abb. 5.4

Ausführung
- Ferse in Richtung Gesäß ziehen.
- Knie langsam nach hinten bewegen.

Hinweise
- Der Kopf ist leicht nach vorne gebeugt.
- Bei starker Verkürzung kann die Distanz zwischen Hand und Fuß mit einem Tuch überbrückt werden.

Vordere Oberschenkelmuskulatur

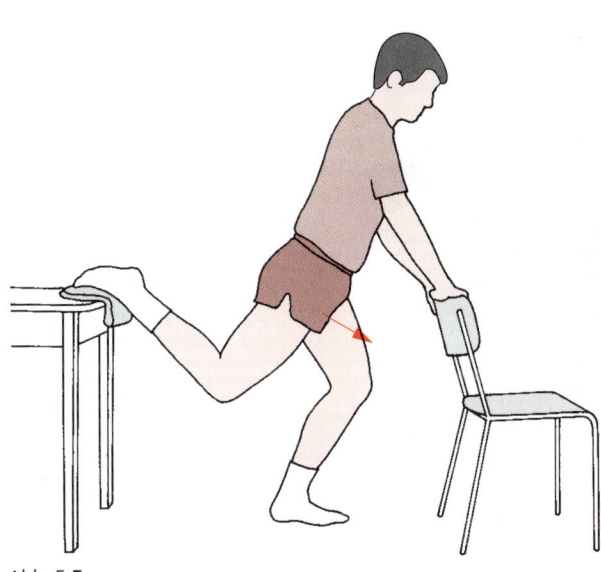

Abb. 5.5

Ausführung
- Knie des Standbeines biegen und Hüfte nach vorne unten schieben.

Hinweis
- Bei dieser Übung wird der M. rectus femoris (gerader Schenkelmuskel) über das Hüftgelenk und kaum über das Kniegelenk gedehnt.
  Durch die so erzielte Entlastung des Kniegelenkes ist diese Übung auch bei Kniebeschwerden durchführbar.

Hintere Oberschenkelmuskulatur

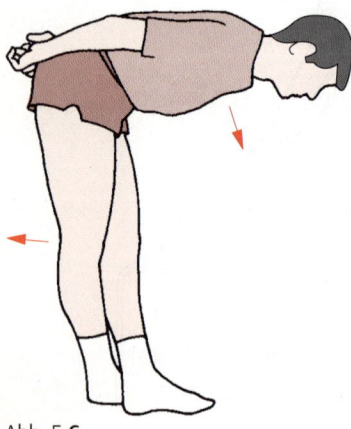

Abb. 5.6

Ausführung
- Knie strecken.
- Oberkörper nach vorne neigen.

Hinweise
- Der Rücken wird möglichst gerade gehalten.
- Spannungsunterschiede zwischen links und rechts sind als Hinweis zu werten, welche Seite intensiver gedehnt werden muß.

Hintere Oberschenkelmuskulatur

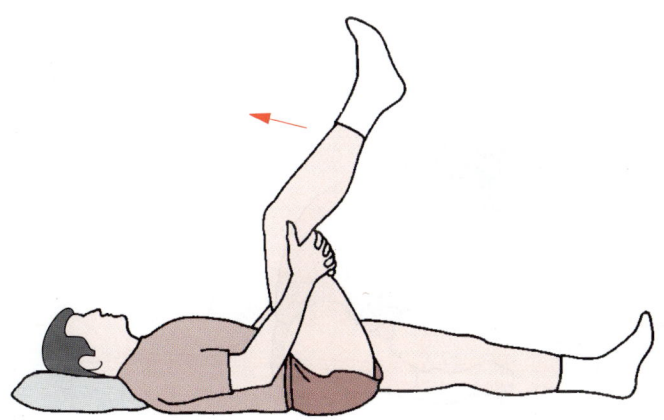

Abb. 5.7

Ausführung
- Fixation des Oberschenkels in Hüftbeugung, aktive Kniestrekkung.

Hinweis
- Die Hüftbeugung wird während der Dehnung nicht verändert.

Hintere Oberschenkelmuskulatur

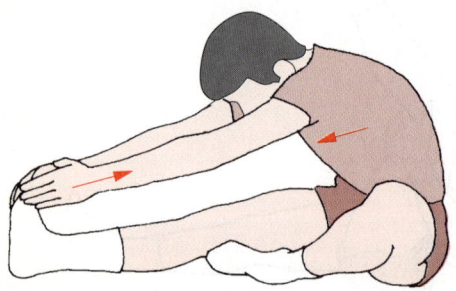

Abb. 5.8

Ausführung
↙ Becken und Oberkörper bei gestrecktem Knie nach vorne kippen.

Hinweis
- Gleichzeitiger Zug am Fuß (↗) dehnt die Wadenmuskulatur.

Vordere Hüftmuskulatur

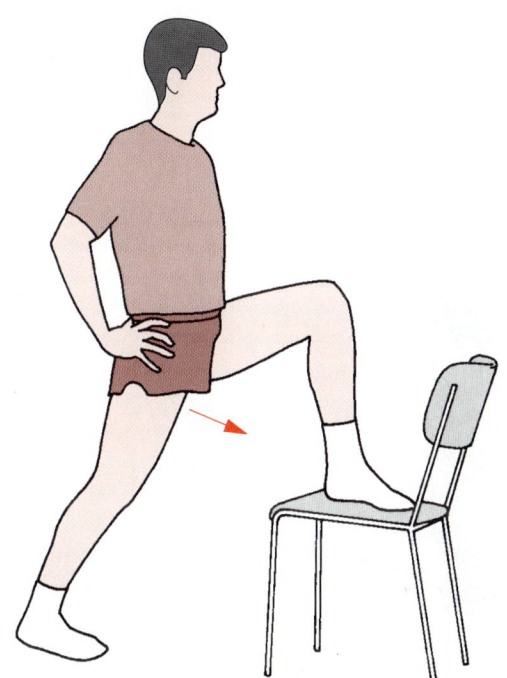

Abb. 5.9

Ausführung
- Hüfte nach vorne schieben.

Hinweis
- Um eine gezielte Dehnung der Hüftbeuger zu erreichen, darf die Hüfte nicht nach außen gedreht werden. Die Füße bleiben nach vorne ausgerichtet.

Vordere Hüftmuskulatur

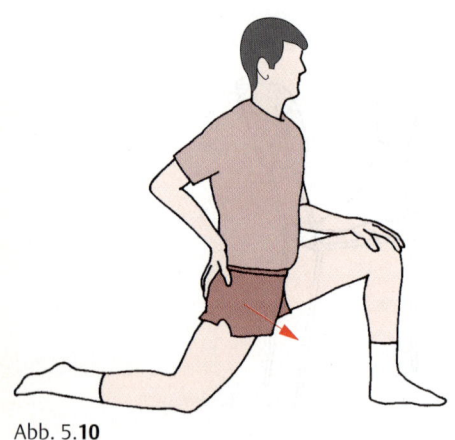

Abb. 5.**10**

Ausführung
- Hand schiebt das Becken nach vorne abwärts.
  Hüfte nach vorne abwärts drücken.

Hinweise
- Der Oberkörper bleibt aufrecht.
- Die Füße bleiben nach vorne und hinten ausgerichtet.

Hintere Hüftmuskulatur

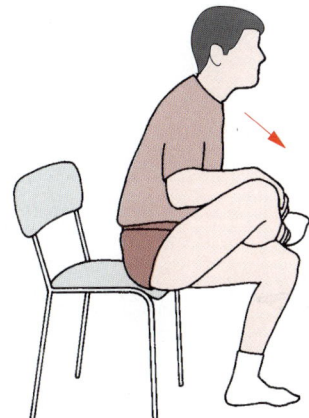

Abb. 5.**11**

Ausführung
Rumpf mit gestreckter Wirbelsäule nach vorne neigen.

Hinweis
Bei Gefühlsstörung im Bein Dehnung abbrechen.

Hintere Hüftmuskulatur

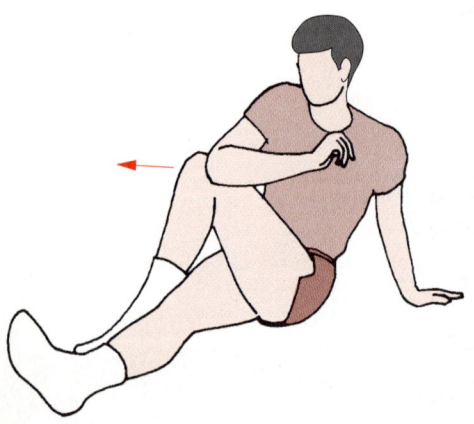

Abb. 5.**12**

Ausführung
◂— Mit Ellbogen Oberschenkel auf die Gegenseite drücken.

Hinweis
– Abhängig vom Ausmaß der Hüftbeugung werden verschiedene Anteile der hinteren Hüftmuskulatur gedehnt.

Hintere Hüftmuskulatur

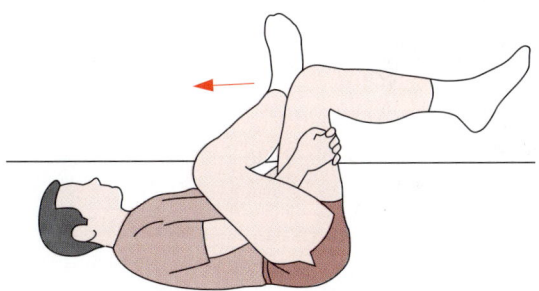

Abb. 5.13

Ausführung
- Durch Zug am gegenseitigen Oberschenkel die Außendrehung der Hüfte verstärken.

Hinweis
- Der Oberkörper bleibt entspannt auf der Unterlage.

Hintere Hüftmuskulatur

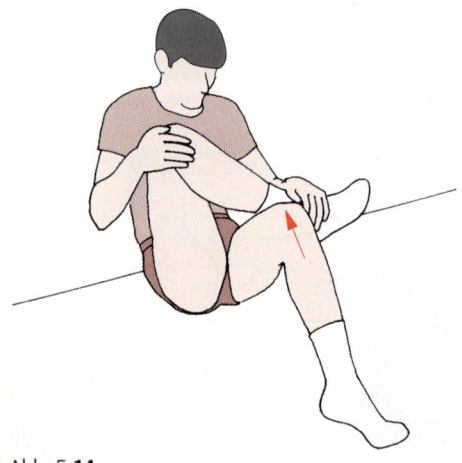

Abb. 5.**14**

Ausführung
- Knie gegen Unterschenkel drücken.

Hinweis
- Bei dieser Übung wird die hintere Hüftmuskulatur intensiv gedehnt.

Innere Hüftmuskulatur

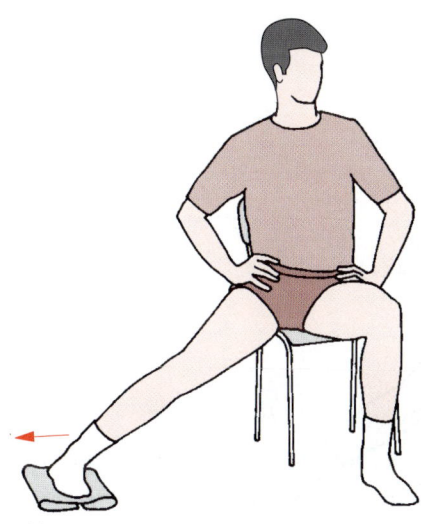

Abb. 5.**15**

Ausführung
◄— Ferse seitlich wegschieben.

Hinweise
- Die Zehen zeigen nach vorne.
- Das Knie soll gestreckt sein.
- Bei starker Einschränkung muß die Sitzfläche erhöht werden.

Innere Hüftmuskulatur

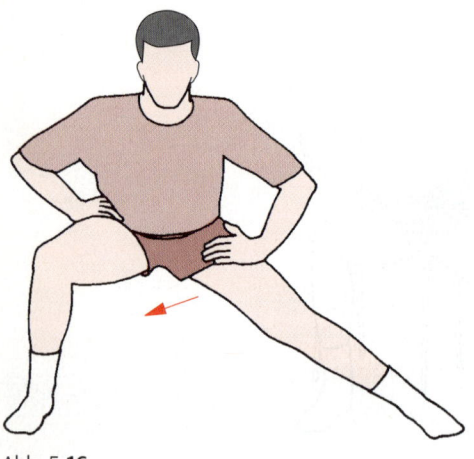

Abb. 5.**16**

Ausführung
- Becken schräg nach unten schieben.

Hinweis
- Einfachere Ausführung: Das Gewicht des Oberkörpers wird mit den Händen auf dem gebeugten Knie oder der Unterlage abgestützt.

Innere Hüftmuskulatur

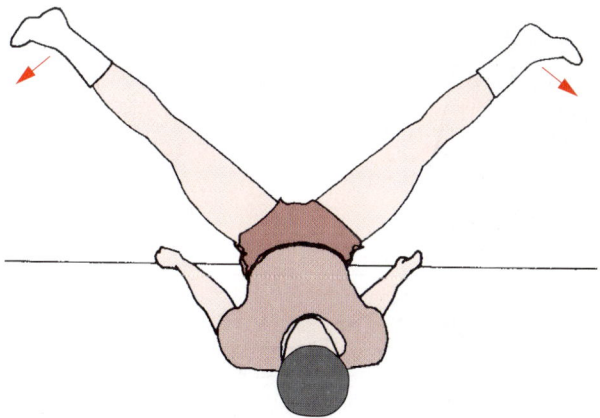

Abb. 5.**17**

Ausführung
▲▲ Gestreckte Beine abspreizen.

Hinweise
- Mit dem Gesäß möglichst nahe an die Wand rutschen.
- Die Dehnung kann durch den Druck der Hände auf die Knieinnenseiten aktiv verstärkt werden.

Seitliche Hüftmuskulatur

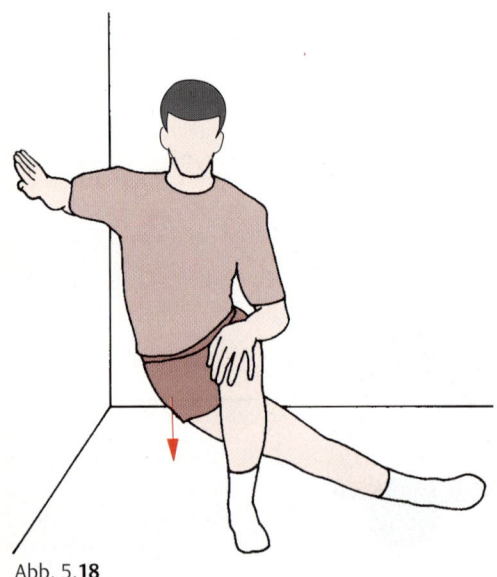

Abb. 5.**18**

Ausführung
- Becken nach unten schieben.

Hinweis
- Eine gute Stabilisierung des Oberkörpers ist nötig.

Rückenmuskulatur

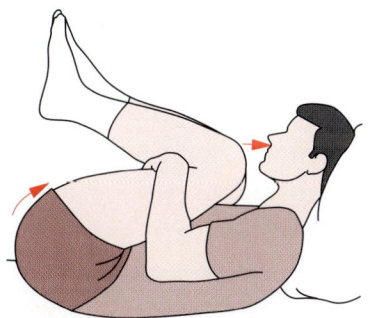

Abb. 5.**19**

Ausführung
↗ ► Knie Richtung Kopf ziehen, bis sich das Becken leicht abhebt.

Hinweis
– Zur Verstärkung der Dehnung kann der Kopf von der Unterlage abgehoben werden.

Rückenmuskulatur

Abb. 5.**20**

Ausführung
↓ ↓ Rundrücken durch den Zug der Arme verstärken.

Hinweis
- Bei richtiger Ausführung muß bei dieser Übung das Dehngefühl im Bereich der Lendenwirbelsäule verspürt werden. Dabei sollen vor allem die lumbalen Rückenstrecker gedehnt werden.

Rückenmuskulatur

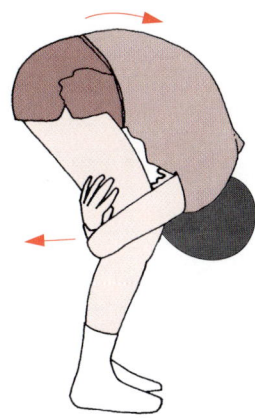

Abb. 5.21

Ausführung
- Knie strecken.
- Rundrücken verstärken.

Hinweis
- Die Übung ist dann richtig ausgeführt, wenn das Dehngefühl vor allem in der Rückenmuskulatur im Lendenwirbelsäulenbereich verspürt wird. Es sollen vorwiegend die lumbalen Rückenstrecker gedehnt werden.

Seitliche Rumpfmuskulatur

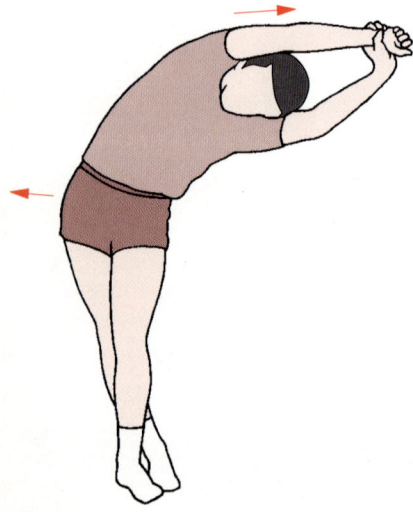

Abb. 5.**22**

Ausführung
- Hüfte seitwärts schieben.
- Rumpf zur Gegenseite bewegen und ziehen.

Hinweise
- Bei der Neigung nach links steht das linke Bein vorne und umgekehrt.
- Die Bewegung soll in einer Ebene stattfinden.

Seitliche Rumpfmuskulatur

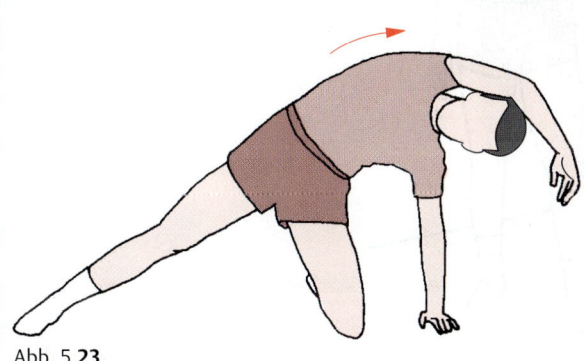

Abb. 5.23

Ausführung
- Oberkörper zur Seite neigen.

Hinweis
- Der Oberkörper soll eine rein seitliche Bewegung machen, kein Ausweichen nach vorne oder hinten.

Brustmuskulatur

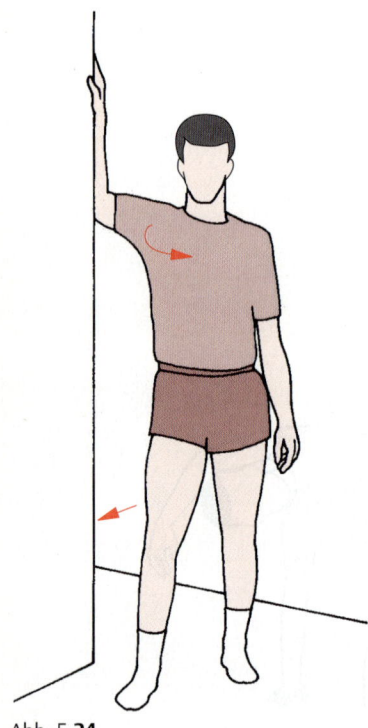

Abb. 5.**24**

Ausführung
- Mit gleichseitigem Bein Schritt nach vorne.
- Verlagern der Schulter nach vorne.

Hinweis
- Durch Höher- und Tieferhalten des Oberarmes können die verschiedenen Anteile des Brustmuskels gedehnt werden.

Schulter-Nacken-Muskulatur

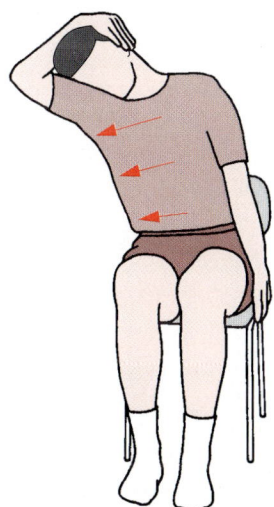

Abb. 5.**25**

Ausführung
- Kopf zur Gegenseite neigen und mit der Hand fixieren.
- Andere Hand umfaßt die Sitzfläche.
- Rumpf langsam zur Seite neigen und ausatmen.

Hinweis
- Die Dehnung erfolgt einzig durch die Seitneigung des Rumpfes, es darf nicht am Kopf gezogen werden.

Schulter-Nacken-Muskulatur

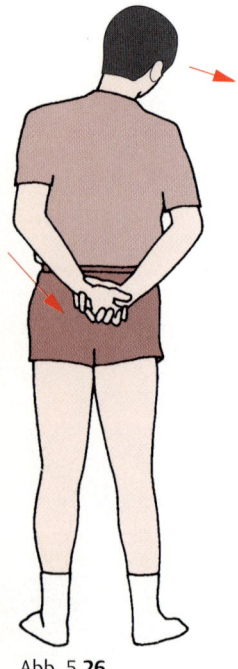

Abb. 5.**26**

Ausführung
- Kopf zur Gegenseite neigen.
- Arm nach unten ziehen und ausatmen.

Hinweis
- Der Oberkörper wird aufrecht gehalten.

Nackenmuskulatur

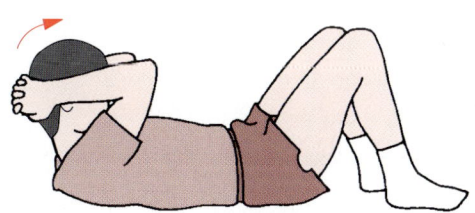

Abb. 5.**27**

Ausführung
- Kopf mit beiden Händen dosiert nach vorne ziehen.

Hinweise
- Das Nach-vorne-Ziehen des Kopfes soll mit einem Zug in der Längsrichtung (Kopf „aus dem Hals heraus"ziehen) kombiniert werden.
- Bei Auftreten von Schwindelerscheinungen ist die Übung umgehend abzubrechen.

Äußere Unterarmmuskulatur

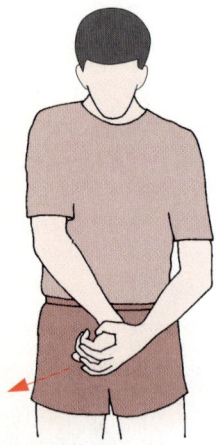

Abb. 5.**28**

Ausführung
Hand mit gebeugtem Handgelenk und gebeugten Fingergelenken fixieren.
 Ellbogen strecken.

Hinweis
- Je stärker das Handgelenk und die Fingergelenke in Beugung fixiert werden können, um so intensiver erfolgt die Muskeldehnung.

Innere Unterarmmuskulatur

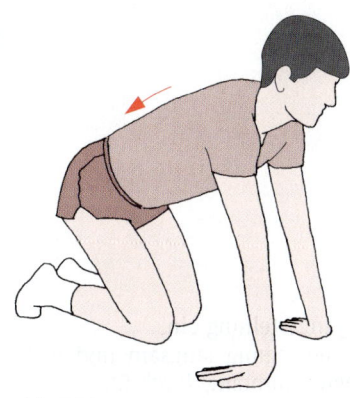

Abb. 5.**29**

Ausführung
- Oberkörper nach hinten verlagern.

Hinweis
- Je weiter die Hände nach hinten gedreht sind, um so intensiver ist die Dehnung.

➡ Mobilisationsübungen

- Nehmen Sie die abgebildete Ausgangsstellung ein.
- Mobilisieren Sie, indem Sie die Bewegung langsam und nicht ruckartig über den ganzen Bewegungsumfang durchführen.
- Wiederholen Sie den Bewegungsablauf 5- bis 10mal.
- Leichte Schmerzen sollten Sie von diesen Übungen nicht abhalten.

Kniescheibe

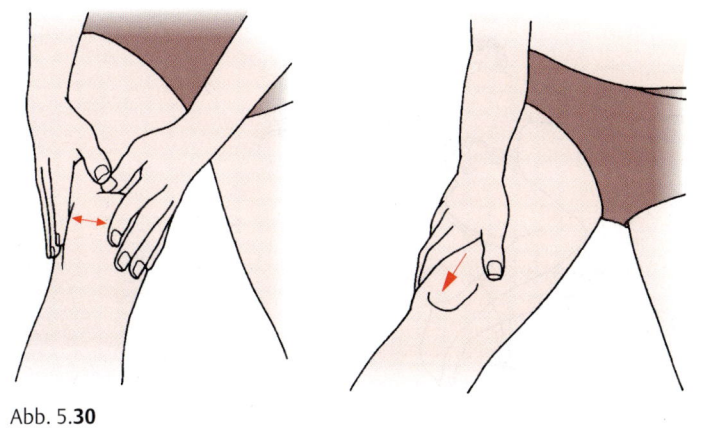

Abb. 5.**30**

Ausführung
↔ Kniescheibe nach innen und außen schieben.
↘ Kniescheibe fußwärts schieben.

Hinweis
– Druck auf die Kniescheibe vermeiden.

Brustwirbelsäule/Lendenwirbelsäule

Abb. 5.**31**

Ausführung
- Aus Rückenlage mit angestellten Beinen beide Beine zur Seite legen.
- Kopf zur Gegenseite drehen.

Hinweis
- Der Schultergürtel muß auf der Unterlage bleiben.

Brustwirbelsäule/Lendenwirbelsäule

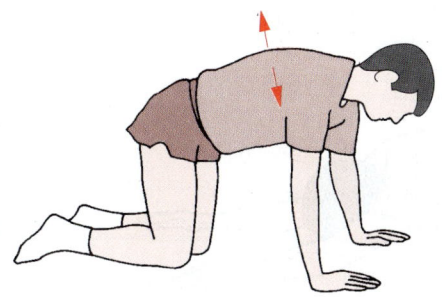

Abb. 5.**32**

Ausführung
- Wirbelsäule rund machen (Katzenbuckel) und wieder strecken.

Hinweis
- Die Bewegung erfolgt atemsynchron.

Brustwirbelsäule/Lendenwirbelsäule

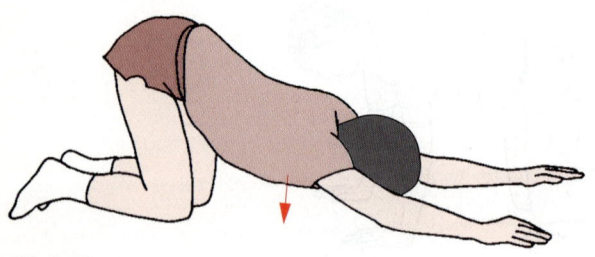

Abb. 5.**33**

Ausführung
- Oberkörper nach unten drücken.

Hinweis
- Die Mobilisation erfolgt in der Ausatmungsphase.

Brustwirbelsäule

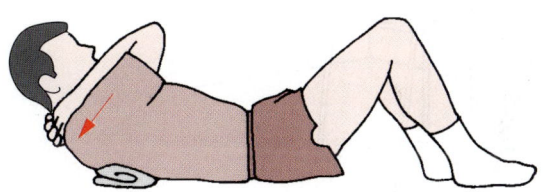

Abb. 5.**34**

Ausführung
- Wirbelsäule langsam über das gerollte Handtuch abrollen.

Hinweis
- Die Lage des Handtuchs bestimmt die Höhe der Mobilisation.

Brustwirbelsäule/Schultergürtel

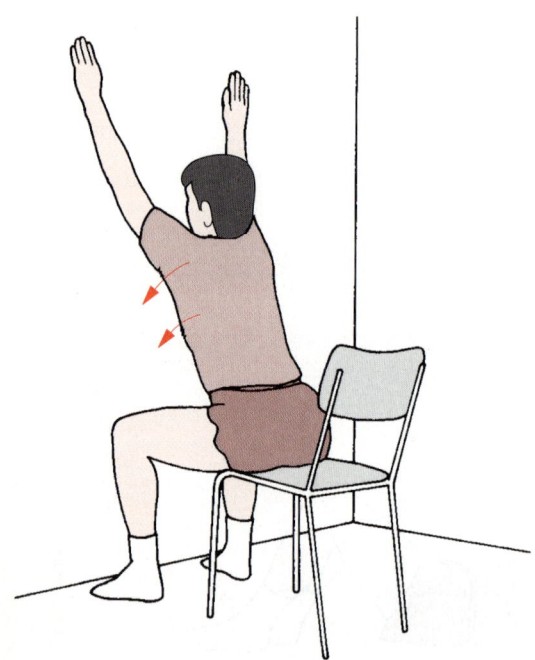

Abb. 5.**35**

Ausführung
Oberkörper nach vorne unten drücken.

Hinweis
- Der Abstand zwischen den Händen soll variiert werden.

Schultergelenk

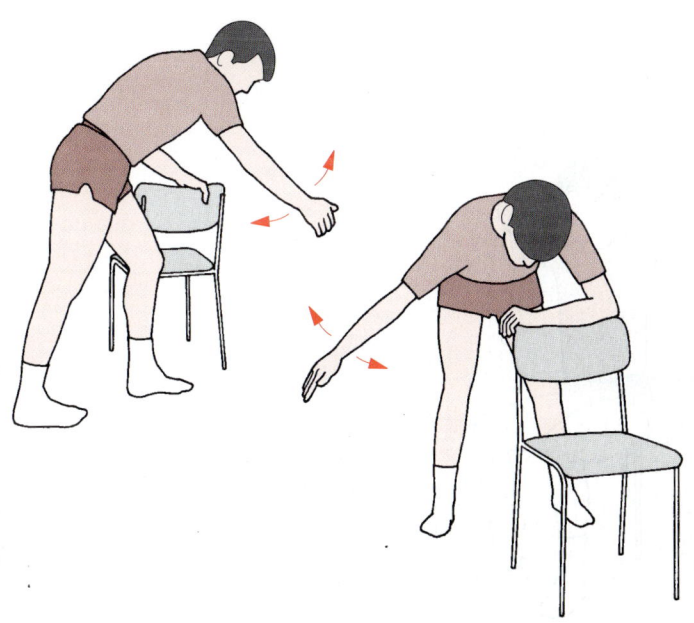

Abb. 5.**36**

Ausführung
- Vorwärts- und Rückwärts-Schwingen des Armes.
- Seitwärts-Schwingen des Armes.

Hinweis
- Die Bewegung kann in verschiedenen Rumpfbeugestellungen ausgeführt werden.

Schultergelenk

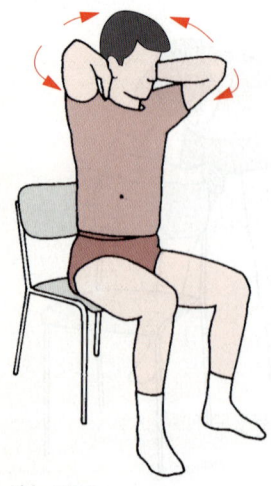

Abb. 5.37

Ausführung
- Ellbogen nach hinten und nach vorne bewegen.

Hinweis
- Der Kopf darf nicht nach vorne gedrückt werden.

5.2 Kraft

➡ Kraftausdauertraining

- Nehmen Sie die abgebildete Ausgangsstellung ein.
- Führen Sie die Bewegung langsam und mit gleichbleibender Geschwindigkeit durch.
- Wechseln Sie die Bewegungsrichtung, ohne anzuhalten.
- Wiederholen Sie den Bewegungsablauf 20–30mal.
- Sind mehr als 30 Wiederholungen möglich, ist die Belastung zu gering. Wählen Sie eine anspruchsvollere Ausgangsstellung oder eine andere Übung.
- Absolvieren Sie 3 Serien mit Pausen von 1–2 Minuten.

➡ Maximalkrafttraining

- Nehmen Sie die abgebildete Ausgangsstellung ein.
- Führen Sie die Bewegung langsam und mit gleichbleibender Geschwindigkeit durch.
- Wechseln Sie die Bewegungsrichtung, ohne anzuhalten.
- Wiederholen Sie den Bewegungsablauf 8–12mal.
- Sind mehr als 12 Wiederholungen möglich, ist die Belastung zu gering. Wählen Sie eine anspruchsvollere Ausgangsstellung oder eine andere Übung.
- Absolvieren Sie 3 Serien mit Pausen von 1–2 Minuten.

Hinweise zum Training
- Die Intensität der Übungen mit dem eigenen Körpergewicht kann mit einfachen zusätzlichen Gewichten (Hanteln, Sandsäcke, Gewichtmanschetten u. a. m.) erhöht werden.
- Die mit dem Gummizug dargestellten Übungen können in der Regel auch mit dem Zugapparat durchgeführt werden.
- Am traditionellen Zugapparat bleiben die Belastungen über den gesamten Bewegungsumfang gleich. An elektronisch gesteuerten Geräten kann die konzentrische und exzentrische Belastung frei gewählt oder ein isokinetisches Training durchgeführt werden.
- Anhand der abgebildeten Krafttrainingsmaschinen wird nur exemplarisch die zu trainierende Funktion dargestellt. Selbstverständlich finden sich auf dem Markt unterschiedliche Gerätetypen mit der gleichen Zielsetzung.

Hintere Unterschenkelmuskulatur

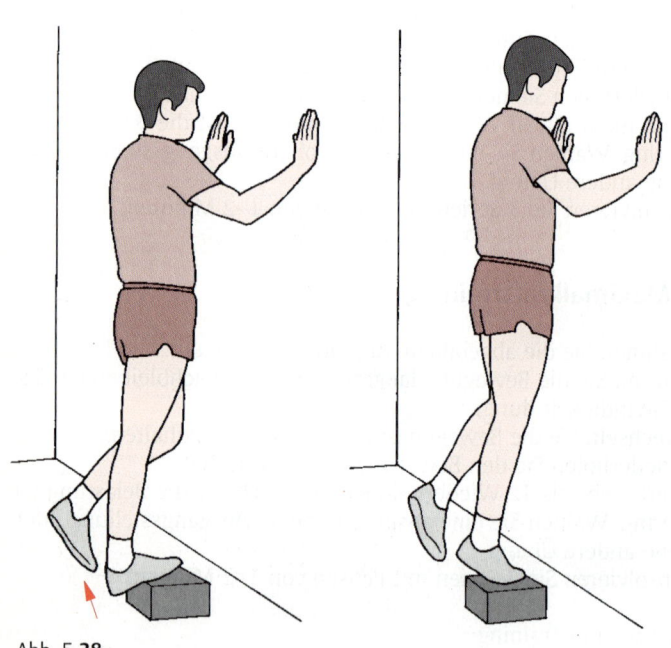

Abb. 5.**38**

Ausführung
- Sprunggelenk strecken.

Hinweise
- Bei gebeugtem Kniegelenk wird bei sonst gleicher Ausführung vor allem der M. soleus (Schollenmuskel) trainiert.
- Bei schwacher Wadenmuskulatur kann die Übung anfänglich beidbeinig ausgeführt werden.

Hintere Unterschenkelmuskulatur

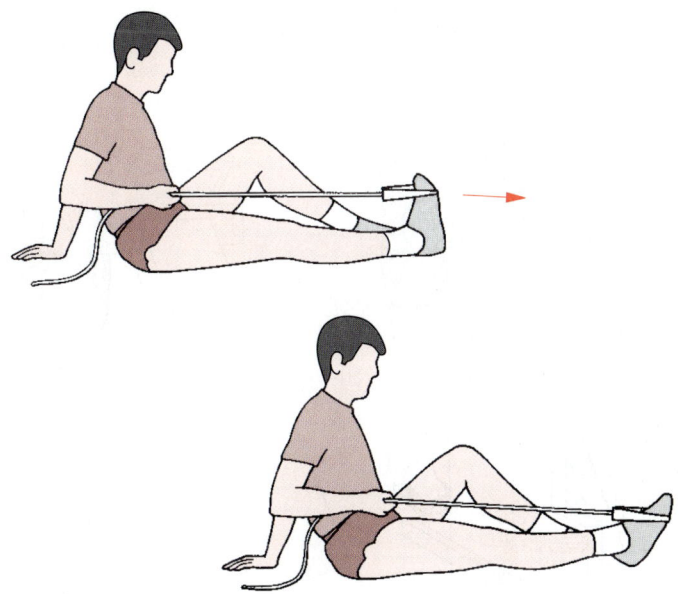

Abb. 5.39

Ausführung
➤ Sprunggelenk strecken und beugen.

Hinweise
- Der Gummizug wird am Fußballen fixiert.
- Der Bewegungsumfang im oberen Sprunggelenk soll voll ausgenützt werden.

Hintere Unterschenkelmuskulatur

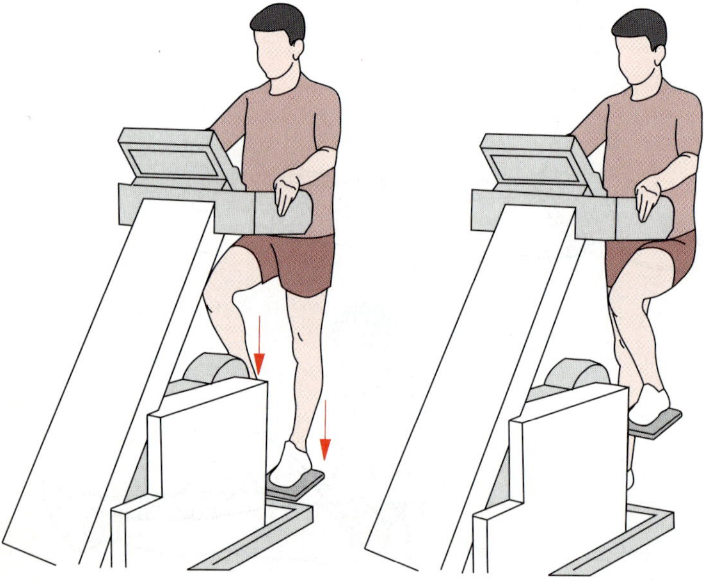

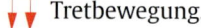

Abb. 5.**40**

Ausführung
▼▼ Tretbewegung.

Hinweis
– Durch die Variation der Auflagefläche des Fußes kann der Effekt verändert werden.

Vordere Unterschenkelmuskulatur

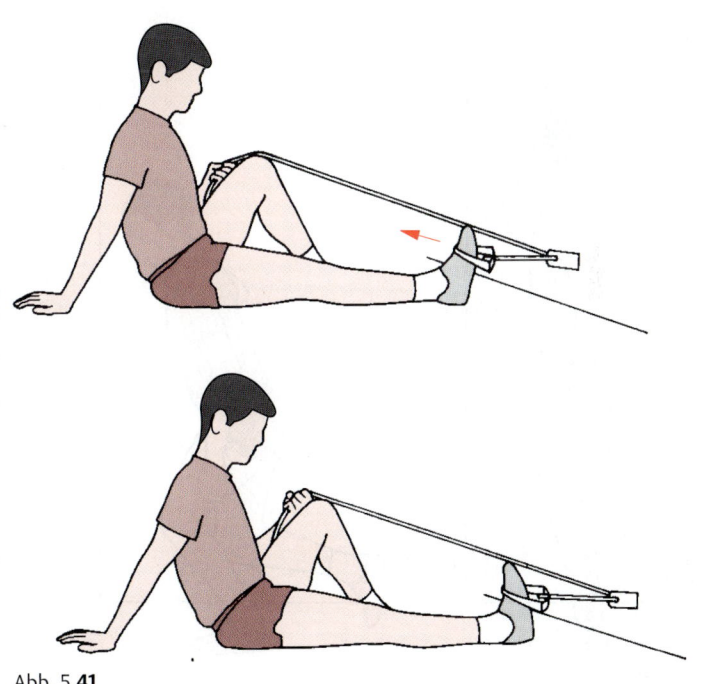

Abb. 5.**41**

Ausführung
- Sprunggelenk beugen und strecken.

Hinweis
- Die Ferse bleibt auf der Unterlage.

Vordere Oberschenkelmuskulatur

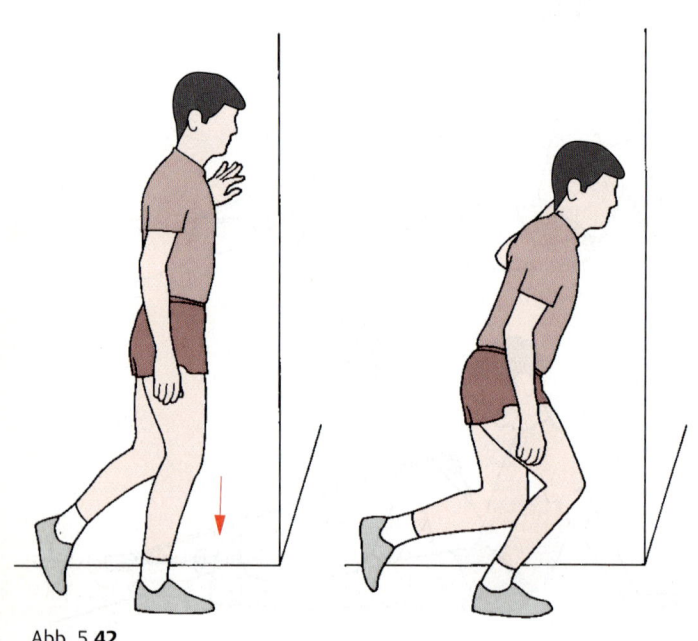

Abb. 5.42

Ausführung
- Knie beugen und strecken.

Hinweise
- Das Kniegelenk soll nicht vollständig gestreckt werden, damit die Muskulatur über längere Zeit unter Spannung bleibt.
- Die Bewegungsumkehr geschieht fließend ohne Pause.
- Zur Belastungssteigerung kann die Übung bei sonst gleicher Ausführung mit Hilfe des Gummizugs durchgeführt werden.

Vordere Oberschenkelmuskulatur

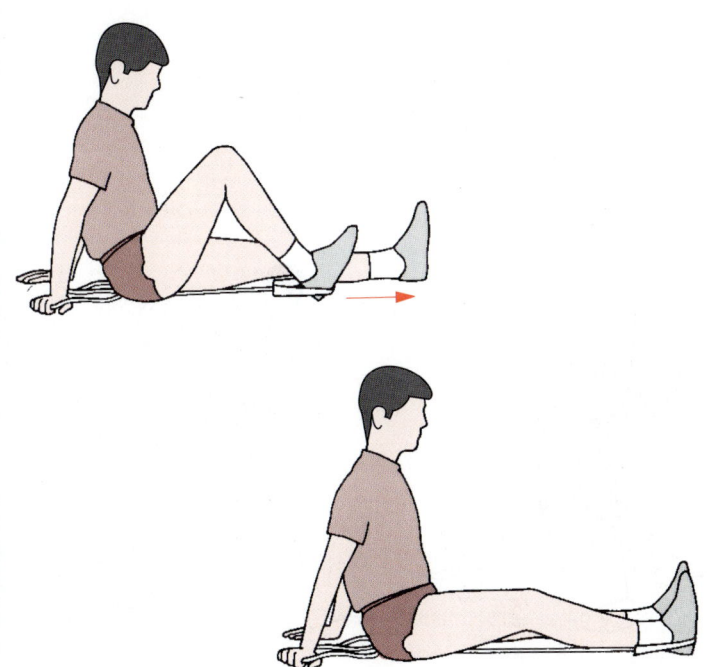

Abb. 5.**43**

Ausführung
- Fuß nach vorne stoßen („Beinpresse").

Hinweise
- Die Ferse gleitet auf der Unterlage.
- Diese Übung ist gut geeignet bei erlaubter Teilbelastung des Beines.

Vordere Oberschenkelmuskulatur

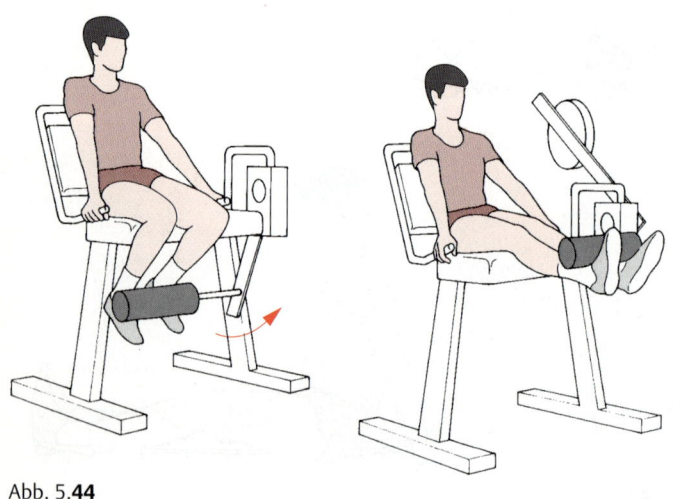

Abb. 5.**44**

Ausführung
- Beine strecken und beugen.

Hinweis
- Dieser Übungsablauf entspricht einer offenen Kettenaktivität.

Vordere Oberschenkelmuskulatur

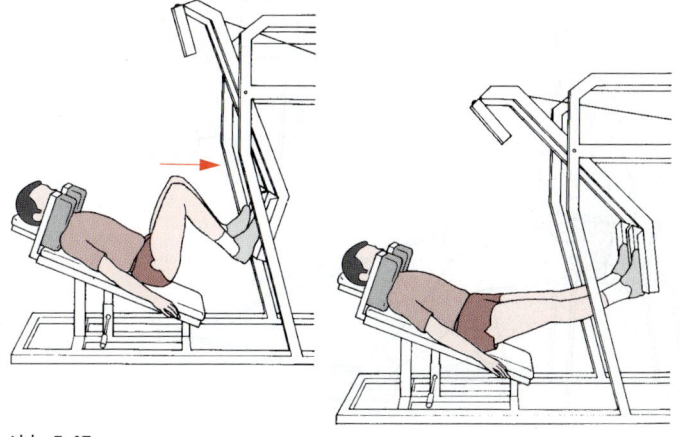

Abb. 5.**45**

Ausführung
- Beine strecken und beugen.

Hinweis
- Dieser Übungsablauf entspricht einer geschlossenen Kettenaktivität (Beinpresse).

Hintere Oberschenkelmuskulatur

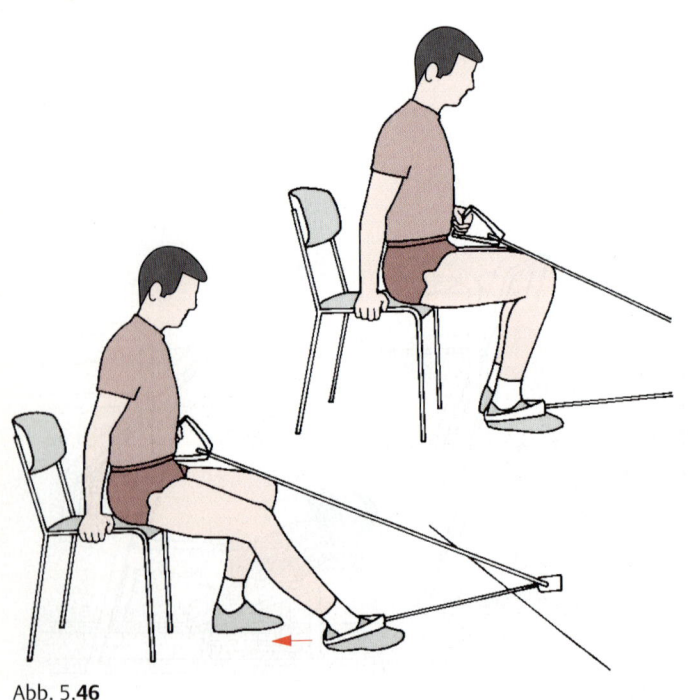

Abb. 5.**46**

Ausführung
- Kniegelenk beugen.

Hinweis
- Die Fußspitze gleitet auf der Unterlage.

Hintere Oberschenkelmuskulatur

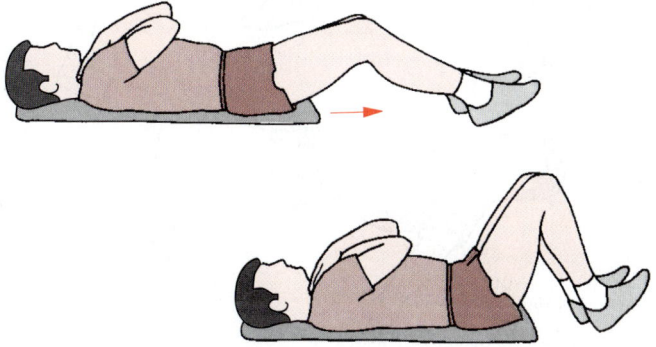

Abb. 5.47

Ausführung
- Oberkörper gegen die fixierten Fersen ziehen.

Hinweise
- Die Belastung wird bestimmt durch den Reibungswiderstand von Boden und Bekleidung.
- Der Widerstand wird durch Unterlegen eines Badetuches deutlich vermindert.

Hintere Oberschenkel- und Hüftmuskulatur

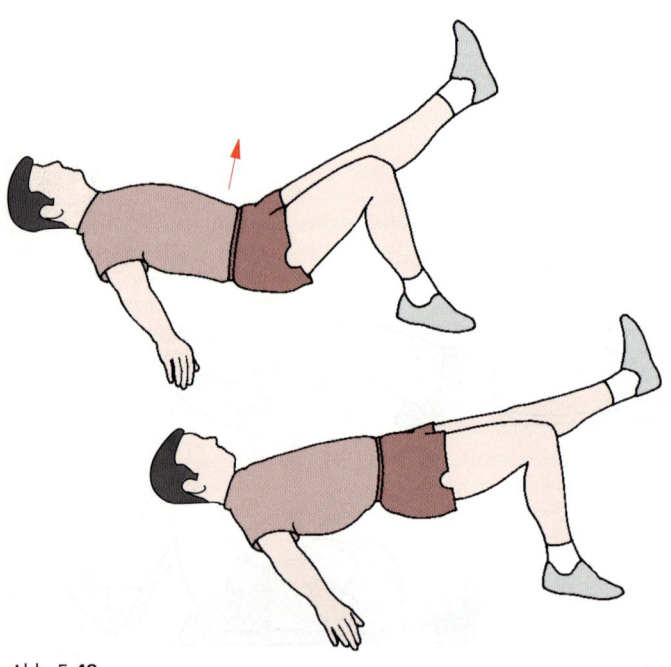

Abb. 5.**48**

Ausführung
- Durch Hüftstreckung Becken nach oben drücken.

Hinweise
- Bei schwacher hinterer Oberschenkel- und Hüftmuskulatur kann die Übung anfänglich beidseitig ausgeführt werden.
- Eine Hohlkreuzbildung soll vermieden werden.

Hintere Oberschenkelmuskulatur

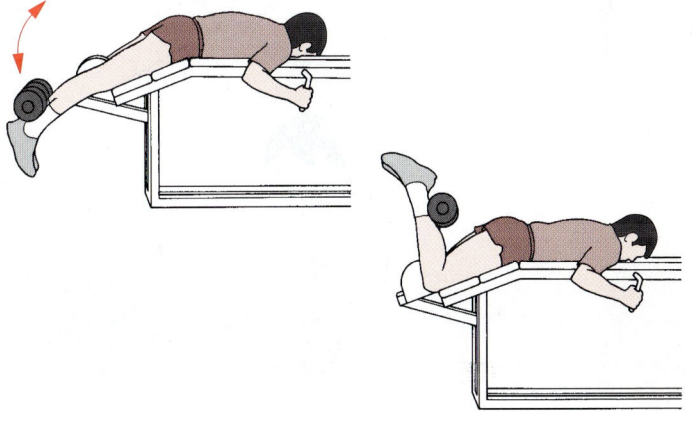

Abb. 5.**49**

Ausführung
- Beine beugen und strecken.

Hinweis
- Eine Hohlkreuzbildung soll vermieden werden.

Vordere Hüftmuskulatur

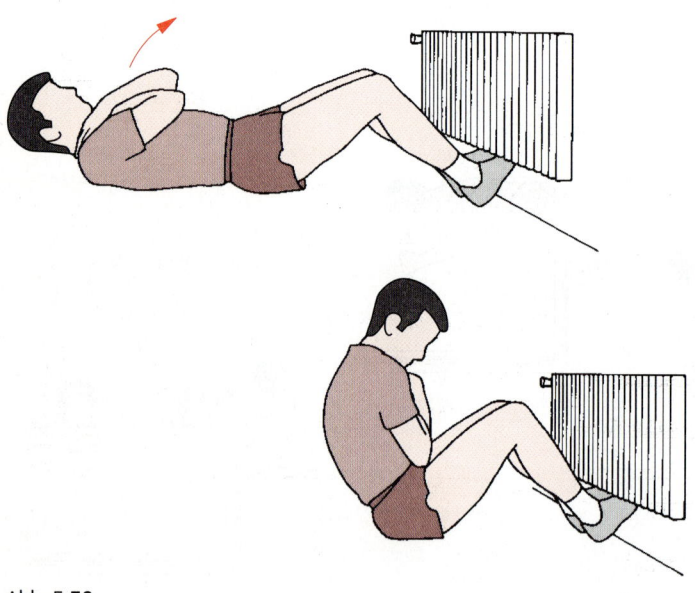

Abb. 5.**50**

Ausführung
- Aufsitzen mit fixierten Füßen.

Hinweise
- Die Hauptbewegung soll im Hüftgelenk stattfinden.
- Durch die Veränderung der Kniewinkelstellung wird die Belastung verändert.

Vordere Hüftmuskulatur

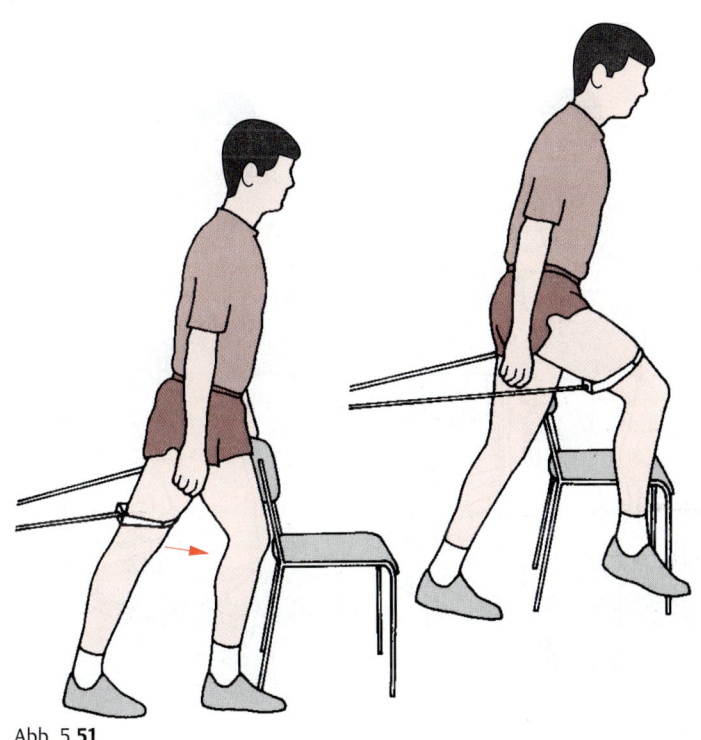

Abb. 5.51

Ausführung
- Hüftgelenk beugen.

Hinweis
- Durch die Fixation am Oberschenkel ist die Übung auch bei Knieproblemen durchführbar.

Vordere Hüftmuskulatur

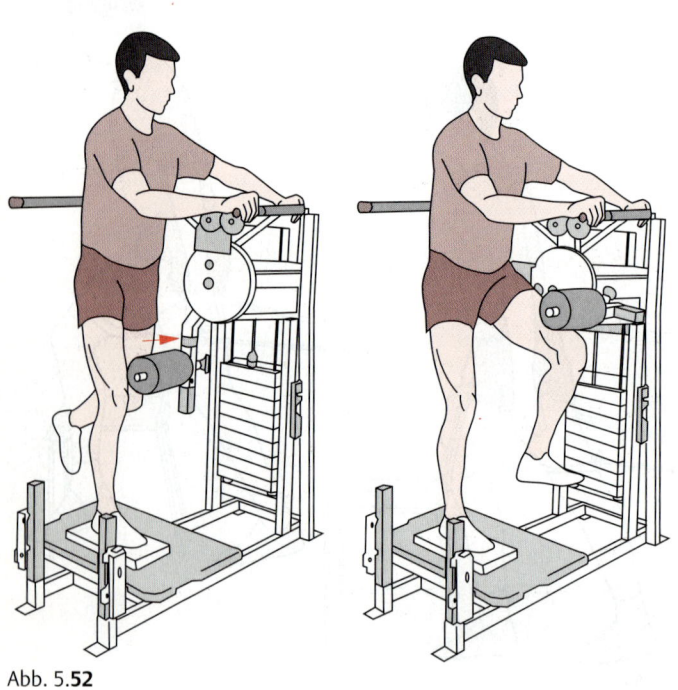

Abb. 5.**52**

Ausführung
- Hüftgelenk beugen.

Hinweis
- Eine Hohlkreuzbildung soll durch aktive Rumpfstabilisierung vermieden werden.

Hintere Hüftmuskulatur

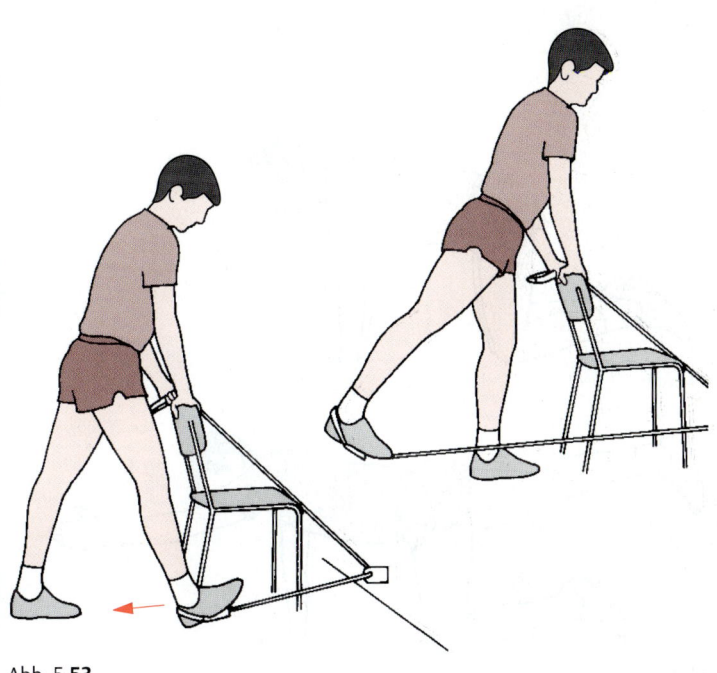

Abb. 5.**53**

Ausführung
← Bein strecken.

Hinweise
- Bei Knieproblemen wird der Gummizug am Oberschenkel fixiert.
- Eine Hohlkreuzbildung mit Ausdrehen des Beckens soll vermieden werden.

Hintere Hüftmuskulatur/Rückenmuskulatur

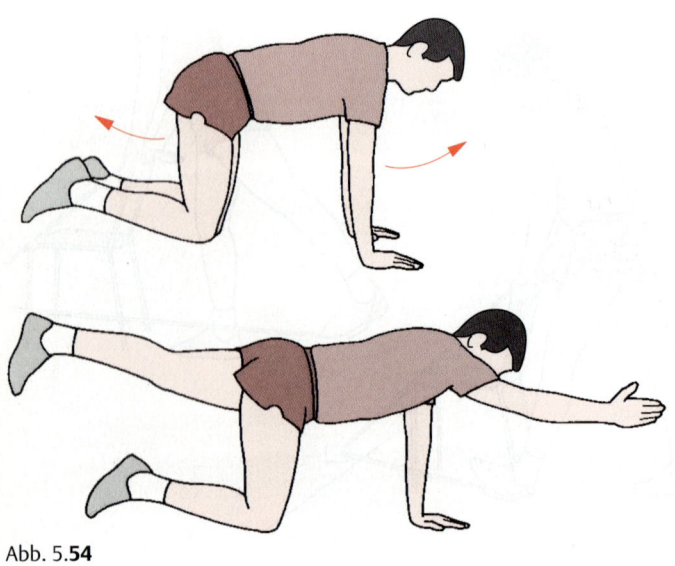

Abb. 5.54

Ausführung
Arm und Bein gegenseitig strecken.

Hinweise
- Die Stellung des Beckens und des Schultergürtels darf während der Streckbewegung nicht verändert werden.
- Bei isoliertem Training der Hüftstrecker wird die Übung nur mit den Beinen ausgeführt.

Hintere Hüftmuskulatur

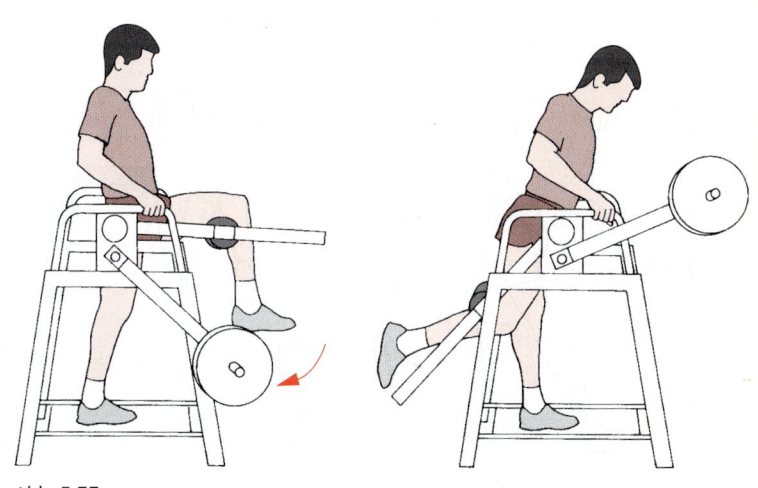

Abb. 5.**55**

Ausführung
- Hüftgelenk strecken.

Hinweis
- Eine volle Hüftstreckung ohne Hohlkreuzbildung soll erreicht werden.

Innere Hüftmuskulatur

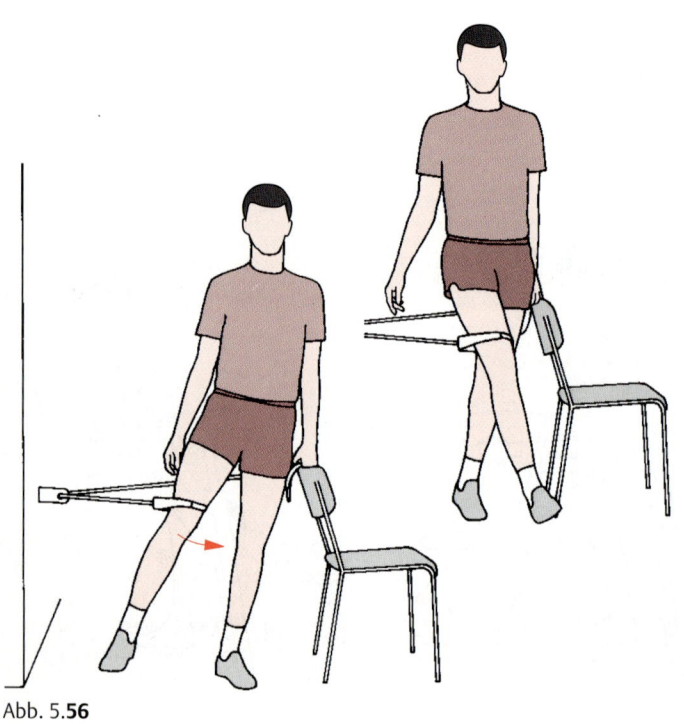

Abb. 5.**56**

Ausführung
- Oberschenkel heranführen.

Hinweis
- Durch die Fixation am Oberschenkel ist die Übung auch bei Knieproblemen durchführbar.

Äußere Hüftmuskulatur

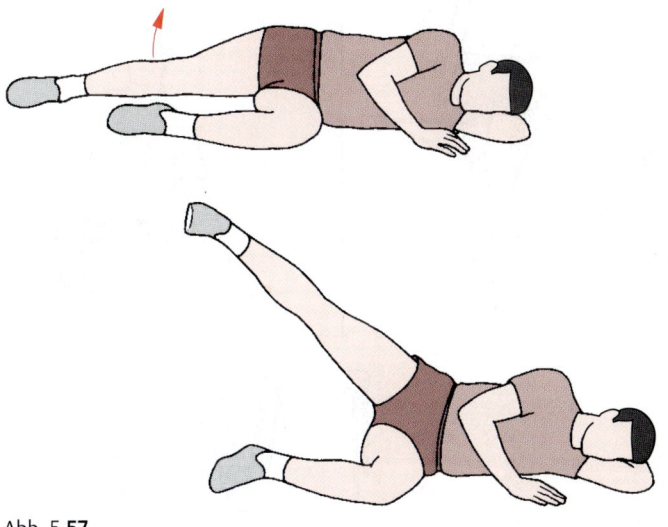

Abb. 5.**57**

Ausführung
- Bein abspreizen.

Hinweis
– Ein Ausweichen des gestreckten Beines nach vorne oder hinten ist zu vermeiden.

Äußere Hüftmuskulatur

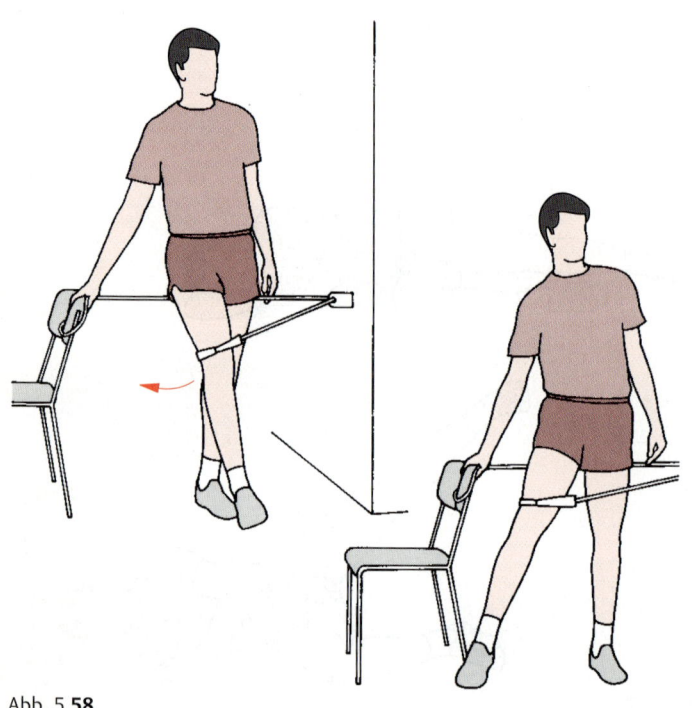

Abb. 5.**58**

Ausführung
← Bein abspreizen.

Hinweise
- Durch die Fixation am Oberschenkel ist die Übung auch bei Knieproblemen durchführbar.
- Auf der Standbeinseite wird durch die Beckenstabilisierung die gleiche Muskulatur isometrisch trainiert.

Äußere Hüftmuskulatur

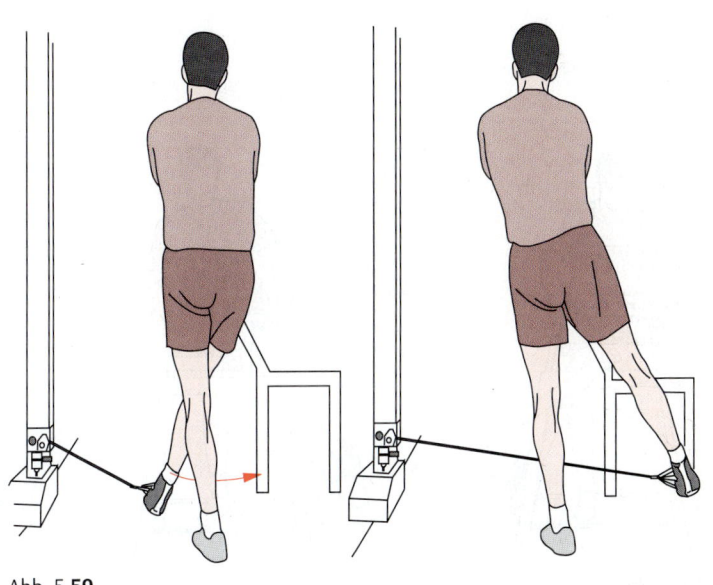

Abb. 5.59

Ausführung
- Bein abspreizen.

Hinweis
- Gleichzeitig wird die Standbeinfunktion trainiert.

Äußere Hüftmuskulatur

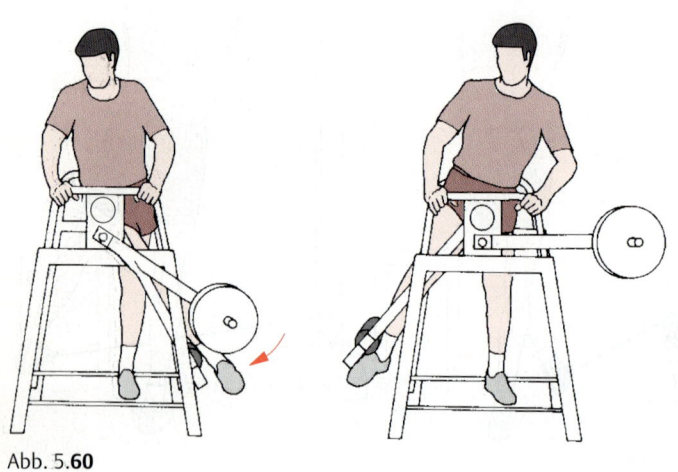

Abb. 5.**60**

Ausführung
- Bein abspreizen.

Hinweis
- Gleichzeitig wird die Standbeinfunktion trainiert.

Rumpfmuskulatur

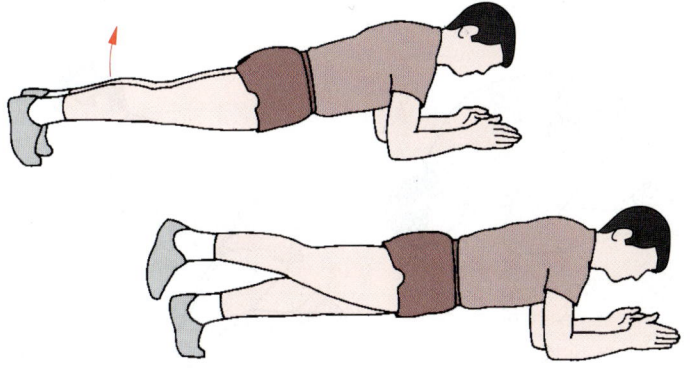

Abb. 5.**61**

Ausführung
- Gestreckte Beine abwechselnd abheben.

Hinweise
- Die Übung wird im Sekundenrhythmus ausgeführt.
- Bei Auftreten von Rückenschmerzen soll die Übung abgebrochen werden.
- Diese Übung verbessert die Kraftausdauer der gesamten Rumpfmuskulatur (Rücken- und Bauchmuskulatur).

Rückenmuskulatur

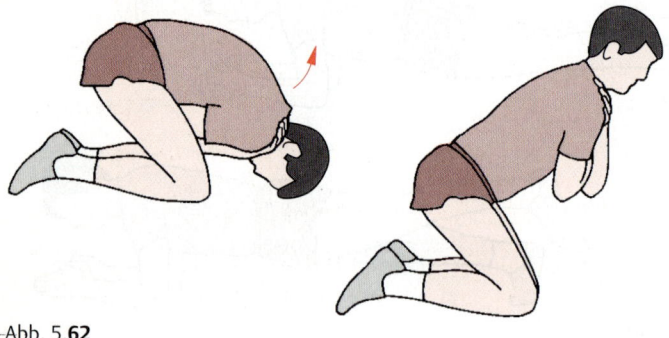

Abb. 5.**62**

Ausführung
- Rücken strecken.

Hinweise
- Die Bein- und Beckenstellung wird nicht verändert.
- Die Belastung wird durch Nach-vorne-Bringen der Arme verstärkt.
- Bei Knieschmerzen kann ein Kissen zwischen Unterschenkel und Oberschenkel gelegt werden.

Rückenmuskulatur

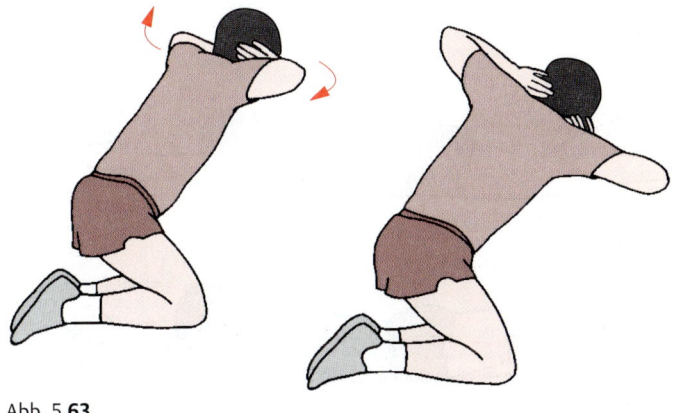

Abb. 5.**63**

Ausführung
  Oberkörper drehen.

Hinweise
- Die Belastung wird durch vermehrte Vorneigung verstärkt.
- Die Hände werden seitwärts am Kopf gehalten.

Rückenmuskulatur

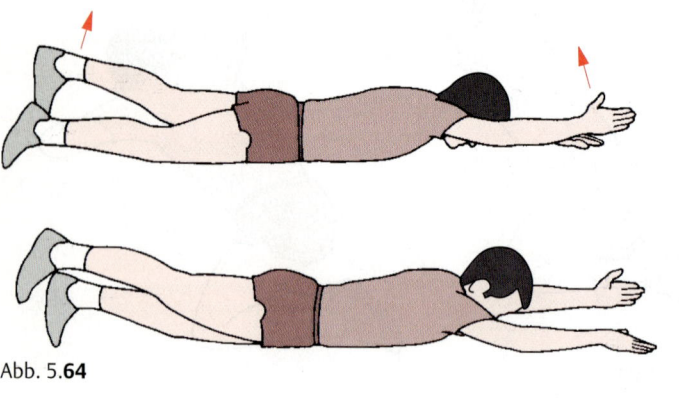

Abb. 5.**64**

Ausführung
- Arm und Bein gegenseitig abheben.

Hinweise
- Zur Vermeidung der Hohlkreuzbildung kann ein Kissen unter den Bauch gelegt werden.
- Der Kopf wird in der Verlängerung der Wirbelsäule gehalten.

Rumpfmuskulatur

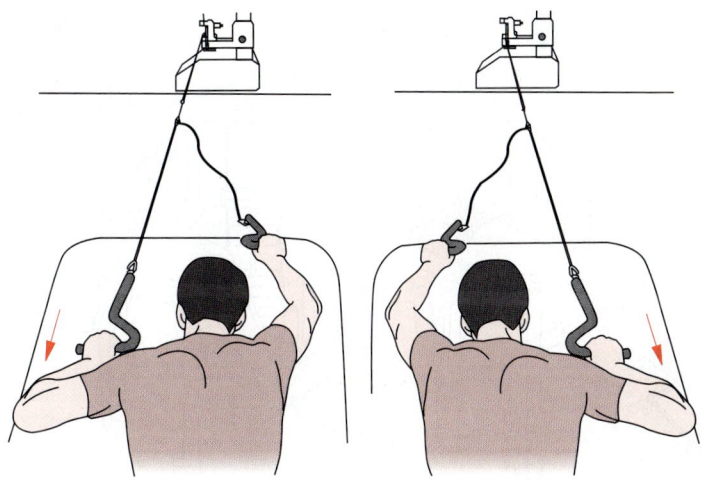

Abb. 5.**65**

Ausführung
- Arme im Wechsel nach hinten ziehen.

Hinweis
- Die Übung kann auch mit gleichzeitigem Armzug durchgeführt werden.

Rückenmuskulatur

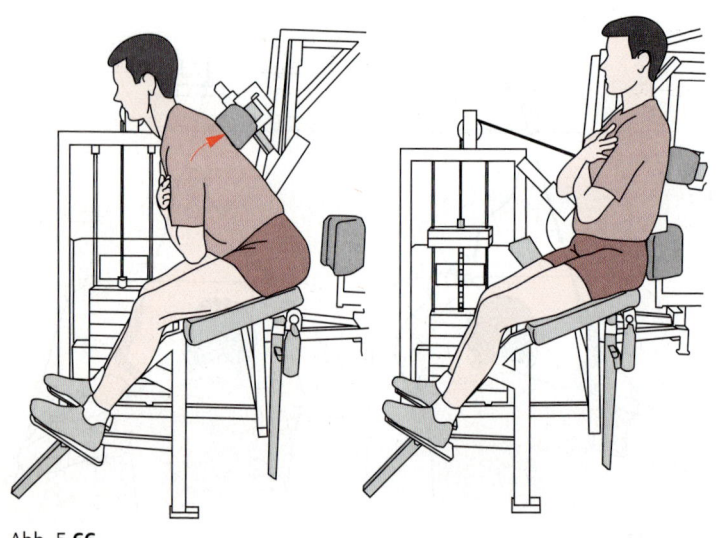

Abb. 5.**66**

Ausführung
- Rücken strecken.

Hinweis
- Der Kopf soll aktiv stabilisiert werden.

Seitliche Rumpfmuskulatur

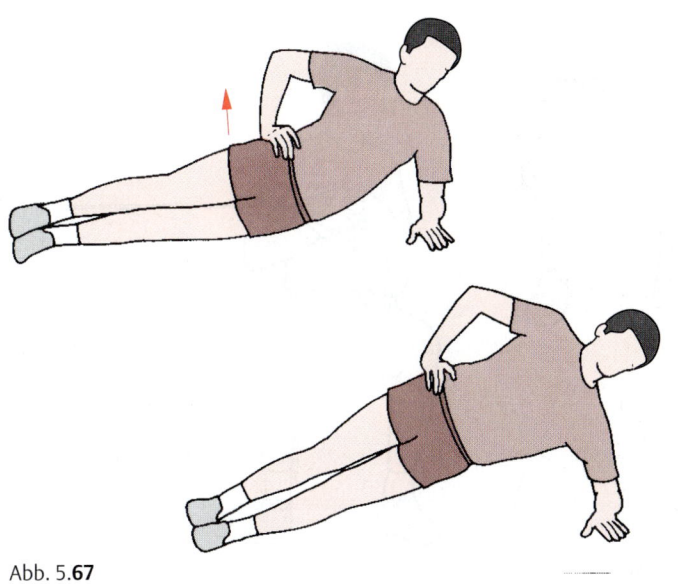

Abb. 5.**67**

Ausführung
- Becken seitwärts heben und senken.

Hinweise
- Die Beine bleiben gestreckt.
- Zur Belastungssteigerung kann das obere Bein zusätzlich abgespreizt werden.

Seitliche Rumpfmuskulatur

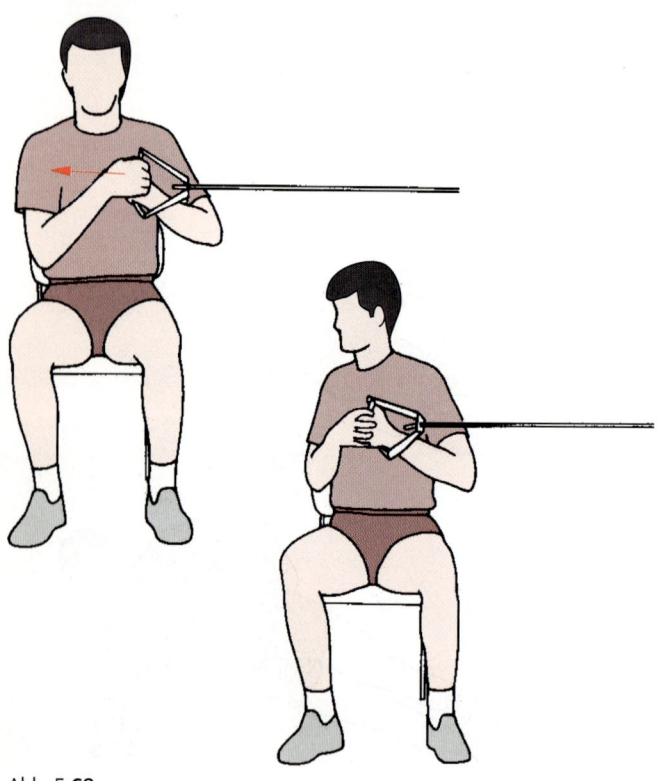

Abb. 5.68

Ausführung
- Oberkörper drehen.

Hinweise
- Der Oberkörper wird um die Längsachse gedreht, eine Seitwärtsbewegung soll vermieden werden.
- Das Ausmaß der Drehbewegung wird durch die Sitzstellung bestimmt.

Seitliche Rumpfmuskulatur

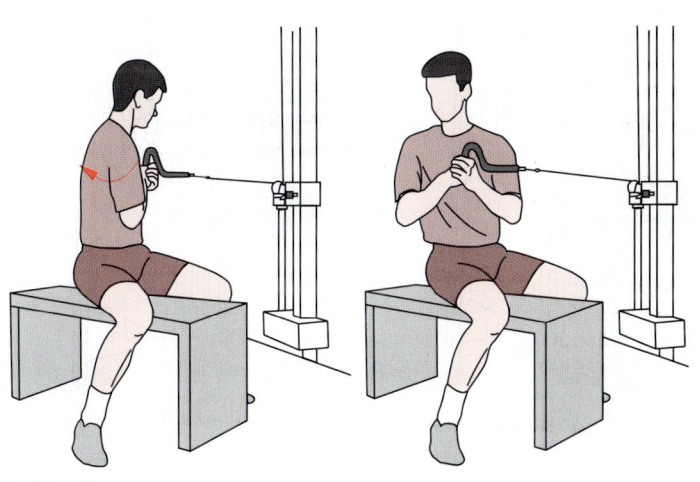

Abb. 5.**69**

Ausführung
- Oberkörper drehen.

Hinweise
- Eine Seitwärts-Bewegung des Oberkörpers muß vermieden werden.
- Als Gesamtkörperaktivität kann die Übung auch im Stand durchgeführt werden.

Seitliche Rumpfmuskulatur

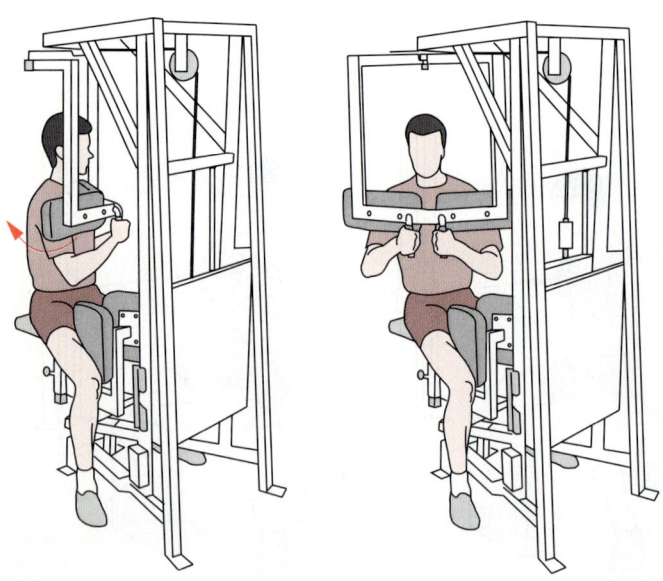

Abb. 5.**70**

Ausführung
- Oberkörper drehen.

Hinweis
- Der Oberkörper wird um die Längsachse gedreht, eine Ausweichbewegung soll vermieden werden.

Bauchmuskulatur

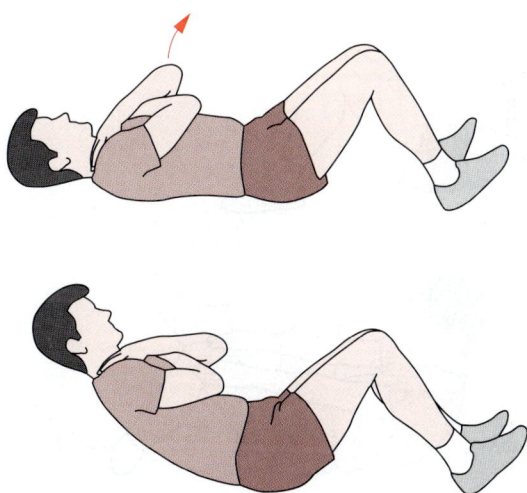

Abb. 5.**71**

Ausführung
- Oberkörper abheben und einrollen.

Hinweise
- Die Fersen werden auf die Unterlage gedrückt.
- Die Ellbogen bewegen sich gegen die Leisten.

Bauchmuskulatur

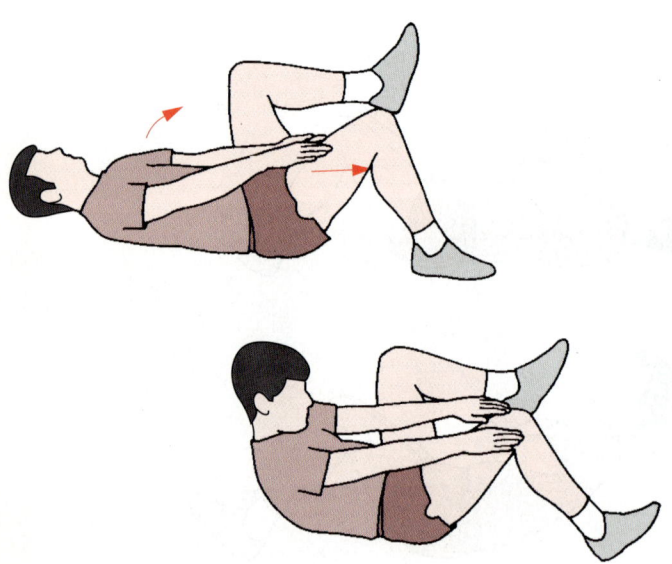

Abb. 5.72

Ausführung
↗→ Oberkörper abheben und Hände nach vorne außen strecken.

Hinweise
- Die Ferse wird auf die Unterlage gedrückt.
- Der Rumpf wird leicht gedreht und so die schräge Bauchmuskulatur mittrainiert.

Bauchmuskulatur

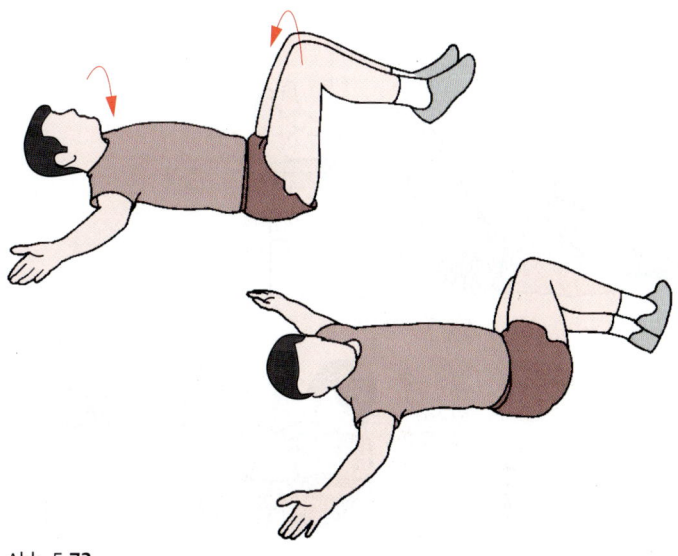

Abb. 5.73

Ausführung
Gebeugte Beine zur Seite bewegen.

Hinweise
Die Schultern bleiben auf der Unterlage, der Kopf dreht zur Gegenseite.
- Die Beine dürfen nicht auf die Unterlage abgelegt werden.
- Die Übung kann auch mit gestreckten Beinen ausgeführt werden.

Bauchmuskulatur

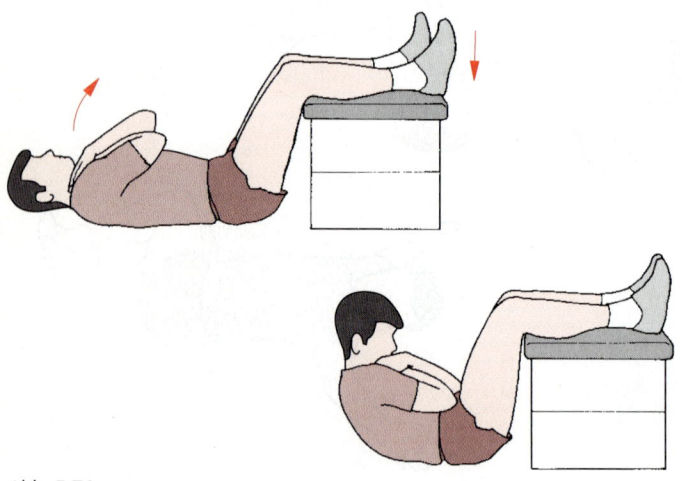

Abb. 5.**74**

Ausführung
- Oberkörper abheben.
- Fersen nach unten drücken.

Hinweise
- Sehr gute isolierte Bauchmuskelübung. Durch den Fersendruck auf die Unterlage wird der Hüft-Lenden-Muskel ausgeschaltet.
- Die schräge Bauchmuskulatur kann zusätzlich mittrainiert werden, wenn der Oberkörper beim Anheben gedreht wird.

Bauchmuskulatur

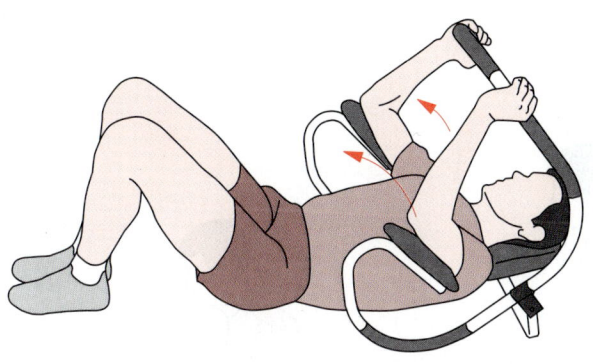

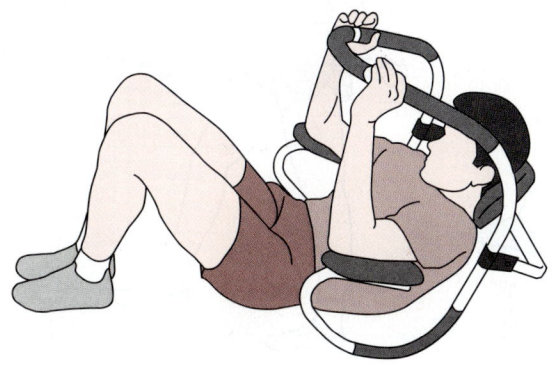

Abb. 5.75

Ausführung
Rumpf unter Führung des Bauchmuskeltrainers beugen.

Hinweis
- Durch Veränderung der Ausgangsstellung kann auch die schräge Bauchmuskulatur trainiert werden.

Schultermuskulatur/Rumpfmuskulatur

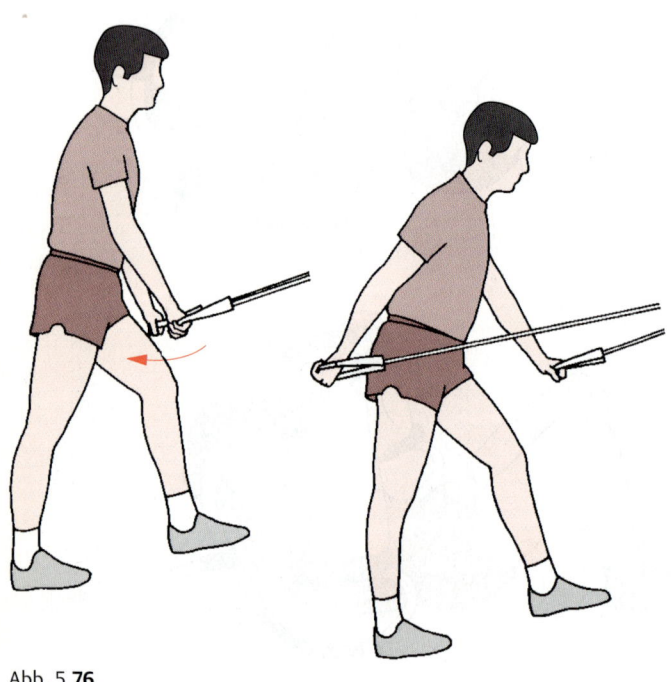

Abb. 5.**76**

Ausführung
- Arme abwechselnd nach hinten führen.

Hinweise
- Die Übung kann auch beidarmig gleichzeitig ausgeführt werden.
- Gute Übung zur Rumpfstabilisierung.

Schultermuskulatur/Rumpfmuskulatur

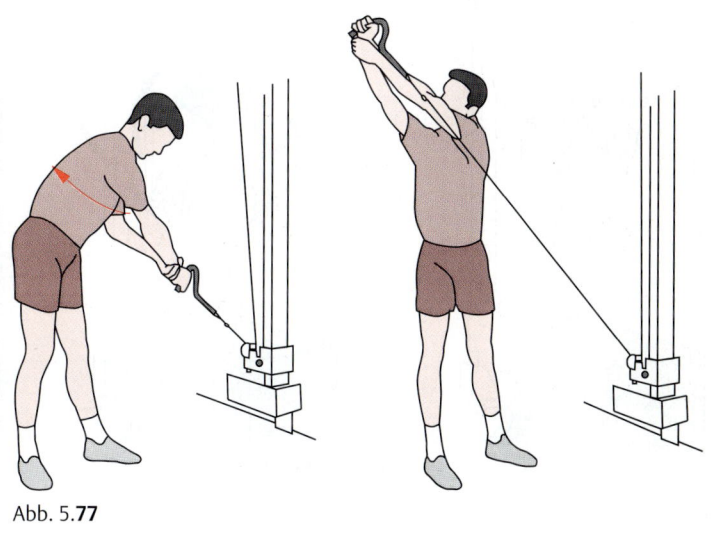

Abb. 5.**77**

Ausführung
Arm diagonal nach oben führen und den Oberkörper drehen.

Hinweis
- Die Blickrichtung und somit die Kopfstellung führt die Bewegung.

Schultergürtelmuskulatur/Rumpfmuskulatur

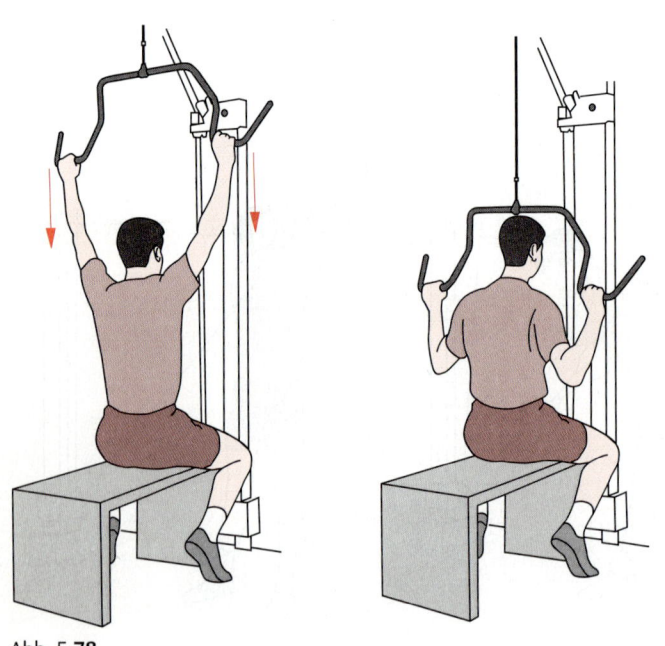

Abb. 5.**78**

Ausführung
Bügel nach unten ziehen.

Hinweis
- Der Effekt kann durch Griffanlage verändert werden.

Schultergürtelmuskulatur/Rumpfmuskulatur

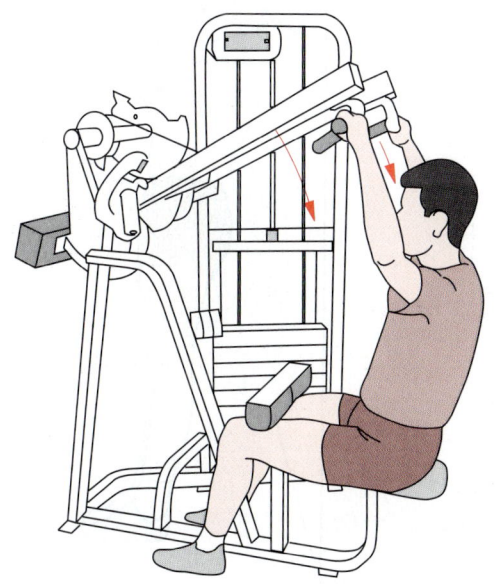

Abb. 5.79

Ausführung
- Arm nach unten ziehen.

Hinweis
- Der Effekt wird durch die Spannweite der Griffe verändert.

Schultergürtelmuskulatur

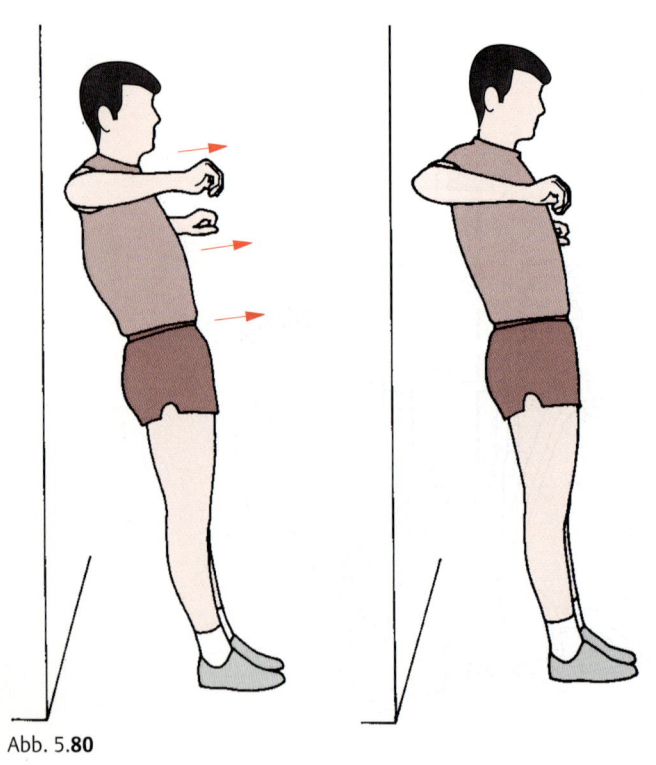

Abb. 5.**80**

Ausführung
- Oberkörper nach vorne wegdrücken (Schulterblätter zusammenziehen).

Hinweise
- Der Körper wird gestreckt gehalten.
- Die Abduktionsstellung der Arme ist individuell anzupassen.
- Die Belastung wird bestimmt durch den Abstand der Füße von der Wand.

Schultergürtelmuskulatur

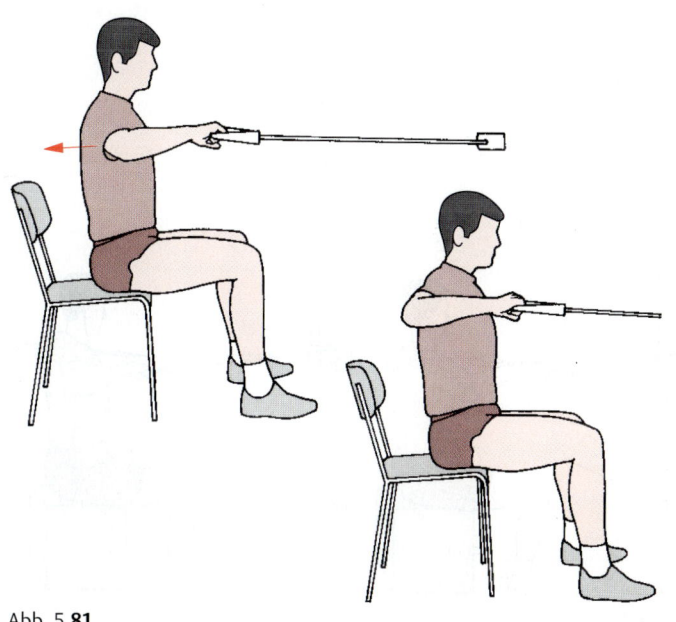

Abb. 5.81

Ausführung
← Schulterblätter zusammenziehen und Arme nach hinten führen.

Hinweise
- Der Rücken wird gerade gehalten.
- Die Abduktionsstellung der Arme ist individuell anzupassen.

Schultergürtelmuskulatur

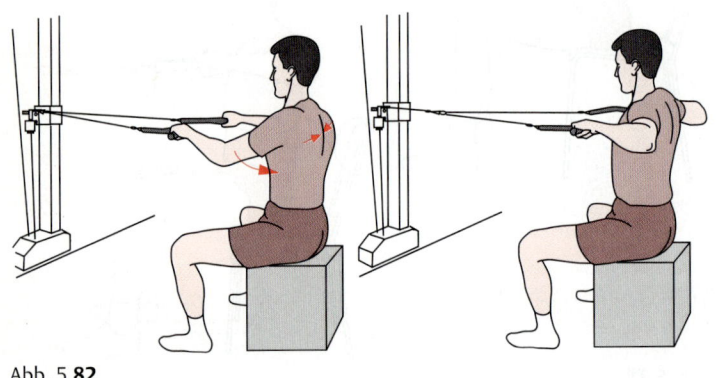

Abb. 5.**82**

Ausführung
- Schulterblätter zusammenziehen und Arme nach hinten führen.

Hinweis
- Der Rücken muß aktiv stabilisiert sein.

Brustmuskulatur

Abb. 5.**83**

Ausführung
Arme seitwärts vorwärts führen.

Hinweise
- Der Körper befindet sich in einer leichten Vorlagestellung.
- Das Bewegungsausmaß der Schultergelenke soll voll ausgenutzt werden.

Brustmuskulatur

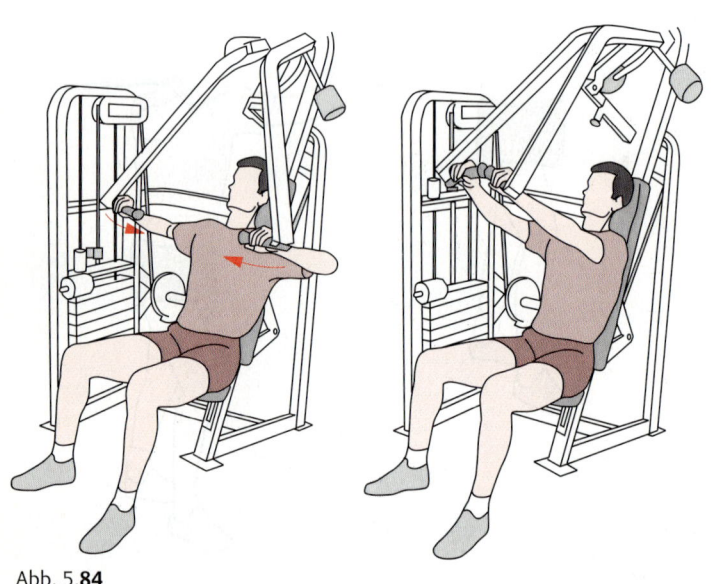

Abb. 5.**84**

Ausführung
– Arme nach vorne stoßen.

Hinweis
– Der Effekt kann durch die Griffassung verändert werden.

Schultermuskulatur

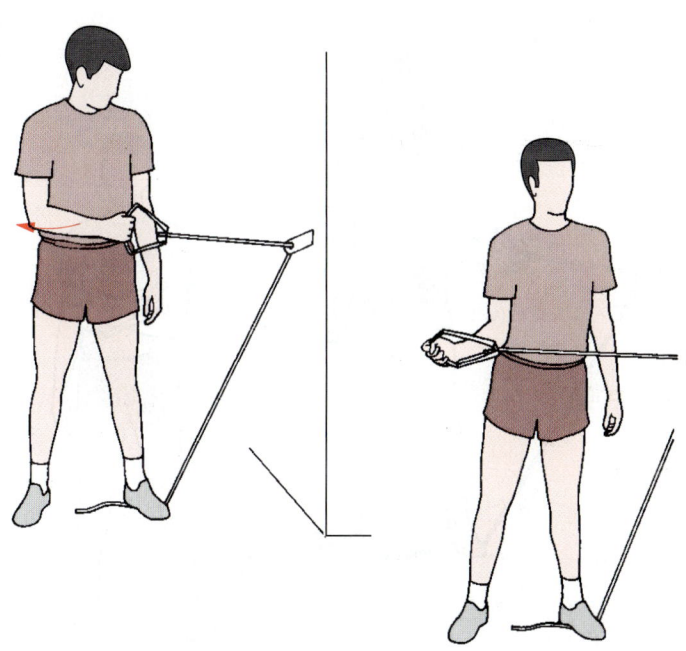

Abb. 5.**85**

Ausführung
◂— Unterarm nach außen führen.

Hinweise
- Der Ellbogen kann mit der Gegenhand stabilisiert werden.
- Zur besseren Bewegungskontrolle kann die Übung im Sitzen durchgeführt werden.

Schultermuskulatur

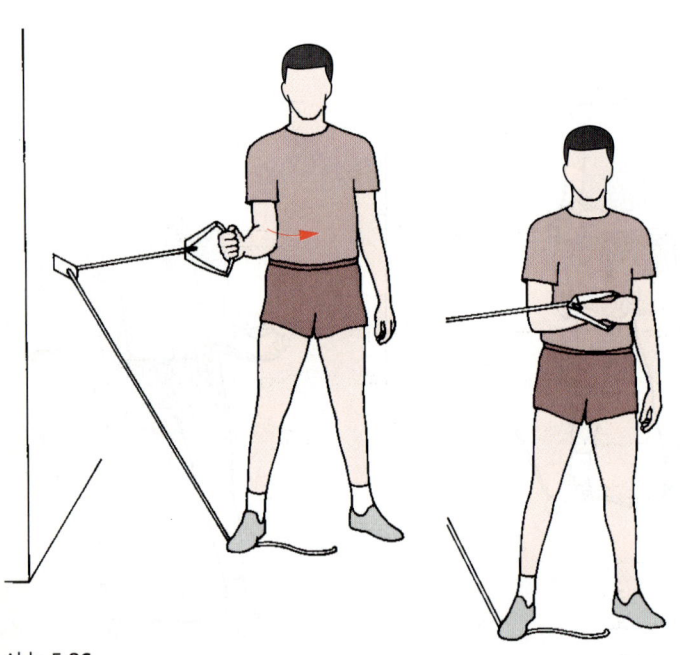

Abb. 5.86

Ausführung
➤ Unterarm nach innen führen.

Hinweise
- Der Ellbogen kann mit der Gegenhand stabilisiert werden.
- Zur besseren Bewegungskontrolle kann die Übung im Sitzen durchgeführt werden.

Schultermuskulatur

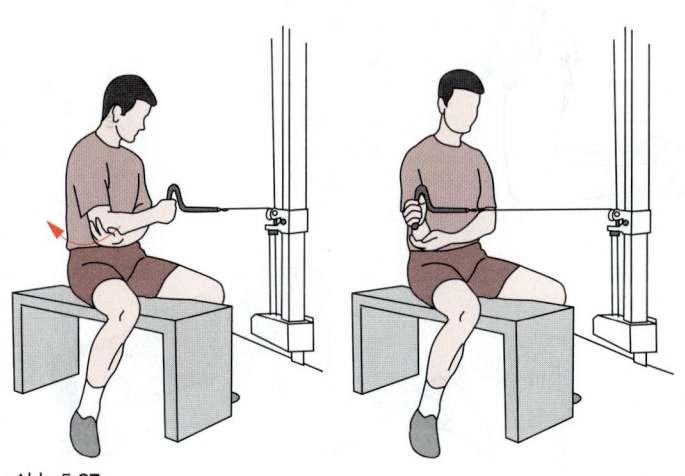

Abb. 5.87

Ausführung
- Unterarm nach außen führen.

Hinweis
- Der Oberarm muß am Körper bleiben.

Hintere Oberarmmuskulatur

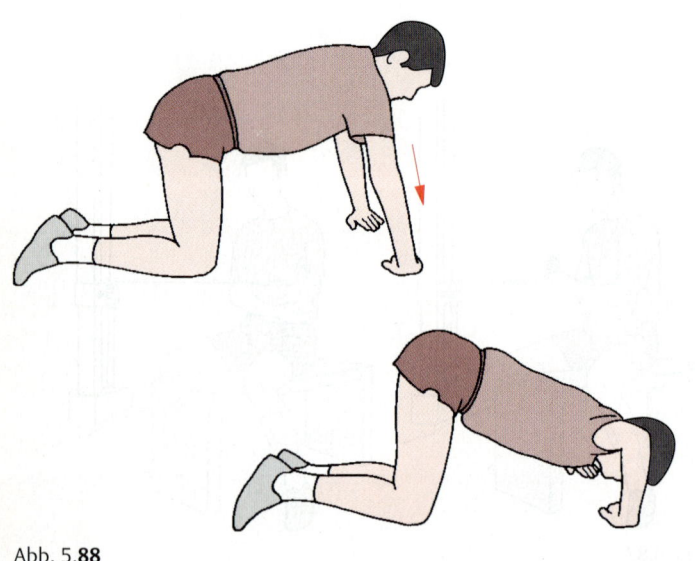

Abb. 5.88

Ausführung
  Ellbogen beugen und strecken.

Hinweise
- Die Hände werden nach innen gedreht.
- Zur Belastungssteigerung kann die Übung als Liegestütz mit gestrecktem Körper ausgeführt werden.

Hintere Oberarmmuskulatur

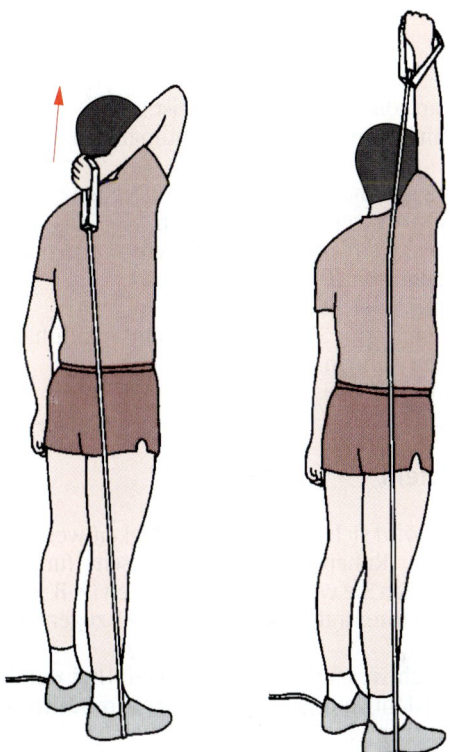

Abb. 5.89

Ausführung
 Ellbogen strecken.

Hinweise
- Der Oberarm bleibt während der Streckbewegung des Unterarmes in unveränderter Stellung.
- Der Rücken wird gerade gehalten.

5.3 Ausdauer

➡ Ausdauertraining

- Wählen Sie eine Sportart, die Ihnen angenehm ist.
- Belasten Sie sich für mindestens 20 Minuten; optimal sind 30–45 Minuten.
- Steuern Sie die Trainingsintensität über die Herzfrequenz und/oder über das subjektive Anstrengungsempfinden.
  - Idealer Trainingspuls: 170 minus $1/2$ Lebensalter; beim Schwimmen und Radfahren 10 Schläge weniger.
  - Anstrengungsempfinden leicht bis etwas schwer.
- Die Intensität ist zu hoch, wenn Sie sich nicht mehr wohlfühlen und nicht mehr sprechen können.
- Trainieren Sie 2–3mal pro Woche.

➡ Der 12-Wochen-Effekt

- Bereits nach 12 Wochen wird sich Ihre Leistungsfähigkeit wesentlich verbessert haben: Ihr Ruhepuls wird geringer sein, für die gleiche Anforderung werden Sie weniger Zeit benötigen (z. B. Jogging). Außerdem werden Ihre Kraft und Beweglichkeit zugenommen haben.
- Sie werden sich psychisch wesentlich besser fühlen. Und durch die gesteigerte Leistungsfähigkeit gehen Sie das Leben positiver an.

➡ Risiko-Satz

Falls Sie

- älter als 35 Jahre (Frauen 45 Jahre) sind
- Risikofaktoren* aufweisen
- Neueinsteiger/in ohne Erfahrung sind
- Wettkämpfe bestreiten wollen
- bei körperlicher Belastung an Brustschmerzen oder Schwindelgefühlen leiden,

so sollten Sie sich vor Aufnahme eines regelmässigen Ausdauertrainings von Ihrem Hausarzt untersuchen und beraten lassen. Bei Neuauftreten von Herzbeschwerden (Thoraxschmerzen, Herzrythmusstörungen, ungewöhnliche Atemnot) sollten Sie umgehend Ihren Hausarzt aufsuchen.

* Risikofaktoren:

- Familiäre Belastung (Herzkrankheiten in der Familie)
- hoher Blutdruck
- Zuckerkrankheit
- Fettstoffwechselstörungen (erhöhtes Cholesterin)
- Rauchen

Laufen I

Trainingsprogramm

Ziel:
15 Minuten Dauerlauf an einem Stück nach 12 Wochen

Woche	Training		Totalzeit
1	Bel. Pause	5×(1′)	15′
2	Bel. Pause	8×(1′ 1′)	16′
3	Bel. Pause	4×(2′ 2′)	16′
4	Bel. Pause	5×(2′ 1′)	15′
5	Bel. Pause	2′ 3′ 2′ 3′	16′
6	Bel. Pause	3′ 3′ 3′ 2′ 2′ 2′	15′

Woche	Training		Totalzeit
7	Bel. Pause	3′ 3′ 3′ 3′ 1′ 1′ 1′ 1′	15′
8	Bel. Pause	4′ 4′ 4′ 2′ 1′	15′
9	Bel. Pause	5′ 5′ 3′ 1′ 1′	15′
10	Bel. Pause	7′ 7′ 2′	16′
11	Bel. Pause	10′ 5′ 1′)	16′
12	Bel. Pause	15′	15′

	Grundempfehlung
Häufigkeit	2–3 × pro Woche
Intensität	– subjektives Empfinden: „mit dem Partner sprechen können" – Puls 170 minus $1/2$ Alter – Anstrengungsempfinden 2–4 nach Borg – gemäß Leistungstest
Umfang	1-3 km pro Trainig
Alternativen/ Ergänzungen	Trainingseinheit aus: – Basisprogramm – Schwimmen I – Fahrrad I – Skilanglauf I

Technik
- Achten Sie auf einen lockeren Laufstil.
- Atmen Sie ruhig und gleichmäßig.
- Treten Sie möglichst weich auf.

Material
- Achten Sie auf einen guten Laufschuh und zweckmäßige Bekleidung.

Bemerkungen
- Marschieren Sie vor und nach jedem Training je 5 Minuten zügig.
- Laufen Sie möglichst wenig bergab.
- Stretchen Sie vor und nach dem Training.

Was nachher?
- Erhalten Sie Ihr Leistungsniveau mit regelmäßigem Training der Wochen 11 und 12.
- Steigern Sie Ihre Leistung mit dem Programm „Laufen II".

Laufen II

Trainingsprogramm

Ziel:
20 Minuten Dauerlauf an einem Stück nach 12 Wochen

Woche	Training				Totalzeit
13 (1) Bel.	5'	5'	5'	5'	23'
Pause	1'	1'	1'		
14 (2) Bel.	6'	7'	6		21'
Pause	1'	1'			
15 (3) Bel.	7'	8'	7'		26'
Pause	2'	2'			
16 (4) Bel.	10'	12'			24'
Pause	2'				
17 (5) Bel.	12'	9'	6'		29'
Pause	1'	1'			
18 (6) Bel.	15'	5'	5'		29'
Pause	2'	2'			

Woche	Training			Totalzeit
19 (7) Bel.	9'	9'	9'	30'
Pause	1'	2'		
20 (8) Bel.	12'	12'	4'	30'
Pause	1'	1'		
21 (9) Bel.	14'	14'		30'
Pause	2'			
22 (10) Bel.	18'	10'		30'
Pause	2'			
23 (11) Bel.	24'	5'		30'
Pause	1'			
24 (12) Bel.	30'			30'
Pause				

	Grundempfehlung
Häufigkeit	3–4 × pro Woche
Intensität	– Puls 170 minus $1/2$ Alter – Anstrengungsempfinden 2–4 nach Borg – gemäß Leistungstest
Umfang	2–6 km pro Trainig
Alternativen/ Ergänzungen	Trainingseinheit aus: – Schwimmen II – Fahrrad II – Skilanglauf II – Flossenschwimmen – Aqua-Jogging

5.3 Ausdauer

Technik
- Achten Sie auf einen lockeren Laufstil.
- Atmen Sie ruhig und gleichmäßig.
- Treten Sie möglichst weich auf.
- Bewegen Sie die Arme in die Laufrichtung.

Material
- Achten Sie auf einen guten Laufschuh und eine zweckmäßige Bekleidung.

Bemerkungen
- Marschieren Sie vor und nach jedem Training je 5 Minuten zügig.
- Halten Sie die Pausen ein.
- Variieren Sie möglichst oft das Gelände (Unterlage, Topographie, Örtlichkeit).
- Stretchen Sie vor und nach dem Training.

Was nachher?
- Erhalten Sie Ihr Leistungsniveau mit regelmäßigem Training der Wochen 11 und 12.
- Steigern Sie Ihre Leistung mit dem Programm „Laufen III".

Laufen III

Trainingsprogramm

Ziel:
60 Minuten Dauerlauf an einem Stück nach 12 Wochen

Woche	Training	Totalzeit
25 (1) Bel. Pause	20' 10' 10'	40'
26 (2) Bel. Pause	20' 20'	40'
27 (3) Bel. Pause	30' 10'	40'
28 (4) Bel. Pause	40'	40'
29 (5) Bel. Pause	30' 10' 10'	50'
30 (6) Bel. Pause	20' 20' 10'	50'

Woche	Training	Totalzeit
31 (7) Bel. Pause	30' 20'	50'
32 (8) Bel. Pause	40' 10'	50'
33 (9) Bel. Pause	30' 20' 10'	60'
34 (10) Bel. Pause	40' 20'	60'
35 (11) Bel. Pause	50' 10'	60'
36 (12) Bel. Pause	60'	60'

	Grundempfehlung
Häufigkeit	4–5 × pro Woche
Intensität	– Puls 170 minus $1/2$ Alter – Anstrengungsempfinden 2–4 nach Borg – gemäß Leistungstest – ...nach Lust und Laune
Umfang	Länger als 6 km pro Trainig (bis 12 km)
Alternativen/ Ergänzungen	Trainingseinheit aus: – Schwimmen III – Fahrrad III – Skilanglauf III – Standfahrrad III – Flossenschwimmen – Aqua-Jogging

Technik
- Ihre Lauftechnik wird nun immer mehr durch Ihren persönlichen Laufstil geprägt.
- Versuchen Sie grundsätzlich, rhythmisch zu laufen (Schritt, Atmung, Frequenzen).

Material
- Leisten Sie sich einen optimalen Laufdreß.
- Mit einem zweiten Paar Laufschuhe vermindern Sie chronische Überbelastungen (regelmäßig wechseln!).

Bemerkungen
- Stretchen Sie vor und nach dem Training.
- Gestalten Sie die Pausen nach Lust und Laune.
- Variieren Sie möglichst oft das Gelände (Unterlage, Strecken, Topographie, Örtlichkeit).

Was nachher?
Nach 12 Wochen haben Sie einen Standard erreicht, der Ihnen alle Laufmöglichkeiten offenhält:
- Erhaltungstraining mit dem Programm der Wochen 11 und 12;
- längere Distanzen und/oder Steigerung der Geschwindigkeit;
- Wettkämpfe als Ergänzung (lassen Sie sich beraten).

Standfahrrad I

Trainingsprogramm

Ziel:
Dauerleistungstraining als
- Ergänzungstraining
- Ersatztraining
- Rehabilitationstraining

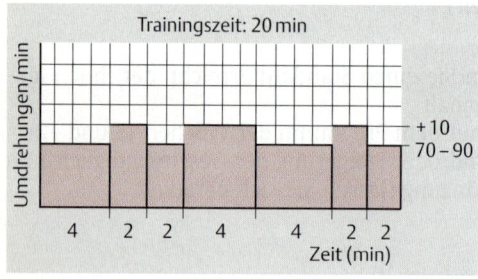

	Grundempfehlung
Häufigkeit	2–3 × pro Woche
Intensität	– Puls 170 minus $^1/_2$ Alter minus 10 – Anstrengungsempfinden 2–4 nach Borg – gemäß Leistungstest
Alternativen/ Ergänzungen	Trainingseinheit aus: – Basisprogramm – Fahrrad I – Laufen I – Skilanglauf I – Schwimmen I – Flossenschwimmen – Aqua-Jogging

Technik
- Die Sattelhöhe ist richtig eingestellt, wenn Sie mit gestrecktem Bein die Ferse auf dem Pedal aufsetzen können.
- Wechseln Sie die Handhaltung am Lenker möglichst oft.

Material
- Tragen Sie Schuhe mit stabiler Sohle.
- Lassen Sie sich beraten.

Bemerkungen
- Das Standfahrrad dient als Alternative zu anderen Ausdauersportarten.
- Achten Sie auf eine gute Raumdurchlüftung.
- Stretchen Sie vor und nach dem Training.

Was nachher?
- Kombinieren Sie mit anderen Ausdauersportarten.

Standfahrrad II

Trainingsprogramm

Ziel:
Dauerleistungstraining als
- Ergänzungstraining
- Ersatztraining
- Rehabilitationstraining

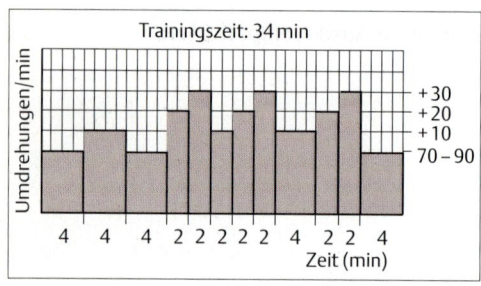

	Grundempfehlung
Häufigkeit	3–4 × pro Woche
Intensität	– Puls 170 minus ½ Alter minus 10 – Anstrengungsempfinden 2–4 nach Borg – gemäß Leistungstest
Alternativen/ Ergänzungen	Trainingseinheit aus: – Fahrrad II – Laufen II – Skilanglauf II – Schwimmen II – Flossenschwimmen – Aqua-Jogging

Technik
- Die Sattelhöhe ist richtig eingestellt, wenn Sie mit gestrecktem Bein die Ferse auf dem Pedal aufsetzen können.
- Wechseln Sie die Handhaltung am Lenker möglichst oft.

Material
- Tragen Sie Schuhe mit stabiler Sohle.
- Lassen Sie sich beraten.

Bemerkungen
- Das Standfahrrad dient als Alternative zu anderen Ausdauersportarten.
- Achten Sie auf eine gute Raumdurchlüftung.
- Stretchen Sie vor und nach dem Training.

Was nachher?
- Kombinieren Sie mit anderen Ausdauersportarten.

Standfahrrad III

Trainingsprogramm

Ziel:
Dauerleistungstraining als
- Ergänzungstraining
- Ersatztraining
- Rehabilitationstraining

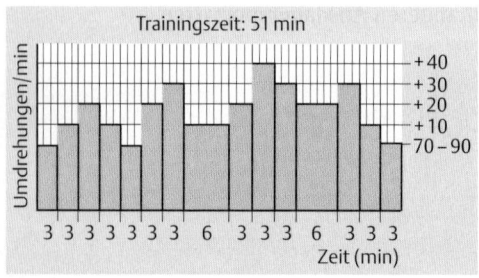

	Grundempfehlung
Häufigkeit	3–4 × pro Woche
Intensität	– Puls 170 minus $1/2$ Alter minus 10 – Anstrengungsempfinden 2–4 nach Borg – gemäß Leistungstest
Alternativen/ Ergänzungen	Trainingseinheit aus: – Fahrrad III – Laufen III – Skilanglauf III – Schwimmen III – Flossenschwimmen – Aqua-Jogging

Technik
- Die Sattelhöhe ist richtig eingestellt, wenn Sie mit gestrecktem Bein die Ferse auf dem Pedal aufsetzen können.
- Wechseln Sie die Handhaltung am Lenker möglichst oft.

Material
- Tragen Sie Schuhe mit stabiler Sohle.
- Lassen Sie sich beraten.

Bemerkungen
- Das Standfahrrad dient als Alternative zu anderen Ausdauersportarten.
- Achten Sie auf eine gute Raumdurchlüftung.
- Stretchen Sie vor und nach dem Training.

Was nachher?
- Kombinieren Sie mit anderen Ausdauersportarten.

Fahrrad I

Trainingsprogramm

Ziel:
2 Stunden Radfahren in hügeligem Gelände

Woche		1	2	3	4	5	6
Trainings-einheit	1	30' flach	40' flach	40' flach	40' flach	40' flach	50' flach
	2	30' flach	30' hügelig	40' hügelig	40' hügelig	40' hügelig	50' hügelig
	3	30' flach	40' flach	50' flach	60' flach	70' flach	80' flach

Woche		7	8	9	10	11	12
Trainings-einheit	1	50' coupiert	50' coupiert	60' flach	60' coupiert	60' hügelig	60' coupiert
	2	60' hügelig	70 ' flach	80' hügelig	80' hügelig	90' flach	90' flach
	3	80' flach	90' hügelig	90' hügelig	100' flach	100' hügelig	120' hügelig

flach = möglichst wenig Steigung
hügelig = flach und leichte Steigungen (kurz und lang)
coupiert = flach bis anspruchsvollere Steigungen (kurz und lang)

	Grundempfehlung
Häufigkeit	2–3 × pro Woche
Intensität	– Puls 170 minus $^1/_2$ Alter minus 10 – Anstrengungsempfinden 2–4 nach Borg – gemäß Leistungstest – Tretfrequenz > 70 Umdrehungen/Min.
Umfang	pro Training – Tourenrad bis 40 km/20 km/h – Rennrad bis 50 km/25 km/h
Alternativen/Ergänzungen	Trainingseinheit aus: – Basisprogramm – Laufen I – Schwimmen I – Standfahrrad I

Technik
- Die Sattelhöhe ist richtig eingestellt, wenn Sie mit gestrecktem Bein die Ferse auf dem Pedal aufsetzen können.
- Zu Beginn der Trainingsperiode möglichst hohe Tretfrequenzen wählen und möglichst wenig aus dem Sattel steigen.

Material
- Fahrtüchtiges Rad, es muß kein Rennrad sein (lassen Sie sich beraten).
- Geeignete Bekleidung.
- Schuhe mit stabiler Sohle.

Bemerkungen
- Radfahren ist gelenkschonend.
- Mit einem Mountainbike kann dieses Programm in angepaßter Form ebenfalls durchgeführt werden.
- Stretchen Sie vor und nach dem Training.

Was nachher?
- Erhalten Sie Ihr Leistungsniveau mit regelmäßigem Training der Wochen 11 und 12.
- Unternehmen Sie längere Ausfahrten.

Fahrrad II

Trainingsprogramm

Ziel:
2½ Stunden Radfahren in hügeligem Gelände

Woche		1	2	3	4	5	6
Trainings-einheit	1	45' hügelig	45' hügelig	45' hügelig	45' coupiert	60' coupiert	60' coupiert
	2	60' flach	60' flach	60' flach	60' hügelig	60' hügelig	75' flach
	3	60' flach	75' flach	75' flach	90' flach	90' flach	105' hügelig

Woche		7	8	9	10	11	12
Trainings-einheit	1	60' coupiert	60' coupiert	75' coupiert	75' coupiert	90' coupiert	90' coupiert
	2	90' hügelig	90' flach	90' hügelig	105' flach	105' flach	120' flach
	3	105' hügelig	120' hügelig	120' hügelig	135' hügelig	135' hügelig	150' hügelig

flach = möglichst wenig Steigung
hügelig = flach und leichte Steigungen (kurz und lang)
coupiert = flach bis anspruchsvollere Steigungen (kurz und lang)

	Grundempfehlung
Häufigkeit	2–3 × pro Woche
Intensität	– Puls 170 minus ½ Alter minus 10 – Anstrengungsempfinden 2–4 nach Borg – gemäß Leistungstest – Tretfrequenz > 70–80 Umdrehungen/Min.
Umfang	pro Training – Tourenrad bis 60 km/24 km/h – Rennrad bis 75 km/30 km/h
Alternativen/ Ergänzungen	Trainingseinheit aus: – Laufen II – Schwimmen II – Standfahrrad II

Technik
- Die Sattelhöhe ist richtig eingestellt, wenn Sie mit gestrecktem Bein die Ferse auf dem Pedal aufsetzen können.
- Zu Beginn der Trainingsperiode möglichst hohe Tretfrequenzen wählen und möglichst wenig aus dem Sattel steigen.

Material
- Fahrtüchtiges Rad, es muß kein Rennrad sein (lassen Sie sich beraten).
- Geeignete Bekleidung.
- Schuhe mit stabiler Sohle.

Bemerkungen
- Radfahren ist gelenkschonend.
- Mit einem Mountainbike kann dieses Programm in angepaßter Form ebenfalls durchgeführt werden.
- Stretchen Sie vor und nach dem Training.

Was nachher?
- Erhalten Sie Ihr Leistungsniveau mit regelmäßigem Training der Wochen 9 und 10.
- Unternehmen Sie längere Ausfahrten.

5 Übungsprogramm

Fahrrad III

Trainingsprogramm

Ziel:
3 Stunden Radfahren in hügeligem Gelände

Woche		1	2	3	4	5	6
Trainings-einheit	1	60' hügelig	60' hügelig	60' hügelig	60' hügelig	75' coupiert	75' coupiert
	2	75' hügelig	75' flach	75' flach	75' hügelig	90' hügelig	90' flach
	3	75' flach	75' flach	90' hügelig	90' hügelig	105' flach	105' hügelig

Woche		7	8	9	10	11	12
Trainings-einheit	1	75' coupiert	75' coupiert	90' coupiert	90' coupiert	90' coupiert	90' coupiert
	2	90' flach	90' hügelig	105' flach	105' hügelig	120' flach	120' hügelig
	3	120' hügelig	120' hügelig	135' hügelig	150' hügelig	165' hügelig	180' hügelig

flach = möglichst wenig Steigung
hügelig = flach und leichte Steigungen (kurz und lang)
coupiert = flach bis anspruchsvollere Steigungen (kurz und lang)

	Grundempfehlung
Häufigkeit	2–3 × pro Woche
Intensität	– Puls 170 minus $1/2$ Alter minus 10 – Anstrengungsempfinden 2–4 nach Borg – gemäß Leistungstest – Tretfrequenz > 80 Umdrehungen/Min.
Umfang	pro Training – Tourenrad bis 80 km/28 km/h – Rennrad bis 100 km/33 km/h
Alternativen/Ergänzungen	Trainingseinheiten aus: – Laufen III – Schwimmen III – Standfahrrad III

Technik
- Die Sattelhöhe ist richtig eingestellt, wenn Sie mit gestrecktem Bein die Ferse auf dem Pedal aufsetzen können.
- Zu Beginn der Trainingsperiode möglichst hohe Tretfrequenzen wählen und möglichst wenig aus dem Sattel steigen.

Material
- Fahrtüchtiges Rad, es muß kein Rennrad sein (lassen Sie sich beraten).
- Geeignete Bekleidung.
- Schuhe mit stabiler Sohle.

Bemerkungen
- Radfahren ist gelenkschonend.
- Mit einem Mountainbike kann dieses Programm in angepaßter Form ebenfalls durchgeführt werden.
- Stretchen Sie vor und nach dem Training.

Was nachher?
- Erhalten Sie Ihr Leistungsniveau mit regelmäßigem Training der Wochen 9 und 10.
- Unternehmen Sie längere Ausfahrten.
- Wettkämpfe als Ergänzung (lassen Sie sich beraten).

Skilanglauf I
klassisch

Trainingsprogramm

Ziel:
1 Stunde Skilanglauf in hügeligem Gelände

Woche		1	2	3	4	5	6
Trainings- einheit	1	15' flach	20' flach	20' hügelig	20' hügelig	25' flach	30' flach
	2	15' flach	15' hügelig	25' flach	25' flach	25' flach	25' flach
	3	15' flach	20' flach	25' flach	20' hügelig	25' hügelig	30' hügelig

Woche		7	8	9	10	11	12
Trainings- einheit	1	30' flach	35' flach	30' hügelig	45' flach	50' flach	30' coupiert
	2	35' flach	20' coupiert	40' flach	40' hügelig	25' coupiert	60' flach
	3	30' hügelig	40' flach	20' coupiert	30' coupiert	50' hügelig	60' hügelig

flach = möglichst wenig Steigung
hügelig = flach und leichte Steigungen (kurz und lang)
coupiert = flach bis anspruchsvollere Steigungen (kurz und lang)

	Grundempfehlung
Häufigkeit	3 × pro Woche
Intensität	– subjektives Anstrengungsempfinden „mit dem Partner sprechen können" – Puls 170 minus $1/2$ Alter – Anstrengungsempfinden 2–4 nach Borg – gemäß Leistungstest
Umfang	3–12 km pro Training
Alternativen/ Ergänzungen	Trainingseinheit aus: – Basisprogramm – Laufen I – Schwimmen I – Standfahrrad I

Technik
- Achten Sie auf einen lockeren Laufstil.
- Atmen Sie ruhig und regelmäßig.
- Die Technik erlernen Sie am besten unter kundiger Anleitung.

Material
- Zweckmäßige Skilanglaufausrüstung (lassen Sie sich beraten).

Bemerkungen
- Stretchen Sie vor und nach dem Training.

Was nachher?
- Erhalten Sie Ihr Leistungsniveau mit regelmäßigem Training der Wochen 11 und 12.
- Steigern Sie Ihre Leistung mit dem Programm „Skilanglauf II".

Skilanglauf II
klassisch

Trainingsprogramm

Ziel:
2 Stunden Skilanglauf in hügeligem Gelände

Woche		1	2	3	4	5	6
Trainings- einheit	1	45' flach	50' flach	30' coupiert	60' flach	50' coupiert	60' flach
	2	40' hügelig	30' coupiert	60' flach	45' hügelig	75' flach	60' flach
	3	30' coupiert	50' hügelig	50' hügelig	60' flach	60' hügelig	75' hügelig

Woche		7	8	9	10	11	12
Trainings- einheit	1	50' coupiert	60' flach	60' coupiert	60' flach	60' flach	60' coupiert
	2	60' flach	60' flach	75' flach	60' coupiert	90' hügelig	90' flach
	3	60' hügelig	75' flach	90' hügelig	120' flach	105' flach	120' hügelig

flach = möglichst wenig Steigung
hügelig = flach und leichte Steigungen (kurz und lang)
coupiert = flach bis anspruchsvollere Steigungen (kurz und lang)

	Grundempfehlung
Häufigkeit	3 × pro Woche
Intensität	– subjektives Anstrengungsempfinden „mit dem Partner sprechen können" – Puls 170 minus $1/2$ Alter – Anstrengungsempfinden 2–4 nach Borg – gemäß Leistungstest
Umfang	bis 20 km pro Training
Alternativen/ Ergänzungen	Trainingseinheiten aus: – Laufen II – Schwimmen II – Standfahrrad II

Technik
- Achten Sie auf einen lockeren Laufstil.
- Atmen Sie ruhig und regelmäßig.
- Die Technik erlernen Sie am besten unter kundiger Anleitung.

Material
- Zweckmäßige Skilanglaufausrüstung (lassen Sie sich beraten).

Bemerkungen
- Stretchen Sie vor und nach dem Training.

Was nachher?
- Erhalten Sie Ihr Leistungsniveau mit regelmäßigem Training der Wochen 9 und 10.
- Steigern Sie Ihre Leistung mit dem Programm „Skilanglauf III".

Skilanglauf III
klassisch – Skating

Trainingsprogramm

Ziel:
2 Stunden Skilanglauf klassisch und Skating in hügeligem Gelände

Woche		1	2	3	4	5	6
Trainings- einheit	1	20' flach S	30' flach S	45' flach S	60' flach K	45' hüg. S	60' hüg S
	2	60' hüg. K	60' hüg. K	90' hüg. K	60' hüg. K	45' hüg. K	60' flach S
	3	20' flach S	30' hüg. S	30' coup. S	60' flach S	90' hüg. K	90' hüg. K

Woche		7	8	9	10	11	12
Trainings- einheit	1	60' hüg. S	60' hüg. K	45' coup. S	60' flach S	90' flach S	120' hüg. K
	2	60' flach S	90' hüg. K	90' hüg. K	90' hüg. S	90' hüg. K	60' hüg. K
	3	60' hüg. S	60' hüg. S	60' hüg. K	60' coup. K	60' coup. S	120' hüg. S

flach = möglichst wenig Steigung
hügelig = flach und leichte Steigungen (kurz und lang)
coupiert = flach bis anspruchsvollere Steigungen (kurz und lang)
K = klassisch
S = Skating

	Grundempfehlung
Häufigkeit	3 × pro Woche
Intensität	– subjektives Anstrengungsempfinden „mit dem Partner sprechen können" – Puls 170 minus $^1/_2$ Alter – Anstrengungsempfinden 2–4 nach Borg – gemäß Leistungstest
Umfang	bis 25 km pro Training
Alternativen/ Ergänzungen	Trainingseinheit aus: – Laufen III – Schwimmen III – Standfahrrad III

Technik
- Zur Skatingtechnik sind grundlegende Kenntnisse der klassischen Technik notwendig.

Material
- Eine spezielle Skatingausrüstung bringt wesentliche Vorteile (lassen Sie sich beraten).

Bemerkungen
- Stretchen Sie vor und nach dem Training.

Was nachher?
- Erhalten Sie Ihr Leistungsniveau mit regelmäßigem Training der Wochen 9 und 10.

Gummizug

Trainingsprogramm

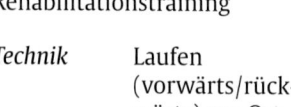

Ziel:
Ergänzungs-, Ersatz- und Rehabilitationstraining

Technik	Laufen (vorwärts/rückwärts) am Ort – Möglichst runder und weicher Bewegungsablauf, – natürliche Laufhaltung, – das Laufen soll am Ort erfolgen.	Seitwärtsspringen – Möglichst runder und weicher Bewegungsablauf, – Landungen weich abfedern, – Knie bleiben immer leicht gebeugt.	Seitwärtsspringen aus Querstand – Möglichst runder und weicher Bewegungsablauf, – Landungen weich abfedern, – Vor- und Rückwärtsbewegungen sind zu vermeiden.
Häufigkeit	3–5 × pro Woche	3–5 × pro Woche	3–5 × pro Woche
Intensität	Puls 170 minus $1/2$ Alter.	Puls 170 minus $1/2$ Alter.	Puls 170 minus $1/2$ Alter.
Dauer/Ausführung	3–20 Min. in einer Richtung 2–3 × 2–3 Min. alternierend vor- und rückwärts.	Serien von 10 links/10 rechts bis 50 links/50 rechts.	Serien von 10 links/10 rechts bis 50 links/50 rechts.

Bemerkungen
- Das Gummizug-Programm ermöglicht ein überall durchführbares, wirksames Training mit wenig Zeitaufwand.
- Der Gummizug muß unter steter Spannung stehen; durch die Spannung kann die Belastung variiert werden.
- Die Übungen werden mit einer kleinen bis mittleren und möglichst gleichmäßigen Bewegungsgeschwindigkeit ausgeführt. Eine volle Streck- oder Beugestellung in den Gelenken ist zu vermeiden. Die Umkehr der Bewegung erfolgt fließend ohne Halt.
- Das Gummizug-Programm bietet ideale Kombinationsmöglichkeiten mit einem Krafttraining.

Aerobic

Trainingsprogramm

Ziel:
Ergänzungs-, Ersatz- und Rehabilitationstraining

5–10 Min. Aufwärmen:	Aktivieren und Dehnen der in der Folge am meisten beanspruchten Muskelgruppen
20–30 Min. Aerobicteil:	Puls 170 minus $1/2$ Alter ohne Pause
5–20 Min. Cool down I:	bis Puls auf 120 Schläge
15–20 Min. Kräftigung:	gezielte Belastung bestimmter Muskelgruppen (3–4) mit Kraftausdauerübungen
7–10 Min. Cool down II:	dehnen–entspannen
50–90 Min.	2–3 × pro Woche

Grundempfehlung/Technik
Low-impact-Aerobic: Für Einsteiger und Personen mit leichten Gelenk- und Rückenproblemen. Während des Aerobicteils bleibt immer ein Fuß in Bodenkontakt. Füße gut abrollen, Knie nie voll durchstrekken. Marschieren und Schrittfolgen mit rigoros geführten Armbewegungen.

High-impact-Aerobic: Für Mittel- und Guttrainierte; Belastung für Gelenke und Rücken relativ hoch. Während des Aerobicteils werden beide Füße vom Boden gehoben (Hüpfen, Joggen). Die Fersen müssen bei jedem Schritt Bodenkontakt haben.

Bemerkungen
- Für die Kontrolle der Körperhaltung sollte der Trainingsraum mit Spiegeln ausgerüstet sein.
- Für die Teilnahme am High-impact-Aerobic ist neben einem guttrainierten Herz-Kreislauf-System eine gute Haltemuskulatur erforderlich (Rücken/Bauch/Schulter).
- Bewegungen nie mit Schwung ausführen, sondern stets geführt (Muskelspannung).

Schwimmen I

Trainingsprogramm

Ziel:
Technisch sauberes Dauerschwimmen –
1 Stunde
Brustgleichschlag

Woche		1	2	3	4	5	6
Trainings-einheit	1	10'	10'	15'	15'	20'	20'
	2	10'	15'	10'	20'	15'	20'
	3	10'	10'	15'	15'	20'	20'
Woche		7	8	9	10	11	12
Trainings-einheit	1	20'	25'	30'	35'	40'	50'
	2	30'	35'	45'	50'	55'	40'
	3	20'	25'	30'	35'	40'	60'

	Grundempfehlung
Häufigkeit	3 × pro Woche
Intensität	– Puls 170 minus $1/2$ Alter minus 10 – Anstrengungsempfinden 2–4 nach Borg – gemäß Leistungstest
Umfang = Resultat meßbar in Metern	bis 1500 m pro Trainingstag
Alternativen/ Ergänzungen	Trainingseinheit aus: – Basisprogramm – Standfahrrad I – Laufen I – Fahrrad I

Technik:
- Brustgleichschlag.
- Schwimmen Sie möglichst locker.
- Achten Sie auf eine gute Wasserlage (flach auf dem Wasser liegen).
- Atmen Sie ruhig und regelmäßig.

Material
Tragen Sie eine gutsitzende Schwimmbrille.

Bemerkungen
- Vergleichen Sie alle 3 Wochen die geschwommene Trainingsdistanz, ohne das Tempo zu erhöhen.
- Beachten Sie die Baderegeln.
- Stretchen Sie vor und nach dem Training.

Was nachher?
- Erhalten Sie Ihr Leistungsniveau mit regelmäßigem Training der Wochen 9 und 10.
- Steigern Sie Ihre Leistung mit dem Programm „Schwimmen II".

Schwimmen II

Trainingsprogramm

Ziel:
Technisch sauberes Dauerschwimmen –
1 Stunde
Brustgleichschlag und Crawl

Woche		1	2	3	4	5	6
Trainings- einheit	1	40'	40'	50'	50'	40'	50'
	2	60'	30'	60'	40'	60'	40'
	3	40'	40'	50'	50'	40'	50'
Woche		7	8	9	10	11	12
Trainings- einheit	1	30'	40'	50'	50'	50'	60'
	2	40'	50'	40'	40'	60'	50'
	3	50'	40'	50'	60'	50'	60'

1.–6. Woche Brustgleichschlag
7.–12. Woche Brustgleichschlag-Crawl im Verhältnis 7:1 (175 m : 25 m)

	Grundempfehlung
Häufigkeit	3 × pro Woche
Intensität	– Puls 170 minus $^{1}/_{2}$ Alter minus 10 – Anstrengungsempfinden 2–4 nach Borg – gemäß Leistungstest
Umfang = Resultat meßbar in Metern	bis 2000 m pro Trainingstag
Alternativen/ Ergänzungen	Trainingseinheit aus: – Standfahrrad II – Laufen II – Fahrrad II

Technik
- Brustgleichschlag und Crawl.
- Schwimmen Sie möglichst locker.
- Achten Sie auf eine gute Wasserlage (flach auf dem Wasser liegen).
- Atmen Sie ruhig und gleichmäßig.
- Den Crawlstil erlernen Sie in einem Schwimmkurs.
- Gewöhnen Sie sich beim Crawl sofort an die 3er Atmung: auf jeden dritten Armzug.

Material
- Tragen Sie eine gutsitzende Schwimmbrille.

Bemerkungen
- Vergleichen Sie alle 3 Wochen die geschwommene Trainingsdistanz, ohne das Tempo zu erhöhen.
- Beachten Sie die Baderegeln.
- Stretchen Sie vor und nach dem Training.

Was nachher?
- Erhalten Sie Ihr Leistungsniveau mit regelmäßigem Training der Wochen 9 und 10.
- Steigern Sie Ihre Leistung mit dem Programm „Schwimmen III".

Schwimmen III

Trainingsprogramm

Ziel:
Technisch sauberes Dauerschwimmen –
1 Stunde
Brustgleichschlag und Crawl mit Crawl-
belastung bis 20 Minuten.

Woche		1	2	3	4	5	6
Trainings- einheit	1	30'	30'	40'	40'	50'	60'
	2	40'	40'	50'	50'	60'	50'
	3	50'	50'	60'	60'	50'	60'

Woche		7	8	9	10	11	12
Trainings- einheit	1	40'	40'	50'	40'	50'	50'
	2	60'	60'	60'	60'	60'	60'
	3	30'–10'	30'–10'	40'–10'	40'–15'	40'–20'	40'–20'

1.–12. Woche Brustgleichschlag-Crawl im Verhältnis 3:1 (75 m : 25 m),
ab 7. Woche Brust-Crawl-Verhältnis Trainingseinheit 1 und 2 im Verhältnis 3:1
(75 m : 25 m), 3 gemäß Tabelle.

	Grundempfehlung
Häufigkeit	3 × pro Woche
Intensität	– Puls 170 minus $1/2$ Alter minus 10 – Anstrengungsempfinden 2–4 nach Borg – gemäß Leistungstest
Umfang = Resultat meßbar in Metern	bis 2500 m pro Trainingstag
Alternativen/ Ergänzungen	Trainingseinheit aus: – Standfahrrad III – Laufen III – Fahrrad III

Technik
- Brustgleichschlag und Crawl.
- Schwimmen Sie möglichst locker.
- Achten Sie auf eine gute Wasserlage (flach auf dem Wasser liegen).
- Atmen Sie ruhig und gleichmäßig.
- Gewöhnen Sie sich beim Crawl an die übliche 3er Atmung: auf jeden dritten Armzug.

Material
- Tragen Sie eine gutsitzende Schwimmbrille.

Bemerkungen
- Vergleichen Sie alle 3 Wochen die geschwommene Trainingsdistanz, ohne das Tempo zu erhöhen.
- Beachten Sie die Baderegeln.
- Stretchen Sie vor und nach dem Training.

Was nachher?
- Erhalten Sie Ihr Leistungsniveau mit regelmäßigem Training der Wochen 9 und 10.

Flossenschwimmen

Trainingsprogramm

Ziel:
Ergänzungs-, Ersatz- und Rehabilitationstraining im Wasser.

Dauerschwimmen (Dauermethode)
20–45 Min. in regelmäßigem Tempo. Puls 170 minus $1/2$ Alter minus 10.

Intervallschwimmen (Intervallmethode)
- Planmäßiger Wechsel von *Belastung* und *Erholung* (1–5 Basislängen).
- 5 Min. Ein- und Ausschwimmen.
- Der persönlichen Gestaltung dieser Trainingsmethode sind keine Grenzen gesetzt.

Variationen
Um Dauer- und Intervallschwimmen aufzulockern, bieten sich beim Flossenschwimmen Variationen an:
- Wechselweise große, ruhige/kleine, schnelle Flossenschläge.
- Einzelne Bassinlängen wechselweise nur mit rechtem oder linkem Bein.
- Laufender Wechsel der drei Lagen (Bauch/Seite/Rücken).
- Überbetonung von Auf- und Abwärtsbewegungen; im fließenden Wechsel mit harmonischen Beinbewegungen.
- Verschiedene Rhythmen.

Technik
Durch den richtigen Einsatz der Flossen wird die Fortbewegung im Wasser wesentlich erleichtert.
- Das Flossenschwimmen kann in *Rücken-, Seiten-* oder *Bauchlage* durchgeführt werden.
- Um einseitige Überbelastungen zu vermeiden, ist ein *Abwechseln* der verschiedenen Lagen empfehlenswert.
- Zusätzlich kann ein Styroporbrett oder Pullboy als *Auftriebs-* und als *Stabilisationshilfe* eingesetzt werden.
- Die Rückenlage ist für Anfänger geeignet. Die Kontrolle des für alle Schwimmlagen wichtigen *Flossenschlags aus der Hüfte* ist am besten gewährleistet (kein Radfahren aus den Knien).
- In jeder Schwimmlage müssen Oberschenkel, Knie und Unterschenkel *unter der Wasseroberfläche bleiben.*
- Achten Sie auf eine möglichst *stabile Körperlage* im Wasser (Kopf möglichst natürlich halten).
- Später (ohne Schwimmhilfe) können die Arme gekreuzt vor der Brust, seitlich angelegt, hinter dem Rücken, hinter dem Nacken oder ausgestreckt gehalten werden.
- Achten Sie auf eine regelmäßige Atmung.

Material
- Achten Sie auf den einwandfreien Sitz des Schuhteils der Flossen (Blasenbildung durch scheuernde Kontakte Fuß/Flosse beachten).
- Je größer und härter das Flossenblatt, desto größer ist der Widerstand und der damit verbundene Kraftaufwand.

Bemerkungen
Flossenschwimmen ist ein *ideales Ergänzungs-, Ersatz- und Rehabilitationstraining.*
Vorteile:
- Verbessern der Ausdauer (vor allem des Dauerleistungsvermögens),
- Kräftigung der Bein- und Rumpfmuskulatur.

Nachteile:
- Abhängigkeit vom Bad,
- Abhängigkeit von Flossen und Schwimmhilfen.

Aqua-Jogging

Trainingsprogramm

Ziel:
Ergänzungs-, Ersatz- und Rehabilitationstraining

Dauerlauf (Dauermethode)
15–75 Min., Puls 170 minus $1/2$ Alter minus 10.

Fahrtspiel (Intervallmethode)
- 10–20 Min. Nach 5 Minuten Einlaufen spielerischer Wechsel von *Belastung* (1–2 Min. mit Puls 170 minus $1/2$ Alter minus 10) und *Erholung* (1–3 Min. mit Puls 120).
- Anschließend wieder 5 Min. Auslaufen.

Variationen
Diese Übungen dienen vor allem – neben dem Dauerleistungsvermögen – der Kräftigung der Muskulatur:
- Skipping (forciertes Knieheben) für 3–5 × ± 30 Sek.,
- Laufen mit gestreckten Armen und Beinen,
- Laufen mit überlangem Schritt.

Technik
- Montieren Sie die Wet-Vest möglichst satt.
- Steigen Sie ins Wasser und lassen Sie sich von der Wet-Vest tragen.
- Nehmen Sie eine möglichst natürliche Laufposition ein (leichte Vorlage) und beginnen Sie mit Laufen.

Material
Wet-Vest oder Wet-Belt.

Bemerkungen
Das Training mit dem Wet-Vest ist ein ideales *Rehabilitations-, Ersatz- und Ergänzungstraining.*
Vorteile:
- Verbesserung der Ausdauer (vor allem des Dauerleistungsvermögens).
- Der Energiegrundumsatz ist im Wasser erhöht (natürlicher Wasserwiderstand, Wassertemperatur).
- Wasser lockert und entspannt die Muskulatur.
- Die Verletzungsgefahr ist minimal (keine harten Unterlagen, Schonung der Gelenke, Entlastung des Bewegungsapparates).
- Kräftigung der Bein- und Rumpfmuskulatur.

Nachteile:
- Abhängigkeit vom Bad.
- Abhängigkeit von der Weste.
- Kälte des Wassers.

Für eine gewisse Zeit kann das Wet-Vest-Training auch als *Haupttraining* eingesetzt werden (2–3 × pro Woche).

5.4 Koordination

➡ Koordinationstraining

- Wählen Sie die Übungen aus, die Ihrem momentanen Können entsprechen.
- Belasten Sie sich dabei nur mit geringer Intensität, aber machen Sie eine hohe Zahl von Wiederholungen.
- Stellen Sie sich die Bewegungsabläufe genau vor und schulen Sie Ihr Bewegungsempfinden.
- Trainieren Sie Koordination nicht in ermüdetem Zustand.
- Konzentrieren Sie sich auf die Bewegungsausführung und die Wahrnehmung.

5.4 Koordination

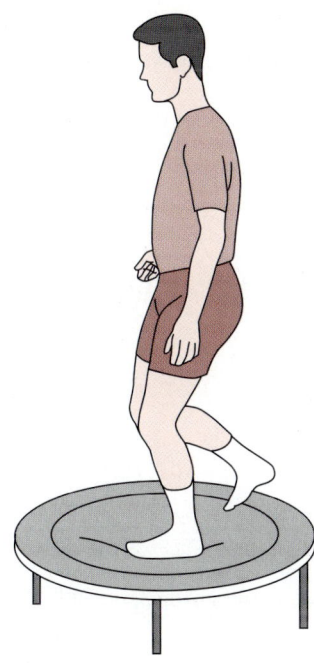

Abb. 5.**90**

Ausführung
- Hüpfen auf dem Trampolin

Hinweise
- Die Übung kann einbeinig oder beidbeinig ausgeführt werden.
- Fangen und Werfen von Bällen erschwert die Übung.

Abb. 5.**91**

Ausführung
- Gleichgewichtsübung auf der Matte.

Hinweis
- Für die einfachere Form wird die Matte nicht zusammengerollt.

5.4 Koordination

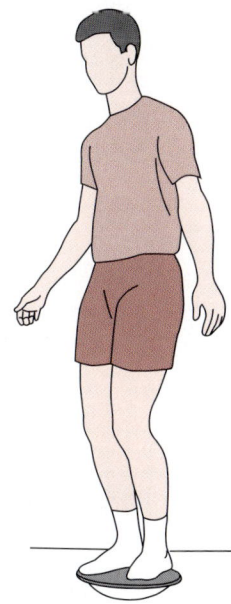

Abb. 5.**92**

Ausführung
- Gleichgewichtsübung auf dem Kreisel.

Hinweise
- Die Übung kann auch einbeinig durchgeführt werden.
- Die Übung kann durch vermehrte Knie- und Hüftflexion verändert werden.

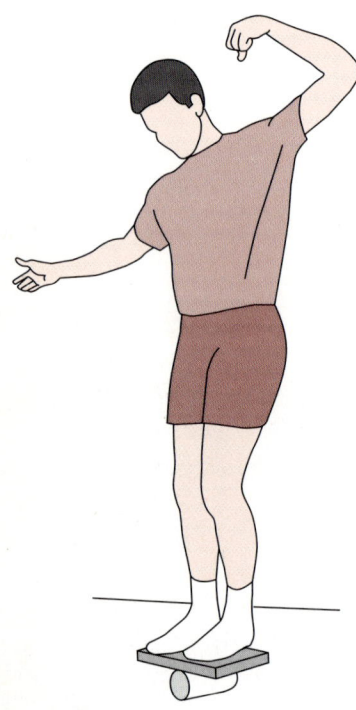

Abb. 5.**93**

Ausführung
– Gleichgewichtsübung auf der Freeman-Platte.

Hinweis
– Durch Drehen der Platte kann der Effekt verändert werden.

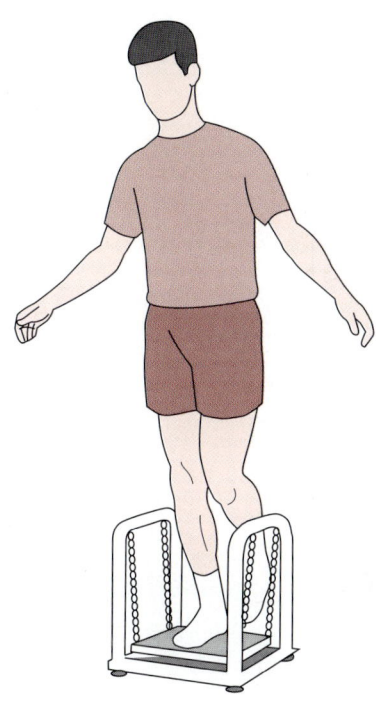

Abb. 5.**94**

Ausführung
– Gleichgewichtsübung auf der Dotte-Schaukel.

Hinweis
– Durch Veränderung der Aufhängung kann die Übung entsprechend angepaßt werden.

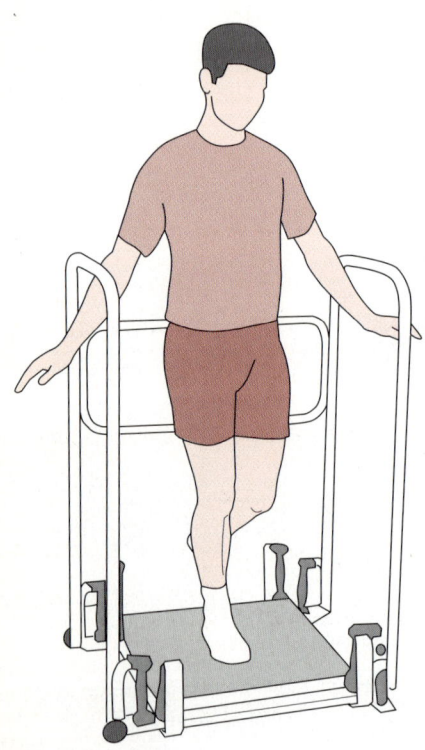

Abb. 5.**95**

Ausführung
- Gleichgewichtsübung auf dem Posturomed.

Hinweis
- Als Erleichterung kann mit einer Hand oder beiden Händen abgestützt werden.

Literatur

Albrecht, D., P. Schwab: Isokinetische Kraftmessung bei Weltklasseskifahrern. Dipl.-Arb. Rheuma- und Rehabilitations-Klinik, Leukerbad 1990

Anderson, B.: Stretching. Shelter Publications, Bolinas/California 1980

Astrand, P., K. Rodahl: Textbook of Work Physiology, 3. Aufl., McCraw-Hill, New York 1986

Ayoub, M., A. Mital, G. Bakken, S. Asfour, N. Bethea: Development of strength and capacity norms for manual materials handling activities. The state-of-the-art. Human Factors 22 (1980) 271

Bar-Or, O.: Die Praxis der Sportmedizin in der Kinderheilkunde. Springer, Berlin 1986

Berg, A., E. Jakob, M. Lehmann, H. H. Dickhuth, G. Huber, J. Keul: Aktuelle Aspekte der modernen Ergometrie. Pneumologie 44 (1990) 2–13

Bergström, J.: Local changes of ATP and CrP in human muscle tissue in connection with exercise. Circulat. Res., Suppl. 20/21 (1967) 91

Billeter, R., H. Hoppeler: Muscular Basis of Strength. In Komi, P. V.: Strength and Power in Sport. Blackwell Scientific Publications, Oxford 1992 (39)

Billeter, R., H. Hoppeler: Grundlagen der Muskelkontraktion. Schweiz Z für Sportmed. und Sporttraum. 2 (1994) 6–20

Bittscheidt, W., P. Hofmann, G. Schumpe: Elektromyographische Untersuchung an der Oberschenkelmuskulatur bei hämophilen Kniegelenksergüssen und bei Reizzuständen des Kniegelenkes, Orthop. 116 (1978) 56–60

Borg, G.: The persception of muscular work. Umea Research Library 5 (1960) 1–27

Bös, K., G. Wydra, G. Karisch: Gesundheitsförderung durch Bewegung, Spiel und Sport. Beiträge zu Sportmedizin Band 38. Perimed, Erlangen 1992

Bührle, M.: Grundlagen des Maximal- und Schnellkrafttrainings. Hofmann, Schorendorf 1985

Carpenter, D., J. E. Graves, M. Pollock: Effect of 12 and 20 weeks of resistance training on lumbar extension torque productions. Phys. Ther. 11 (1991) 36–44

Chance, B., J. R. Leigh, J. Keul, K. McCulley: Metabolic control principles on Pi NMR. Fed. Proc. 45 (1986) 2915–2920

Chasiotis, D., K. Sahlin, E. Hultman: Regulation of glycogenolyses in human muscle at rest and during exercise. J. appl. Physiol. 53 (1982) 708–715

Conconi, F., P. Ferrari, P. G. Ziglio, P. Droghetti, L. Codega: Determination of the anaerobic thershold by a non-invasive field test in runners. J. appl. Physiol. 52 (1982) 869–873

Cooper, K. H.: Aerobics. Evans, New York 1968

Costill, D.: Adaption in skeletal muscle following, strength training. J. appl. Physiol. 46 (1979) 96–99

Daniels, L., C. Worthingham: Muskelfunktionsprüfung, 5. Aufl. Fischer, Stuttgart 1985

Davies, G., J. Gould: Trunk testing using a prototype Cybex II isokinetic stabilization system. J. Orthop. Sports Phys. Ther. 4 (1992) 164–170

De Andrade, J. C., C. Grant, A. S. Dixon: Joint distension and reflex muscle inhibition in the knee. J. Bone Joint Surg. 47 A (1965) 313–322

Debrunner, H. U.: Gelenkmessung (Neutral-O-Methode), Längenmessung, Umfangsmessung, Bulletin der Schweizerischen Arbeitsgemeinschaft für Osteosynthesefragen, Bern 1977

Debrunner, H. U.: Orthopädisches Diagnostikum, 5. Aufl. Thieme, Stuttgart 1987

Dempsey, J. A., P. G. Hanson, K. S. Henderson: Exercise induced arterial hypoxia in healthy human subjects at sea level. J. Physiol. 355 (1984) 161–175

Dietrich, L., F. Berthold, H. Brenke: Muskeldehnungen aus sportmedizinischer Sicht. Med. u. Sport 25 (1985) 52–57

Dvořák, J., V. Dvořák, W. Schneider, H. Spring, T. Tritschler: Manuelle Medizin, Diagnostik. Thieme, Stuttgart 1997

Dvořák, J., V. Dvořák, W. Schneider, H. Spring, T. Tritschler: Manuelle Medizin, Therapie. Thieme, Stuttgart 1997

Edström, L.: Selective atrophy of red muscle fibres in the quadriceps in longstanding knee-joint dysfunction injuries to the anterior cruciate ligament. J. neurol. Sci. 11 (1970) 551–558

Egger, J. P.: Man hat Kraft oder man hat keine. R-Gym-Forum 3, 4, 1991

Egger, J. P.: Modèle de planification et d'évaluation de diverses méthodes d'entraînement de musculation visant au développement de la force maximale. Schweiz. Z. für Sportmed. und Sporttraum. 2 (1994) 21

Egger, J. P.: Krafttraining. Eidgenössische Sportschule, Magglingen 1983

Einsingbach, T., A. Klümper, L. Biedermann: Sportphysiotherapie und Rehabilitation. Thieme, Stuttgart 1988

Fagard, R.: Habitual physical activity, training and blood pressure in normo- and hypertension. Int. J. Sports Med. 6 (1985) 57–67

Fahrer, H., H. U. Rentsch, N. J. Gerber, C. Beyeler, C. W. Hess, B. Gruenig: Knee joint effusion and reflex inhibition of quadriceps muscle – a bar to effective retraining. J. Bone Joint Surg. 70-B (1988) 635–638

Fletcher, G. F., V. F. Froehlicher, L. H. Hartley, W. L. Haskell, M. L. Pollock: Exercise standards. Circulation 82 (1990) 2286–2320

Fröböse, I.: Apparatives Muskeltraining im Rahmen der Trainingstherapie bei Sport- und Unfallverletzungen. Krankengymnastik 44 (1992) 738–743

Gatchel, R: Early Development of physical and mental deconditioning in painful spinal disorders. In: Mayer, T., V. Mooney, R. Gatchel: Contemporary conservative care for painful spinal disorders. Zea and Febiger, Philadelphia (1991) 278–289

Gerber, Ch., H. Hoppeler, H. Claassen, G. Robotti, R. Zehnder, R. P. Jakob: The lower-extremity musculature in chronic symptomatic instability of the anterior cruciate ligament. J. Bone Joint Surg. 67 (1985) 1034–1043

Gibson, J. N. A., D. Halliday, W. L. Morrison, P. J. Stoward, G. A. Hornsby, P. W. Watt, G. Murdoch, M. J. Rennie: Decrease in human quadriceps muscle protein turnover consequent upon leg immobilization. Clin. Sci. 72 (1987) 503–509

Goldspink, G.: Cellular and Molecular Aspects of Adaptation in Skeletal Muscle. In Komi, P. V.: Strength and Power in Sport. Blackwell Scientific Publications, Oxford 1992 (S. 211)

Grant, C., A. S. Dixon: Synovial effusions and intra-articulär pressure during use of the joint. Arthr. Rheum. 6 (1963) 274

Haennel, R. G., H. A. Quinney, C. T. Kappagoda: Effects of hydraulic circuit training following coronary bypass surgery. Med. Sci. Sports exerc. 23 (1991) 158–165

Halbertsma, J., L. Göeken: Stretching Exercises: Effect on passive Extensibility and Stiffness in Short Hamst-

rings of Healthy Subjects. Arch. Phys. Med. Rehabil. 75 (1994) 976
Hammond, K. H., V. F. Froehlicher: Normal and abnormal heart rate responses to exercise. Progr. cardiovasc. Dis. 27 (1985) 271–296
Hansford, R. G.: Control of mitochondrial substrate oxidation. Curr. top. Cell Regul. 10 (1980) 217–218
Heck, H., G. Hess, A. Mader: Vergleichende Untersuchungen von verschiedenen Laktat-Schwellenkonzepten. Deutsch. Sportmed. 1 (1985) 19–25
Hettinger, T.: Isometrisches Muskeltraining, 5. Aufl. Thieme, Stuttgart 1983
Hitz, P.: Koordinative Fähigkeiten –Kennzeichnung, Altersgang und Beeinflussungsmöglichkeiten. Med. u. Sport 21, 11 (1981) 348–351
Hollmann, W., Th. Hettinger: Sportmedizin. Arbeits- und Trainingsgrundlagen. Schattauer, Stuttgart 1990
Hollmann, W., H. Liesen, H. Heck, A. Mader, R. Rost: Leistungsdiagnostische Untersuchungsmethoden. In: Schmidt K. L., H. Drexel, K. Jochheim: Lehrbuch der Physikalischen Medizin und Rehabilitation. Fischer, Stuttgart 1995
Holloszy, J. O., E. F. Coyle: Adaptations of skeletal muscle to endurance exercise and their metabolic consequences. J. appl. Physiol. 56 (1984) 871–838
Hoppeler, H., H. Howald, K. E. Conley, S. L. Lindstedt, H. Claasen, P. Vock, E. R. Weibel: Endurance training in humans: Aerobic capacity and structure of skeletal muscle. J. appl. Physiol. 59 (1985) 320–327
Hoppeler, H.: Trainingsformen und deren Auswirkungen auf die Muskulatur. Ther. Umsch. 44 (1987) 844–849
Hoppeler, H.: Training und Feinstruktur der menschlichen Skelettmuskulatur. In Puhl W., W. Noack, H.-P. Scharf, F. Sedunko: Isokinetisches Muskeltraining in Sport und Rehabilitation. Perimed, Erlangen 1988
Hoppenfeld, S.: Physical Examination of the Spine and the Extremities. Appleton-Century-Crofts, New York 1976
Houston, M. E., J. a. Thompson: The response of endurance adapted adults to intense anaerobic training. Europ. J. appl. Physiol. 36 (1977) 207
Howald, H.: Training-induced morphological and functional changes in skeletal muscle. Int. J. Sports Med. 3 (1982) 1–12
Janda, V.: Muskelfunktionsdiagnostik. VFM, Heidelberg 1979
Jansson, E.: Myoglobin in the quadriceps muscle of competitive cyclists and untrained men. Acta physiol. scand. 114 (1982) 627–632
Jennings, G., L. Nelson, P. Nestel et al.: The effects of changes in physical activity on major cardiovascular risk factors, hemodynamics, sympathetic function and glucose utilisation in man. Circulation 73 (1986) 30–40
Jonath, U.: Lexikon Trainingslehre. Rowohlt, Reinbek 1988
Kasch, F. W., J. L. Boyer: Adult Fitness. Principles and practice. San Diego State College 1968
Katz, A. M.: Regulation of myocardial contractility. J. Amer. Coll. Cardiol. 1 (1983) 126
Kendall, H. O., F. P. Kendall, G. E. Wadsworth: Muscles, Testing and Function. Williams & Willkins, Baltimore 1971
Keel P., R. Wittig, U. Diethelm, O. Knüsel, T. Rudolf und H. Spring: Multizentrisches Interventionsprojekt zur funktionellen Wiederherstellung von Patienten mit lumbalen Rückenschmerzen durch ein integriertes, sportmedizinisch orientiertes Behandlungsprogramm In: Schlußbericht National Fondsprojekt 26. Eular, Basel 1995
Keeley, J., T. Mayer, R. Cox, R. Gatchel, J. Smith, V. Mooney. Quantification of function 5: reliability range of motion measures in the sagittal plane and *in vivo* torso rotation measurement technique. Spine 11 (1986) 31
Keul, J.: Kohlenhydrate zur Leistungsbeeinflussung in der Sportmedizin. Nutr. Metabol. 18 (1975) 157

Kishino, N., T. Mayer, R. Gatchel, M. Parrish, C. Anderson, L. Gustin, V. Mooney: Quantification of lumbar 4: isometric and isokinetic lifting simulation in normal subjects and low backdysfunction patients. Spine 10 (1985) 921

Kosel, A.: Schulung der Bewegungskoordination. Hofmann, Schorndorf, 2. Aufl. 1993

Kunz, H. R., W. Schneider, H. Spring, T. Tritschler, E. Unold: Krafttraining. Thieme, Stuttgart 1990

Lankkanen, K. K., E. Hynninen: Guide for a 2-km walking test. UKK Institute, Tampere 1990

Lassen, A., J. H. Mitchell, D. R. Reeves: J. Physiol. 409 (1989) 333–341

Levick, J. R.: An Introduction to Cardiovascular Physiology. Butterworth, London 1991

Liesen, H., E. Herkinnen, H. Suominen, D. Michel: Der Effekt eines 12wöchigen Ausdauertrainings auf die Leistungsfähigkeit und den Muskelstoffwechsel bei untrainierten Männern des 6. und 7. Lebensjahrzehnts. Sportarzt u. Sportmed. 2 (1975) 26–32

MacDougall, J. D., G. C. B. Elder, D. G. Sale, J. R. Moroz, J. R. Sutton: Effects of strength training and immobilization on human muscle fibres. Eur. J. Appl. Physiol. 43 (1980) 25–34

MacDougall, J. D.: Hypertrophy or Hyperplasia. In Komi, P. V.: Strength and Power in Sport. Blackwell Scientific Publications, Oxford 1992 (S. 230)

Magyarosy, J.: Persönliche Mitteilung, Zurzach 1985

Marti, B., T. Abelin, H. Howald: Maximale aerobe Kapazität und anaerobe Schwelle bei 16-km-Volksläufern. Schweiz. Z. Sportmed. 33 (1985) 41–46

Martin, D.: Handbuch Trainingslehre. K. Hofmann, Schorndorf 1991

Mayer, F., T. Horstmann, W. Küsswetter, H.-H. Dickhuth: Isokinetik – Eine Standortbestimmung. Deutsche Z. für Sportmed. 45 (1994) 272

Mayer, T., N. Kishino, J. Kelley, S. Mayer, V. Mooney: Using physical measurements to assess low back pain. J. Musc. Med. 2 (1985) 44

Mayer, T., S. Smith, J. Keeley, V. Mooney: Quantification of Lumbar Function Part 2: Sagittal plane trunk strength in chronic low back pain patients. Spine 10 (1985) 765

McArdle, F., L. Katch: Exercise Physiology. Lea and Febiger, Philadelphia 1985

Möller, M., B. Oeberg, J. Ekstrand, J. Gillquist: The Effect of a strength Training Program on Flexibility (Abstract). Swedish Society of Sportmedicine, Are 1981

Moore, M. A., R. S. Hutton: Elektromyographic investigation of muscle stretching techniques, Med. Sci. Sports 12 (1980) 322–329

Mumenthaler, M., H. Schliack: Läsion peripherer Nerven, 5. Aufl. Thieme, Stuttgart 1987

Mutch, B. J., E. W. Bamister: Ammonia metabolism in exercise and fatigue: a review. Med. Sci. Sports Exerc. 15 (1983) 41–50

Nagle, F. S., B. Balke, J. P. Naughton: Gradational steptests for assessing work capacity. J. appl. Physiol. 20 (1965) 745–748

Newsholm, E. A., A. R. Leech: Biochemistry for the Medical Sciences. Wiley, Chichester 1983

Pearcy, M.: Measurement of back and spinal mobility. Clin Biomech 1 (1986) 44

Probst, H. P., Ch. Comminot, J. Rojas: Conconi-Test auf dem Fahrradergometer. Schweiz. Z. Sportmed. 37 (1989) 141–147

Probst, H. P.: Herzfrequenzkontrolliertes Training. Läufer 7 (1990) 46–49

Riley, D. A., E. F. Allin: The effects of inactivity, programmed stimulation, and denervation of the histochemistry and skeletal muscle fiber types. Exper. Neurol. 40 (1973) 391–413

Rost, R.: Herz und Sport. Beiträge zur Sportmedizin 22. Perimed, Erlangen 1990

Sahlin, K.: Aerobic and anaerobic mechanisms. In: Crystal, R. G., J. B. West: The Lungs. Raven Press, New York 1991

Saltin, B.: Physiological effects of physical conditioning. Med. Sci. Sports 1 (1969) 50–55

Sapega, A.: Muscle Performance Evaluation in Orthopaedic Practice. Current Concepts Review. The Journal of Bone and Joint Surgery, 1990

Scharf, H.-P., M. Degenhart, W. Puhl: Das Atrophiemuster der Oberschenkelmuskulatur nach Sportverletzungen und seine Konsequenzen für die Rehabilitation. Deutsche Z. für Sportmed. 43 (1992) 61

Schmid, H., H. Spring: Muscular imbalance in skiers, Man. med. 21 (1983) 63–66

Schmidtbleicher, D.: Maximalkraft und Bewegungsschnelligkeit. Limpert, Bad Homburg 1980

Schneider, W.: Stretching and Isometrics, Roche, Basel 1984

Schneider, W., H. Spring, T. Tritschler: Beweglichkeit, Theorie und Praxis. Thieme, Stuttgart 1989

Shephard, R. J.: Test of maximum oxygen intake. A critical review. Sports Med. 1 (1984) 99–124

Skinner, J. S.: Exercise Testing and Exercise Prescription for Special Cases. Lea and Febiger, Philadelphia 1987

Smith, S., T. Mayer, R. Gatchel, T. Bekker: Quantification of lumbar function Part 1: isometric and multispeed isokinetic trunk strength measures in sagittal and axial planes in normal subject patients. Spine 10 (1985) 757

Sölveborn, S. A.: Das Buch vom Stretching. Mosaik, München 1983

Spring, H.: Muskelfunktionsdiagnostik nach Janda. Ergebnisse einer Untersuchung an Skirennfahrern. Schweiz. Zeitschr. Sportmed. 29 (1981) 143–146

Spring, H.: Was bringt das Stretching? Schweiz. Zeitschr. Sportmed. 33 (1985) 21–24

Spring, H., J. L. Heidecker, A. Wright, J. Davies, F. S. Walker, J. G. Riddell, F. U. Bauer, D. Eggli, E. Gillemann, J. C. Steens: Analgesic Effects of Azapropazone. In Rainsford, K. D.: Azapropazone. Kluwer Academic Publisher, Lancaster 1989

Spring, H., H. R. Kunz, W. Schneider, T. Tritschler, E. Unold: Kraft, Theorie und Praxis. Thieme, Stuttgart 1990

Spring, H., U. Illi, H. R. Kunz, K. Röthlin, W. Schneider, T. Tritschler: Dehn- und Kräftigungsgymnastik, 4. Aufl. Thieme, Stuttgart 1991

Spring, H., A. Pirlet: Morbus Bechterew, Gymnastik und Sport. Thieme, Stuttgart 1995

Spring, H., K. Jordan: Maximal- und Schnellkraft im alpinen Skirennsport. Schweiz. Z. für Sportmed. und Sporttraum. 2 (1994) 27–29

Stegemann, J.: Leistungsphysiologie, 3. Aufl. Thieme, Stuttgart 1984

Strauss, R. H.: Sports Medicine and Physiology. Enke, Stuttgart 1983

Suter, E., B. Marti, A. Tschopp, H. U. Wanner, C. Wenk, F. Gutzwiller: Effects of self-monitored jogging on physical fitness, blood pressure and serumlipids: A controlled study in sedentary middle-aged men. Int. J. Sports Med. 11 (1990) 425–432

Tannton, J. E.: Alteration in 2.3 DPG and P_{50} with maximal and submaximal exercise. Med. Sci. Sports Exerc. 6 (1974) 238–245

Thompson, N., J. Gould, G. Davies, D. Ross, S. Price: Descriptive measures of isokinetic trunk testing. J. Orthop. Sports Phys. Ther. 7 (1985) 43

Tittel, K.: Bewegungskoordination und Gleichgewichtsfähigkeit. In: Dirix, A., H. Knuttgen, K. Tittel: Olympiabuch der Sportmedizin. Deutscher Ärzteverlag, Köln 1989

Tomanek, R. J., R. R. Cooper: Ultrastructural changes in tenotomized fast- and slow-twitch muscle fibers. J. Anat. 113 (1972) 409–424

Ullrich, K. A., Gollhofer: Physiologische Aspekte und Effektivität unterschiedlicher Dehnmethoden. Deutsche Z. für Sportmed. 45 (1994) 336

Verril, D. E., P. M. Ribisl: Resistive Exercise Training in Cardiac Rehabilitation Sports Med. 21 (1996) 347–383

Villiger, B., K. Egger, R. Lerch, H. P. Probst, W. Schneider, H. Spring, T.

Tritschler: Ausdauer. Theorie und Praxis. Thieme, Stuttgart 1991

Wallin, D., B. Ekblom, R. Grahn, T. Nordenborg: Improvement of muscle flexibility, a comparison between two techniques. Amer. J. Sports Med. 13 (1985) 263–268

Wassermann, K., B. J. Whipp: Exercise physiology in health and disease. Amer. Rev. resp. Dis. 112 (1975) 219–225

Wassermann, K.: Determinants and detection of anerobic threshold and consequences of exercise above it. Circulation 76 (1987) V129–V149

Weber, J., F. Berthold, H. Brenke, L. Dietrich: Die Bedeutung muskulärer Dysbalancen für die Störung der arthromuskulären Beziehungen. Med. u. Sport 25 (1985) 149–151

Weineck, J.: Optimales Training, 8. Aufl. Perimed, Erlangen 1994

Weineck, J.: Sportbiologie. Perimed, Erlangen 1994

Wilmore, J. H., E. K. Thomas: Geschlechtsspezifische Unterschiede in der Durchführung von Belastungsuntersuchungen. In Skinner, J. S.: Konzepte für Sport und Bewegungstherapie. Deutscher Ärzteverlag, Köln 1989

Wolfe, L. A.: Effects of endurance training on left ventricular dimension in healthy man. J. appl. Physiol. 47 (1979) 207–211

Wolff, H. D.: Neurophysiologische Aspekte der manuellen Medizin, 2. Aufl. Springer, Berlin 1983

Wolthuis, R. A. et al.: The response of health men to treadmill exercise. Circulation 54 (1976) 209

Young, A., I. Hughes, J. M. Round, R. H. T. Edwards: The effect of knee injury on the number of muscle fibres in the human quadriceps femoris. Clin. Sci. 62 (1982) 227–234

Young, A., M. Stokes, D. T. Shakespeare, K. P. Sherman: The effect of intra-articular bupiracoine on quadriceps inhibition after meniscectomy. Med. Sci. Sports Exerc. 15 (1983) 154

Zerzawy, R.: Hämodynamische Reaktion unter verschiedenen Belastungsformen. In Rost, R., F. Weber: Kardiologie im Sport. Deutscher Ärzteverlag, Köln 1987

Zintl, F.: Ausdauertraining: Grundlagen, Methoden, Trainingssteuerung. BLV, München 1988

Sachverzeichnis

A

Acetyl-CoA 27 f
Adaption, kardiovaskuläre 67
– vaskuläre, Alter 81
Adenosintriphosphat 16 ff
– Energiebereitstellung 16
– hydrolytische Spaltung 17
– Resynthese, Kreatinphosphat 17
Aerobes System 29
Aerobic 286 f
Agonist/Antagonist 125
Alanin-Glukose-Zyklus 21
Alter, Atrophie 46
– Ausdauerfähigkeit 79 f
– Muskelkraft 46
– Schnellkraftübung 46
– zunehmendes 5
Anaerob alaktazides System 28
– laktazides System 28
Anspannungs-Entspannungs-Dehnen 15, 153
Antagonist 40
– reziproke Hemmung 15
Aqua-Jogging 296
Arbeit 125
Arteriosklerose 81
Atmungskette, Muskelzelle 26
ATP s. Adenosintriphosphat
Ausdauer 51 f, 128 f, 161 ff, 258 ff
– aerobe 53
– – Herzfrequenz 162 f
– – Kind 77 f
– – subjektives Anstrengungsempfinden 163
– – Training 162
– – – Dauer 164
– – – Häufigkeit 164
– – – Intensität 164
– allgemeine 52, 55
– – aerobe 55 f
– – anaerobe 57
– Alter 79 f
– anaerobe 53
– – Kind 78
– beeinflussende Faktoren 52
– eingesetzte Muskulatur, Einteilung 52
– Einteilung nach der Belastungsart 53
– Energiesystem, Einteilung 53
– Erholungsfähigkeit 51
– Frau 78 f
– Kind 77 f
– lokale Faktoren 51
– mentale Ebene 51
– Steuerungsvorgang 51
Ausdauerarten 52
Ausdauerleistungsfähigkeit, Einteilung 54
Ausdauertraining 258 ff
– aerobes 64

B

Balke-Test 141
– Leistungsklasse 142
– Zeit-Leistungs-Verlauf 141
Bauchmuskulatur 107
– Maximalkrafttraining 239 ff
– Normwerte 107
Bein, Immobilisationsatrophie, computertomographische Untersuchung 123
Beinpresse 211, 213
Belastung, dynamische 71
– maximale 30
– progressive 30 f
– – Intensitätsbereich 1 32
– – Intensitätsbereich 2 32
– – Intensitätsbereich 3 32
– statische 71
  Wiederholungszahl 34
Belastungstest 128
Beschleunigungsenergie 125
Beweglichkeit 5 ff, 85 ff, 149 ff
– aktive 6
– normale 6 f
– passive 6, 86
– pathologische 6

Bewegung, anguläre 85
- Stopp 86
Bewegungsausschlag, angulärer 9
Bewegungsgeschwindigkeit 41 f
Bewegungskoordinationstest 145 f
BKT s. Bewegungskoordinationstest
Blutdruck 69
- arterieller, dynamische Belastung 73
- - statische Belastung 73
- Ausdauertraining, Wirkung 74 f
- Einfluß der Belastungsform 71
- progressive Belastung 72
Blutdrucksenkung 74
Borg-Skala 164
Brustmuskulatur, Dehnübung 190
- Maximalkrafttraining 251 f
Brustwirbelsäule, Lendenwirbelsäule, Mobilisationsübung 198 ff
- Mobilisationsübung 201
- Schultergürtel, Mobilisationsübung 202

C

Cholesterin 27, 81
Citratzyklus 26
Conconi-Probst-Test 143
- Leistungs-Herzfrequenz-Verlauf 143
- Leistungsklasse 144
Conconi-Test 163
- Laufen 139
- - Leistungsklasse 140
Cooper-Test 137
- Leistungsklasse 138

D

Dehnfähigkeit 5, 11
- Alter 5
Dehntechnik, dynamische 151 f
- neuromuskuläre 151
- statische 152
- Übersicht 151
Dehnübung 166 ff
- aktive statische 15, 153
- neuromuskuläre 152
- passiv statische 14, 152

Dehnungsreflex 14, 83
Dekonditioning 3
Dekonditioning-Syndrom 2
Dotte-Schaukel 303
Durchblutung 75
- Ausdauertraining, Wirkung 74
Dysbalance, muskuläre 11 f, 37
- - Ursachen 13

E

Eigenhemmung 15
Eiweiß 20
- Abbau 20
Energieaufbereitungsstellen, Kapazität 29
- Leistungsfähigkeit 29
Energiebereitstellung 15 ff
- aerobe 24
- anaerobe alaktazide 22, 33
- - laktazide 22, 33
- Ausdauerarten 31
- Belastung 33
- - und Wiederholungszahl 33
- humorale Ebene 63
- Kraftausdauer 31
- Muskelzelle 20 ff
- - maximale Flußraten 21
- - Substrate 21
- neurale Ebene 63
- verschiedene Belastungsintensitäten 29 f
Energiesystem 15 ff
- Einteilung 53
- Kapazität 28
- Leistungsfähigkeit 28 f
Entspannungsdehnen 15
Enzym, fettabbauendes 20
Erholungsfähigkeit, isokinetische Kraftmessung 126
Erkrankung, chronisch rheumatologische 45 f
- - - Atrophie 45
- internistische 45
- - Atrophie 45 f
Extensoren, lumbale, isolierte Bewegung 127
Extremität, untere, Umfang, Messung 123

Sachverzeichnis

F

Fahrrad I 272 f
Fahrrad II 274 f
Fahrrad III 276 f
Fett 18 ff
– Energiebereitstellung 19
Fettabbau, Kohlenhydrate 28
Fettsäure, freie, aerober Abbau 20
Fettsäurefreisetzung, Regulation 19
Fettsynthese, Regulation 19
Fettverbrennung, vollständige 28
Flossenschwimmen 294 f
Frau, Ausdauerfähigkeit 78 f
– Krafttraining 51
– Muskulatur 50 f
Freeman-Platte 302
Funktionsdiagnose, problembezogene 4
Funktionsdiagnostik 85 ff

G

Gelenk, angulärer Bewegungsausschlag 9
– funktionelle Untersuchung 85 f
Gelenkgeräusch 10
Gelenkigkeit 5, 9 ff
Gelenkimmobilisationstechnik 149 f
– aktive 150
– passive 149
Gelenkspiel 11
GGT s. Gleichgewichtstest
Gleichgewichtstest 146
Glukoneogenese 24, 56
Glukoseeinsparungseffekt 20
Glykolyse, aerobe 23
– anaerobe 18, 23
Golgi-Sehnenkörper 15, 82
Gummizug 284 f

H

Hemmung, postisometrische 15
Herz 66
– Ausdauertraining 69 f
– Sauerstoffverbrauch 69
– Wirkungsgrad 69

Herzarbeit, optimierte 71
Herzfrequenz 66 ff
– Dauerleistungsbereich 162
– Ergometerbelastung 70
– Steigerung 68
Herzfrequenz-Kurve, zunehmende Belastung 62
Herzkammervolumen, Hypertrophie 71
– Zunahme 71
Herz-Kreislauf 65 f
Herzminutenvolumen 63, 66
Herzmuskel 64
– Nachlast 68
– Vorlast 68
Herzzeitvolumen 66
– Ergometerbelastung 70
High-impact-Aerobic 287
HMV s. Herzminutenvolumen
Homöostase 64
– zelluläre 65
Hüftmuskulatur, äußere 112
– – Maximalkrafttraining 225 ff
– – Normwerte 113
– hintere, Dehnübung 177 ff
– – Maximalkrafttraining 221, 223
– – Rückenmuskulatur, Maximalkrafttraining 222
– innere, Dehnübung 181 ff
– – Maximalkrafttraining 224
– Normwerte 115
– seitliche, Dehnübung 184
– vordere, Dehnübung 175 f
– – Maximalkrafttraining 218 ff
Hyperlaxizität 6
Hypermobilität 6, 8
Hyperplasie 43
Hypertrophie 43
Hypomobilität 6

I

Immobilisation 44 f
Insertionstendinose 13

J

Jugendlicher, Krafttraining 50
– Muskulatur 49 f

K

Kammerfüllung, diastolische 68
Kapillarisierung, vermehrte 75
Kardiovaskuläres System 53
Kind, Ausdauerfähigkeit 77 f
Kniegelenk, Drehmoment, Gelenkstellung 40
Kniescheibe, Mobilisationsübung 197
Kohlenhydrate 18
- Energie 18
- Fettabbau 28
Konditionsmangelsyndrom (s. auch Dekonditioning-Syndrom) 2
Kontraktilität 68
Kontraktionsform 42
Kontraktionskraft, maximale willkürliche 73
Koordination 81 ff, 145 ff, 164 f, 298 ff
- Fähigkeiten 81
- intermuskuläre 35
- - Laufen 36
- intramuskuläre 35
- - Verbesserung 36
Koordinationstraining 298 ff
Kraft 34 ff, 101 ff, 154, 205
- Leistungssport 154
- Rehabilitation 154
Kraftarten 35
Kraftausdauer 37
- Normwerte 101
- - Leistungsstufen 101 f
- Testung 101 ff
- - Prinzip 101
Kraftausdauertest 103
Kraftausdauertraining 205 ff
- Rehabilitation 37
Kraft-Geschwindigkeits-Kurve 41
Kraftmessung, isokinetische 124
- - Extremitäten, Seitenvergleich 126
- isometrische 126 ff
- - gesamter Bewegungsumfang, Messung 127
- - Muskelfasertypisierung 128
- - Schwerkraftkompensation 127
Krafttraining, allgemeine Methodik 158
- dynamisch langsames 158 f
- - schnelles, konzentrisches 160
- exzentrisches 158 ff
- faserspezifisches 43
- konzentrisches 158 f
- pyramidaler Aufbau 161
- rehabilitatives 156
- statisches (isometrisches) 159
- Stretching 153
Kreatinphosphat 17
Kreisel 301
Kreislauf 71 ff
Kurzzeitausdauer, allgemeine aerobe 55

L

Laktat 23 f
- Abbau 25
- Ansammlung 23
- Umwandlung 24
Laktatleistungskurve, Laktatschwellenbereich 60
Langzeitausdauer, allgemeine aerobe 56
Lasègue-Phänomen 99
- umgekehrtes 95
Laufen I 260 f
Laufen II 262 f
Laufen III 264 f
Laufen, intermuskuläre Koordination 36
- Muskelaktivität 36
- Muskelschlingen 36
Leistung 125
Leistungsfähigkeit, aerobe, Bestimmung 58
- kardiorespiratorische, Frau 78
- körperliche, Faktoren 2
- maximale 28
- - Definition 28 f
Leistungs-Geschwindigkeits-Kurve 42
Leistungsphysiologie 57 ff
Lordose 94
Low-impact-Aerobic 287
Lumbalgie, subakute 49

M

MAP s. Mitteldruck, arterieller
Matte 300

Sachverzeichnis

Maximalkraft 34 ff, 124
- auswirkende Faktoren 35
- klinische Beurteilung 122
- – – Prinzip 122
Maximalkraftniveau, isometrisches 41
Maximalkrafttraining 205 ff
3-Minuten-Stufentest 128
- Leistungsklasse 130
Mitteldruck, arterieller 74
Mittelzeitausdauer, allgemeine aerobe 56
Mobilisationsübung 196 ff
Musculus(-i) abdominis 106
- – Normwerte 107
- adductores femoris 97
- biceps femoris 99, 114 f
- deltoideus 118 f
- erector spinae 108
- – – lumbalis 93
- – – Normwerte 109
- extensores carpi et digitorum 92
- glutaei 116 f
- glutaeus maximus 110 ff
- – medius 110 ff
- latissimus dorsi 109
- – – Normwerte 109
- levator scapulae 89
- obliquus abdominis 110 f
- pectoralis major 91
- piriformis 96
- psoas major 94
- quadratus lumborum 110, 112 f
- – – Normwerte 111
- quadrizeps femoris 116 f
- rectus femoris 95
- rhomboidei 118 f
- scaleni 90
- semimembranosus 99, 114 f
- semitendinosus 99, 114 f
- tensor fasciae latae 110 ff
- – latae 98
- trapezius 88
- triceps brachii 118 ff
- – surae 100
Muskel, Bewegungsarbeit 82
- Gelenkproblem 47 ff
- Haltearbeit 82
- Ruhigstellen 44 f
- Schmerz 47 ff
- verkürzter 13

Muskelaktivität, Laufen 36
Muskelatrophie 43 f
Muskelausdauer, lokal aerobe 54
- – – dynamische 54
- – – – Bedeutung 55
- – – statische 54
- – anaerobe 54
- – – dynamische 54
- – – statische 54
- lokale 52 ff
Muskeldehntechnik 149 ff
Muskelermüdung, isokinetische Kraftmessung 126
Muskelfaserrekrutierung, Belastungsintensität 43
Muskelfasertypen 38 f
- langsame Fasern 38
- – – Innervation 39
- Merkmal 39
- schnelle Fasern 38
- – – Innervation 39
Muskelfaserzusammensetzung 35
Muskelglykogen, gespeichertes 56
Muskelinnervation, arthrogene Reize 48
- gelenkpathologischer Einfluß 47 f
- Schmerzeinfluß 47
- Schmerzstimuli, Weichteil-Muskel-Bereich 48
Muskelkontraktion 42
Muskelkraft, Alter 46
Muskelmechanik 40
Muskelquerschnitt 34
Muskelschlingen, Laufen 36
Muskelspindel 14
Muskelsteuerung, Mechanismus 14 f
Regelkreis 82
Muskelzelle, Energie 17
- Energiebereitstellung 20
- metabolische Veränderung 65
Muskulatur, Frau 50 f
- ischiokrurale 44, 99
- Jugendlicher 49 f
- Längentestung 87
- – Prinzip 87
- phasische 11
- Temperatur 5
- tonische 11
- Trainierbarkeit 42 f
- Zuordnung 12

Sachverzeichnis

MWK s. Kontraktionskraft, maximale willkürliche

N

Nackenmuskulatur, Dehnübung 193

O

Oberarmmuskulatur, hintere 120
– – Maximalkrafttraining 256 f
– – Normwerte 120 f
Oberschenkelmuskulatur, hintere 114
– – Dehnübung 168, 172 ff
– – Hüftmuskulatur, Maximalkrafttraining 216
– – Maximalkrafttraining 214 f, 217
– – Normwerte 115
– vordere 116
– – Dehnübung 169 ff
– – Maximalkrafttraining 210 ff
– – Normwerte 117
Organsysteme 63 ff

P

Patient, Trainingsplan 3
Phosphate, energiereiche 15 ff
Phosphatspeicher, intrazellulärer 30
Phosphofruktokinase 78
Posturomed 304
Pubertät 50
Pyruvat 23 f

R

Rehabilitation, Krafttraining 154 ff
Rehabilitationstraining, Muskelfasertyp 155
Reizstufenregel 148
Rekonditionierung 1, 3
Risiko-Satz 258
Rollgleiten 9 f
– gestörtes 13
Rollgleitmechanismus 9
Rückenmuskulatur 108
– Dehnübung 185 ff
– Maximalkrafttraining 230 ff, 234
– Normwerte 109
Rumpfmuskulatur, Globaltest 104
– – Normwerte 105
– Maximalkrafttraining 229, 233
– seitliche 110
– – Dehnübung 188 f
– – Maximalkrafttraining 235 ff
– – Normwerte 111

S

Sauerstoff 75 f
– Speicherung 75 f
– Trainingseffekt 76
– Transport 75 f
Sauerstoffaufnahme 59
– Leistung 33
– maximale 57 ff
– – Belastungsart 57
– – lang anhaltende Belastungsintensität 59
Sauerstoffminutenvolumen 30
– maximales 30
Sauerstoffsättigungskurve 76
– Belastung 76
– Ruhe 76
Sauerstoffspeicher 76 f
Schlagvolumen 63, 66, 68
– Ergometerbelastung 70
– maximales 70
γ-Schleife 83
Schmerz, Atrophie 45
– Muskel 47 ff
Schnellkraft 36 f, 125
– auswirkende faktoren 37
Schulterblattfixatoren 118
– Normwerte 119
Schultergelenk, Mobilisationsübung 203 f
Schultergürtelmuskulatur, Maximalkrafttraining 248 ff
– Rumpfmuskulatur, Maximalkrafttraining 246 f
Schultermuskulatur, Maximalkrafttraining 253 ff
– Rumpfmuskulatur, Maximalkrafttraining 244 f

Schulter-Nacken-Muskulatur, Dehnübung 191 f
Schwelle, aerobe 59 f
– anaerobe 59, 61
– – fixe 61
– – individuelle 61
– – nichtinvasive Bestimmung 62 f
Schwellenbestimmung 60
Schwellenkonzept 59 f
Schwimmen I 288 f
Schwimmen II 290 f
Schwimmen III 292 f
Skating 282 f
Skelettmuskulatur 64 f
– aerobes Ausdauertraining 64 f
Skilanglauf I, klassisch 278 f
Skilanglauf II, klassisch 280 f
Skilanglauf III, klassisch, Skating 282 f
Spiroergometrie, anerobe Schwelle 61
Standfahrrad I 266 f
Standfahrrad II 268 f
Standfahrrad III 270 f
Stretching 152
– Krafttraining 153
Substratverwertung, Leistung 33
SV s. Schlagvolumen
Synergist 40

T

Tractus iliotibialis 98
Training 147 ff
Trainingseinheit 147
Trainingsmittel 157 f
Trainingsplan 147
– Belastungsart 147
Trainingstherapie, Schritte 4
– Zusammensetzung 1
Trampolin 299
Triglyzeride 18 ff

U

Übergangsbereich, aerob-anaerober 60
Überlastungssymptomatik 3
Umfang, Messung 122 f
Unterarmmuskulatur, äußere, Dehnübung 194
– innere, Dehnübung 195
Unterschenkelmuskulatur, hintere, Dehnübung 167 f
– – Maximalkrafttraining 206 ff
– vordere, Maximalkrafttraining 209

V

VO_2 s. Sauerstoffminutenvolumen
VO_2max s. Sauerstoffminutenvolumen, maximales

W

Walking-Test 131
– Frau, Gewicht und Größe 134
– Leistungsklasse 132
– Mann, Gewicht und Größe 136
– – Punktzahlen 135
– Punktzahlen 133
Weichteilspannung 127
12-Wochen-Effekt 258

Z

Ziel, Kontrolle 4